貧困・孤立からコモンズへ

子どもの未来を考える

青砥 恭＋さいたまユースサポートネット＝編

太郎次郎社エディタス

貧困・孤立からコモンズへ

子どもの未来を考える

もくじ

II部／5つのアプローチ
いのちを支える場と支援

構成 樋田敦子

―序―
日本の貧困、はじまりとしてのワーキングプア

青砥 恭
さいたまユースサポートネット代表理事

可視化された日本の貧困

２００６年７月に放映されたＮＨＫスペシャル「ワーキングプア――働いても働いても豊かになれない」は、高度経済成長以降、経済的な豊かさを享受していた日本の中間層に衝撃を与えた。定職に就けないホームレスの若者、収入が減って税金が払えなくなった地方の洋服職人、空き缶を売って暮らす無年金の高齢夫婦、シングルマザーの家庭が登場し、その暮らしの厳しさや、日本の全世帯の約１割にあたるおよそ４００万世帯が生活保護基準以下で暮らしているという事実を知ることになった。当時高校で教師をしていた私はこれを教材化して、高校生たちと「日本社会における

貧困」について議論した。番組では、家族の状況や生い立ちや何が不足して生きづらいのか、登場する人の証言は一人ひとり違っていたが、「他者と同じように暮らせない」というつらさや社会の片隅で孤立している「社会的排除」の実態は見えた。この番組でコメンテーターをつとめた経済評論家の内橋克人さん（２０２１年死去）は、日本社会の「豊かな者がより豊かになり、貧しい者がより貧しくなるような経済のあり方」を「市場原理至上主義」と呼び、批判しつづけた。ここから、本来、富の循環をするはずの経済活動が、逆に貧困と格差を拡大するという裏面を知ることになる。

２００８年に起きたリーマンショックでは多くの企業がいっせいに「派遣切り」に踏みきり、年末の「年越し派遣村」には、仕事だけでなく住居も失った人びとが東京・日比谷公園に押し寄せていた。私もボランティアとして、埼玉から日比谷公園に米を担いで数日通ったが、たまたま出会った背広を着て鞄を持った中年男性が、じつは仕事を失い、住む場所もなくしたホームレスだったことを知って、話しかける言葉を失ったことを思い出す。「年越し派遣村」は働いても働いても貧困に落ちていく「ワーキングプア」を可視化し、日本に新しいタイプの貧困が広がっていることが見えた現象だった。

子ども時代にとどまらない困窮と不利の連鎖

２００８年に『子どもの貧困』（岩波新書）を出版した東京都立大学の阿部彩さんは、相対的貧困とは「人がその社会の中で生活するために、通常得られるものが得られない、できることができない状況のこと」という。２００６年に阿部さん自身の「社会生活に関する実態調査」のなかの「15歳時点での生活状況」という項目から、「15歳時点での貧困は現在の所得の低さと強い関連がある——15歳という義務教育の最終年齢時において貧困だった場合、限られた教育機会しか得られず、その結果恵まれない職に就き、低所得で低い生活水準になってしまう」という図が明らかになったと述べている。子ども時代の貧困は、その時点だけではなく、将来にわたってもその子にとって不利な条件を蓄積させ、そしてそれは次世代にも受け継がれていく（「学びの場．ｃｏｍ」教育インタビュー２０１３年9月17日）と主張する。

私も１９９０年ごろから十数年間、勤務していた埼玉県の公立高校の現場から教育格差の実態を調べ、学校にとどまらず、生徒や家族のリアルな貧困を見つめた。私自身が関心をもったきっかけは、埼玉県内の3分の1程度の高校に低学力、高校中退という深刻な現象が集中していることからだったが、勤務校周辺から埼玉全県、大阪府、東京都、そして全国へと調査を広げてみると、高校間の「格差」は中退にとどまらず、入学試験の点数でほぼ満点をとる生徒ばかりの学校から、数学・英語はほとんどできないという学校まで、同じ公立高校とは思えないような学力の格差があり、学力の低い生徒が早期に高校を中退し、入学した生徒の半数が中退していく学校まであるという現象は全国的に共通していた。

埼玉県・大阪府の高校を中退していく生徒たちからヒヤリングをし、家庭状況（親の仕事・学歴・持ち家率など）、学力、授業料の減額免除の状況、さらに地域の状況（貧困状況、主要駅からの距離など）をも調べた。１９９０年代から全国で増加した高校中退問題の背景に、90年代から２０００年代におよぶ日本経済の停滞と貧困の拡大があった。２００９年に、「高校中退と低学力、家庭の貧困、孤立」、そして「貧困の連鎖」を全国の高校中退した生徒たちからの聞きとりや収集したデータ分析からまとめた『ドキュメント高校中退』（ちくま新書）を出版したが、この本のなかの見出しの一部をつなぐと以下のようになる。

「入学式だけで退学」「九九ができない」「2時間かけて養護施設から通学」「半数が退学する高校」「3分の1の生徒が授業料の減免を申請」「貧困と低学力」、そして、「中退後はアルバイトなど非正規雇用へ」「将来の夢なんて、ない」「父も母も私もみんな中退」「10代の出産」「貧しいということは人生を選べないこと」。

この本のなかで、「なぜ、いままで高校中退が社会問題にならなかったのか」という問いに「底辺校に集中する高校中退」という章を立て、貧困で低学力の子どもたちを特定の高校に「囲い込む」ことによって、困窮層で学力が低く、親よりもさらに貧困化する可能性のある子どもたちが政策的に分断され、学校間の格差をつくることで日本社会から「隔離」されていたと書いた。

なんのためか。それは安上がりで効率的な効果を求めたからだ。政治権力はつねに経費がかからず目立たず、効果を発揮することを追い求める。学校制度から、このような階層秩序化された監視のシステムを見つけることは難しくない。もちろん、格差の拡大を解消する社会課題を10年後、20年後の時代に「つけ」として後送りしたにすぎない。このような公教育のシステムの行きづまりを告発した。さらに、貧困層のさらなる貧困化と中間層の崩壊についても言及し、国民のなかにある貧困に対する無関心も書いた。日本の貧困、格差の拡大など「ワーキングプア」をつくりだした背景には新自由主義的な政策と社会の分断がある。

強きを助け、弱きをくじく政策から、公正な社会形成へ

２０２３年の日本の国内総生産（ＧＤＰ）が、物価の影響も含めた名目ベースでドイツに抜かれ、世界第４位に落ちたニュースが話題になった。１９９４年を基準にすると、名目ＧＤＰがこの30年で、日本は１・１倍だが、ドイツは２・２倍、アメリカは３・７倍である。日本の戦後の高度成長を支えた製造業をはじめ、大企業の多くが財務の悪化をおそれて正規雇用を減らし、非正規雇用の拡大によって、この間、賃金は据え置かれたままだった。企業が人件費をどれほど負担しているかを示す指標に「労働分配率」があるが、資本金10億円以上の企業では40％を下回っている。

このような企業経営の規制緩和など市場原理優先の労働規制の緩和などによって、正社員が減り、非正規労働者が増えていく、まさに「強きを助け、弱きをくじく」、逆転した社会政策が国の中心におかれたことが貧困層の拡大につながったのである。働く人びとを犠牲にしたやり方では所得も増えなければ、消費も増えない。日本経済の縮小・停滞は当然の結果である。強力な貧困対策はじめ、働く人びとへの投資など、いま、日本社会に求められるのは公正な社会形成をめざす政策である。

ノーベル経済学賞にもっとも近い日本人経済学者といわれた宇沢弘文（1928～2014年）が世を去ってから、ちょうど10年になる。宇沢は1964年、シカゴ大学の経済学部教授に就任した。当時、同じシカゴ大学には、「利潤追求は人間の行動を規定する最大の価値」とする市場原理主義の領袖だったミルトン・フリードマンも在籍し、宇沢とは理論的に真っ向から対立していた。その宇沢が50年前に紹介した「社会的共通資本」論は当時、高度経済成長によって発生した水俣病の惨禍を見て、行きすぎた市場原理主義を是正するために到達した概念だった。

宇沢は人間が生きていくために欠かせないものとして、大気・森林・河川・水などの自然環境、道路・上下水道などの社会的インフラストラクチャー、教育・医療・福祉・金融制度などの制度資本、の3つを社会的共通資本とし、これらを市場原理主義に乗せて利益をむさぼる対象にしてはならないと主張した。宇沢は、新自由主義は「企業の自由が最大限に保障されているときに、はじめて人間の能力も発揮できる、そのためにすべての生産要素と資源を私有化し、市場を通じて取引することで社会全体として望ましい状態が実現できる」とする考え方であって、さらにフリードマンの主張する市場原理主義は、市場で利益をあげるためなら、大気や水の商品化から人間の命や子どもの成長にかかわる福祉や教育、都市や農村などの環境まで、何をしてもいい、カネ次第という思想につながる、と厳しく批判している（宇沢弘文『人間の経済』）。

宇沢が主張した「社会的共通資本」は、フリードマンらの市場原理主義に対し、人間の命と尊厳を守るための社会の持続可能な発展のために、市場原理に委ねてはならない福祉や教育、医療、環境などを「非市場」とし、そのネットワークの大切さを指摘したものであった。

連続講座で何が語られたのか

２０２３年10月から翌24年1月にかけて、さいたまユースサポートネットは「子どもの貧困15年、こども家庭庁に求めるもの」と題した全11回の連続講座と総括シンポジウムを開催した。この連続講座では、貧困問題の研究や子ども・若者支援の最前線で活躍している講師陣を招き、子どもの貧困の現状をあらためてとらえなおし、これからの施策のあり方に向けた多くの問題を語りあった。

11人の報告と対談から、戦後（とくに１９８０年以降）の日本の貧困問題の推移、政策の流れ、困窮と孤立のなかで生きる子どもたちと家族が抱える課題の分析・検討をおこなった。子どもを支える側では、まず学校である。競争の教育と市場化が進む学校の課題と改革の方向も検討した。長期欠席者（不登校）が激増するなかで、学校の力だけでは、学校制度からこぼれ落ちる子どもと家族を支えきれない現実も見えた。生活困窮世帯を対象とした学習支援が、必要な子どもたちをカバーできていない現実も見えた。予算不足で都市部に偏った制度になっていて、地域間の格差が大きい。孤立する子どもや家族と地域の社会資源をつなぐソーシャルワークの質量の課題も明らかになった。

子どもの貧困の解決を一歩でも前進させるために、家族（の生活）を支える必要性、親の仕事と所得を保障すること、学齢前の子どもと若者世代を支援すること、ひとり親の子育て支援の必要性も見えた。

私たちは、市場原理主義（新自由主義）によって貧困と格差、分断が覆う社会を、連帯と持続可能なものにつくりなおすために、地域の住民や社会資源が主体となって、地域社会に基盤をおいた「ローカル・コモンズ」のモデルをつくることを目標にしている。日本社会にこんな小さな地域の活動がどのような影響をもたらすか、地域で貧困や孤立している人びとに向きあう人たち、支えあう人たちを増やしたい。

I部

5つの視点

子どもの貧困、15年の課題

貧困解消のために研究ができること

阿部 彩
東京都立大学教授
社会政策学

個人の事情ではなく、社会の問題として

私が貧困の研究を始めたころは、日本には貧困がないと思われていました。そのため、先進諸国のほとんどの国はさまざまな貧困の公式データを公開していましたが、日本では貧困に関するデータがほとんどありませんでした。当時は貧困率が何%かもわかっていませんでした。公式には、日本には貧困はないとされていたのです。それでは、データを集めてこれらを明らかにしていこう、後方支援ではありますが、これなら私でもできると研究を始めたわけです。

まず、貧困とは何かを確認していきます。私が研究をしはじめたころ、「貧困」という言葉は社会で使われていませんでした。もしかしたら「格差」は使われていたかもしれませんが、いずれも

多く使われるようになったのは近年のことです。その後、所得についてだけではなく、「時間の貧困」「関係性の貧困」「つながりの貧困」とか、「健康格差」「体験の格差」などがいわれるようになりました。しかし、ここでの「貧困」は、ただ「少ない」という意味でしか使われていません。

貧困の核としてあるのは経済的困難、金銭の不足です。そこは動きません。しかし、そこから波及してさまざまな問題が生まれてきます。たとえば、学力の低下が起こったり、家庭内のストレスや葛藤が高まったりする。健康が害される。二次的な問題が起こり、社会的に脱落していく。人間関係がどんどん薄れていき、相談したり愚痴を言う相手も少なくなっていく、といったことが起こってきます。こういうこと全体を、私は貧困だととらえています。経済的な問題があると、さまざま問題が起こりやすいのです。下の図【図1】でいうと、中心から外側の円へと移っていくのですが、外側にある関係性の問題、社会的排除が問題となります。

イギリスのルース・リスターによる「貧困の車輪」の図では、真ん中に「MATERIAL　CORE」とい

貧困から社会的排除へ　【図1】

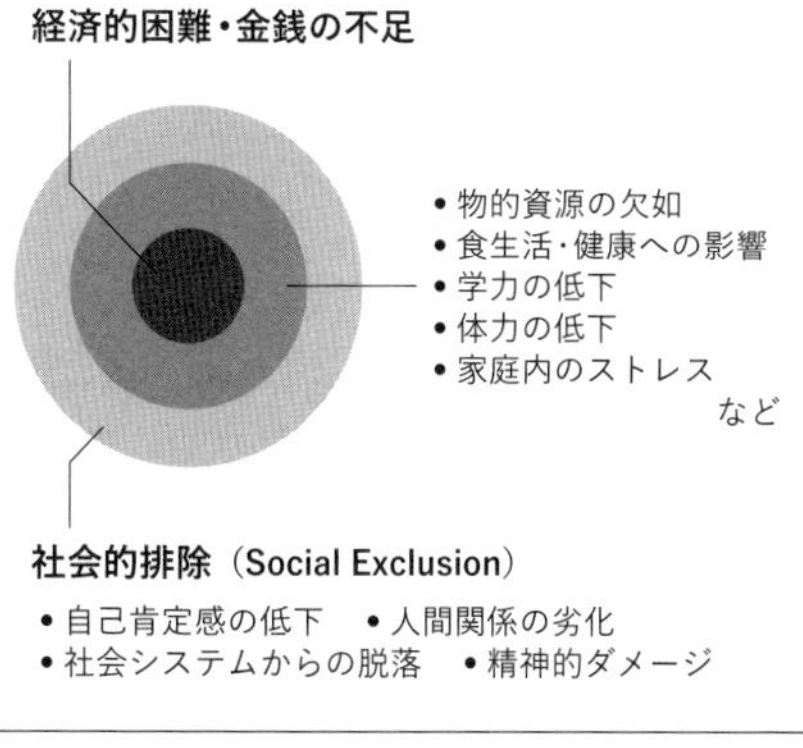

う物質的な貧困があって、周りには「自己肯定感の低下」「恥」「差別」「尊厳の喪失」「市民権の縮小」「無力化」などがあり、こういったものがどんどん回っていってしまうことが貧困の車輪だといわれています。

貧困問題を解決するにはどうすればいいかという話のとき、よくいわれるのが、貧困の人に学力をつけるとか、何か訓練をして労働市場に戻さなければいけないとか、自己の健康管理をできるようにしなければいけない、などです。貧困はその人自身の問題、その人の属性の問題というようにとらえられがちで、それが従来の貧困対策だったと思うのです。

そうではなくて、貧困問題が起こったときに、なぜ学力が低くなったのか――公立の小・中学校に通い、同じ教室で同じように授業を受けているのに、学力格差ができる。その子の頭が悪いのではなく、その子の家庭環境が悪いのではなく、教え方の問題なのではないかと、問題と貧困との関係性をゆるめる方向で考えていくのが、社会的包摂の考え方です。

社会的排除というのは、排除する側があるということです。排除しない社会――さまざまな特性、発達障害があったり、それぞれがいろいろな問題を抱えていても、それが問題にならない社会をつくっていくことが重要だと思います。社会がどのようにその人を扱っているかを見るべきなのです。

貧困率という指標をどう使うか

貧困研究の典型例としては、大きく分けてつぎの5つがあります。

A—貧困の測定
B—貧困者の状況の描写
C—貧困層と非貧困層の比較
D—貧困とアウトカムを結ぶ要因の解析（貧困とアウトカムの関係）
E—政策評価

アウトカムというのは、結果として現れてくる成果や効果で、ここでは、たとえば健康であったり、学力であったりします。いまの日本の貧困研究の状態は、おそらくまだA・B・Cまでしかいっていません。D・Eはまだまだというところです。

貧困の測定についてですが、日本の貧困率は15・4％、子どもの貧困率が11・5％（2021年）など、当たりまえのように語られますが、私が研究を始めたころは、数値が出ていませんでした。

この数値を出すのは、私はかならずしも必要だとは思いません。貧困率が計算できるとなると、とたんに自治体から「うちの貧困率を測定してください」と依頼が来ます。もちろん、測ることが必要な場合もあります。日本の貧困率がどうであれ、「うちの自治体や町内会には貧困の子どもはひとりもいません」と信じている人が、まだたくさんいるからです。そういう場合には、アンケート調査などを実施して、何％と示す必要があります。数字を目の前に突きつけないと動かないことがあります。

でも、測定が悪いほうにうながす場合もあります。調べた結果、貧困率が10％で、隣の自治体が12％だと、「うちの自治体はまだ低いから」と安心してしまうのです。

貧困率はそもそも、ここから先が貧困で、ここからは貧困ではないというものではありません。みな度合いにしかすぎない。にもかかわらず、線を引きたがる傾向があります。貧困率とは体温計みたいなものです。体温が37度以上だったら病気で、37度以下だったら病気ではないとは、だれも思っていません。子どもをプールに入れるかどうか判断するときの簡単な判断基準として熱を測って、37度以上だからやめておこうというくらいです。

日本の相対的貧困率の推移 1985-2018 【図2】
（厚労省の公式発表数値）

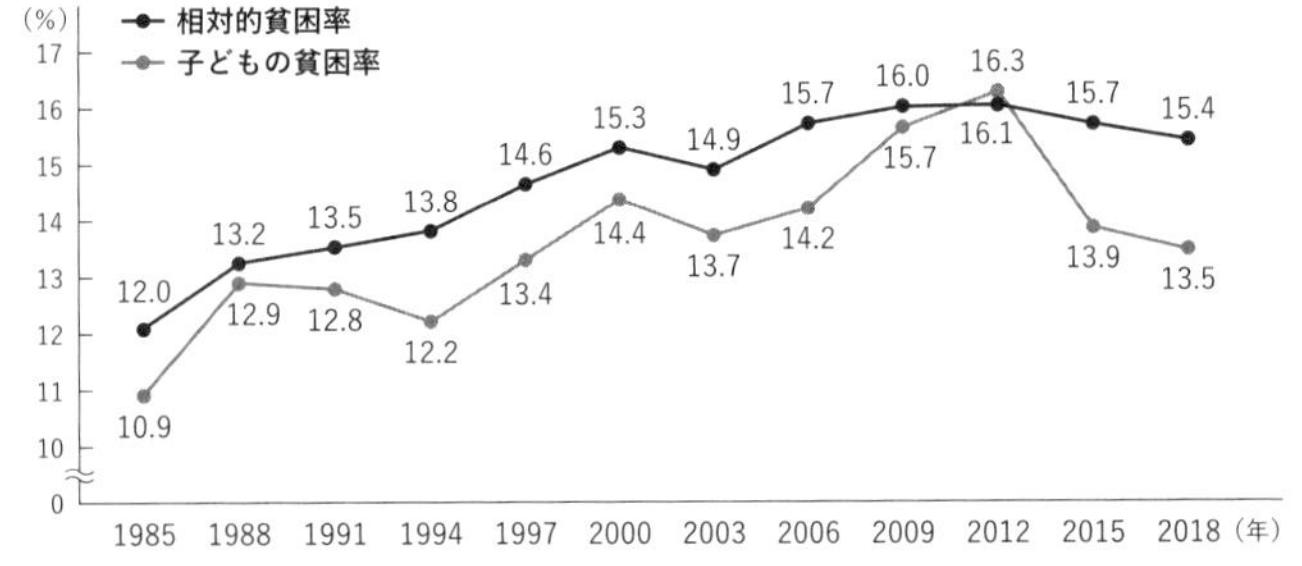

出所：厚生労働省（2020）『2019年国民生活基礎調査結果の概況』

それと同じような感覚で貧困率を使ってもらいたいと思います。

日本の相対的貧困率の推移【図2】を見てみますと、子どもの貧困率は少し下がりましたが、大人の貧困率はほぼ横ばいの状態が続いています。１９８０年代から２０１２年にかけて貧困率は上昇し、その後、下がってきています。

年齢層別・性別に見ると【図3】――これは厚労省の発表がないので２０１８年に私が推計したデータですが――、たとえば男性は80歳以上が高く、つぎに15歳〜19歳です。女性は70歳以上の高齢者の貧困率が高いです。子どもの貧困では0〜4歳までが低くなっています。こういうことも、貧困率を計算することによってわかってくるのです。

１９８５年から２０２１年までの子どもの貧困率の35年分のデータがあります【図4】。「ひとり親と未婚子のみ」の世帯では、２００３年をピークに下がっています。気になるのは「その他の世帯」です。「その他の世帯」におい

年齢層別・性別の相対的貧困率（2018年）　【図3】

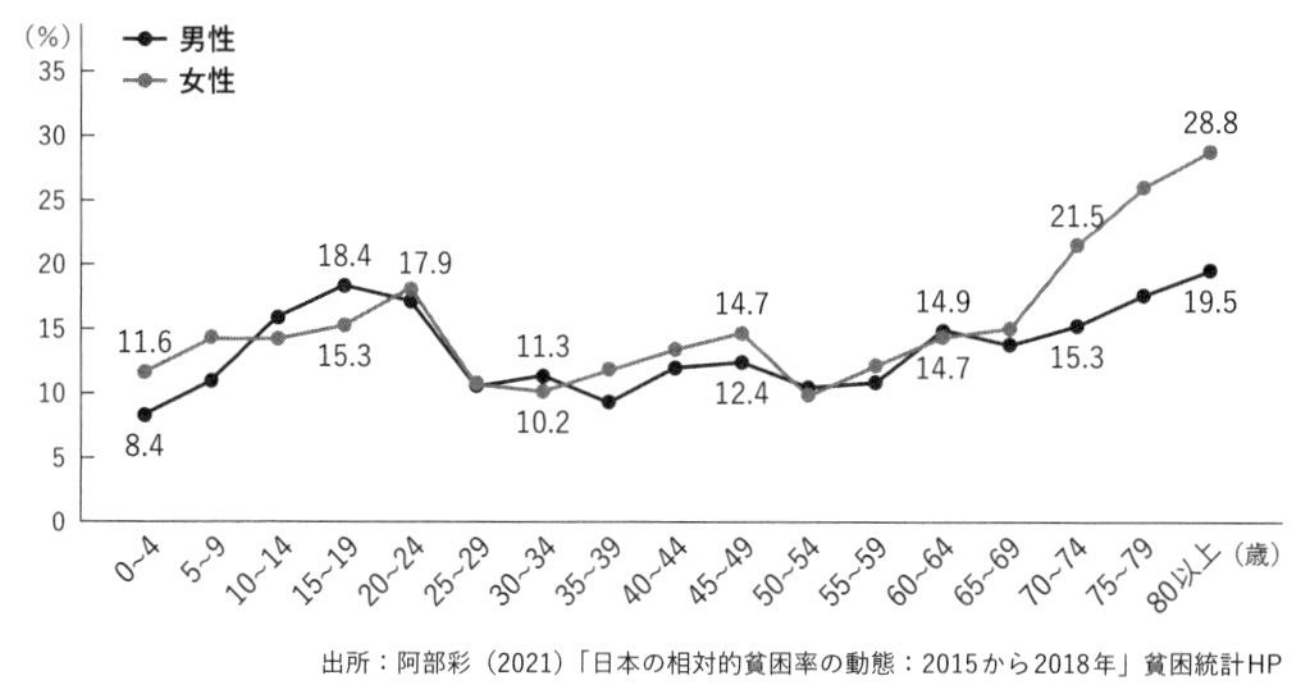

出所：阿部彩（2021）「日本の相対的貧困率の動態：2015から2018年」貧困統計HP

ては、離婚が成立するまえの実質的な母子世帯が増えてきています。離婚が成立していないので、さまざまな手当が受けられていないのです。子どもの総数の3%ですが、この貧困率が高くなっています。

「夫婦と未婚子のみ」の世帯はもっとも貧困率が低いです。しかし、この世帯に属する子どもたちが増えていて、数でいえば、いまは4人のうち3人がこの世帯です。

貧困の子どもの過半数が「ふたり親世帯」

ふたり親の家庭は、ふたり親がいてダブルインカムだから、貧困問題はないだろうと思われているのですが、母数が大きいため貧困率は低くても、「貧困の子ども」の55・5%が、じつは夫婦と子どものみのいわゆる核家族の家庭です【図5】。対して、ひとり親家庭は17・4%です。

貧困研究の立場からすると、ふたり親世帯は政策の対象

子どもの貧困率：世帯タイプ別 1985-2021（20歳未満）【図4】

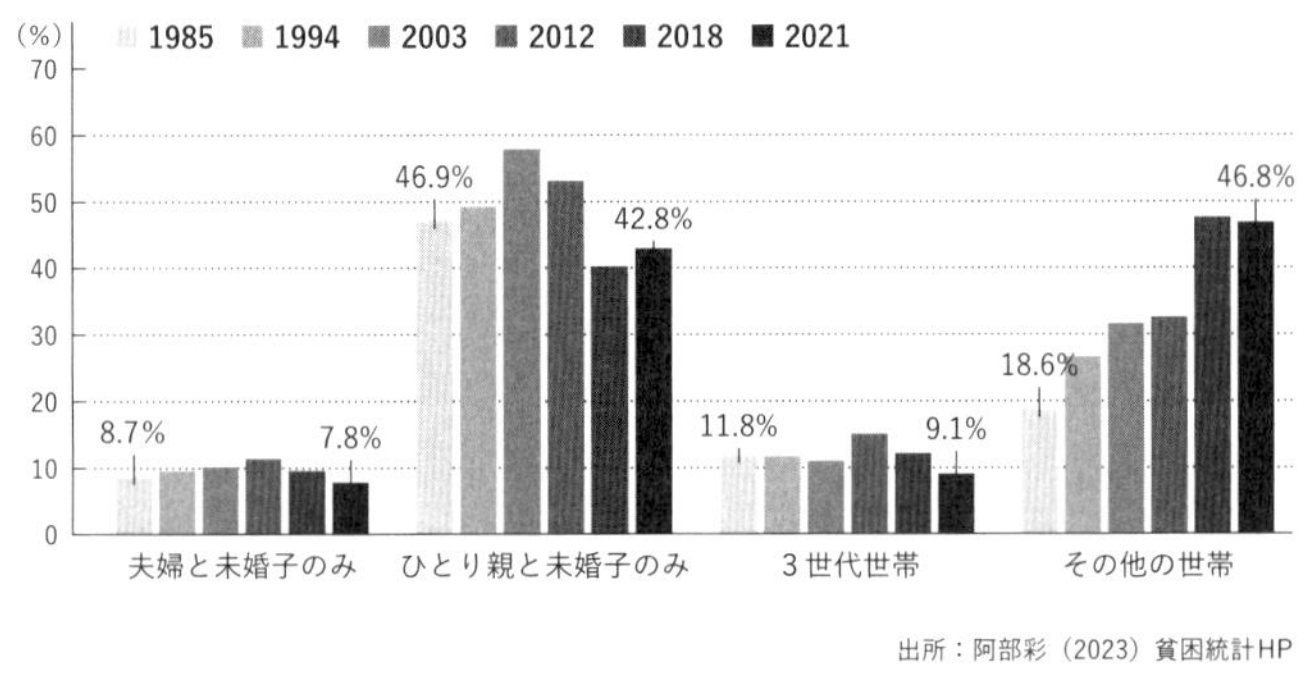

出所：阿部彩（2023）貧困統計HP

から外れています。これまで政策は、ほぼひとり親家庭を対象としていますので、児童手当なども通常範囲のみの支給ですから、ふたり親の貧困世帯には支援がないのです。

つぎに、貧困の子どもの年齢の変化を見てみると【図6】、1985年は、どの年齢でも10％を超えるくらいで、たいして変わらないのですが、2018年になると、大きな変化が出てきます。高校を卒業して働き、稼ぐ側にまわっていた15〜19歳、あるいは大学を卒業した20〜24歳の世代が、いまは稼げていないうえに借金を背負う状態ですので、家計が厳しくなっています。児童手当もようやく年齢制限が上がりましたが、小さい年齢の子どものほうが優遇され、年齢が高い子どもたちは軽視されてきたわけです。一方で、未就学児の0〜4歳では、児童手当も増額され、貧困率は下がってきています。

貧困の子どもの世帯タイプ　【図5】

貧困の子どもの過半数は「ふたり親世帯」

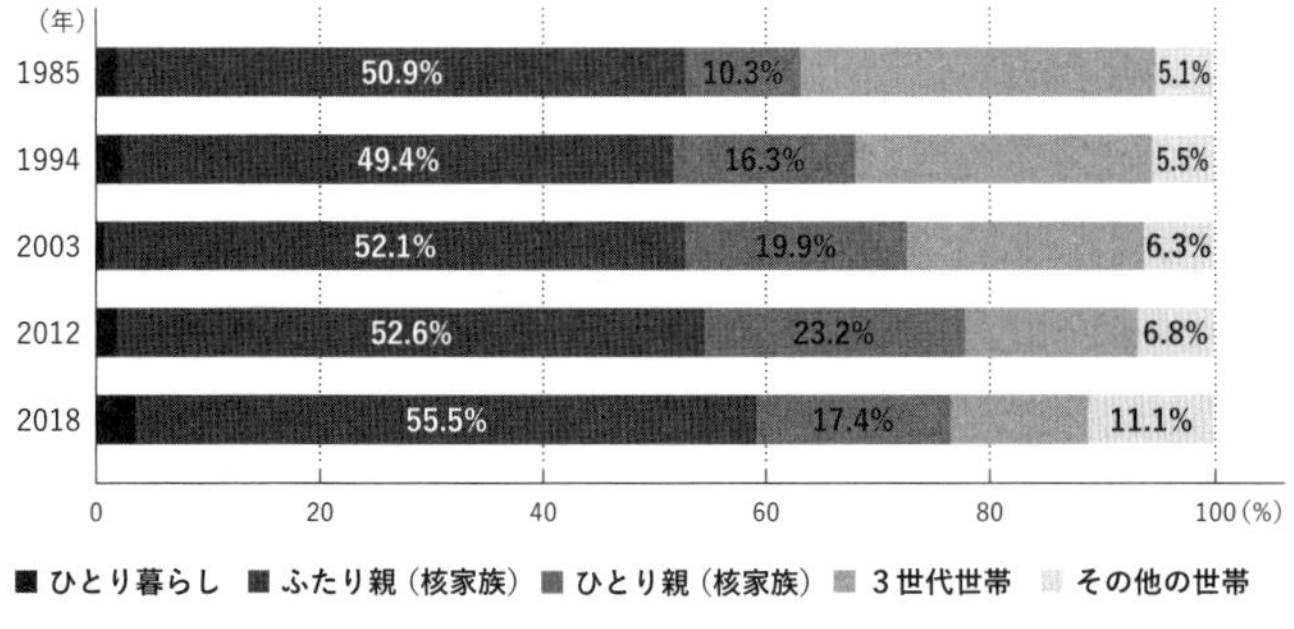

出所：阿部彩（2022）「子どもの貧困率」（2022/06/06更新）https://www.hinkonstat.net/

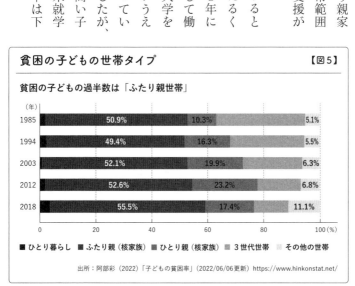

子どもの貧困とアウトカムの関係

こうやって貧困率を見てきても、「いまだに日本には貧困なんてない」「これくらいの貧困率なら、この時代、たいしたことないのではないか」と思われることがあり、その貧困が子どもの状況にどれくらい影響しているかを示す必要があると思っています。さまざまなアウトカムにおいて、貧困との関係はきれいに比例しているという結果が出ています。

まず、親の年収と子どもの学力の相関関係を見ると、年収が高ければ高いほど、算数・国語テストの点が高いことがわかります【図7】。

もうひとつの例では、子どものうち抑うつ傾向がある割合は、世帯の経済状況が厳しいほど高くなります【図8】。このような貧困と子どもの状況の関連はあらゆる指標でみることができます。

近年では母親の就労率が急上昇しており、また、夜間や週末などに働く母親・父親が増えていま

年齢別・子どもの貧困率 1985-2018 【図6】

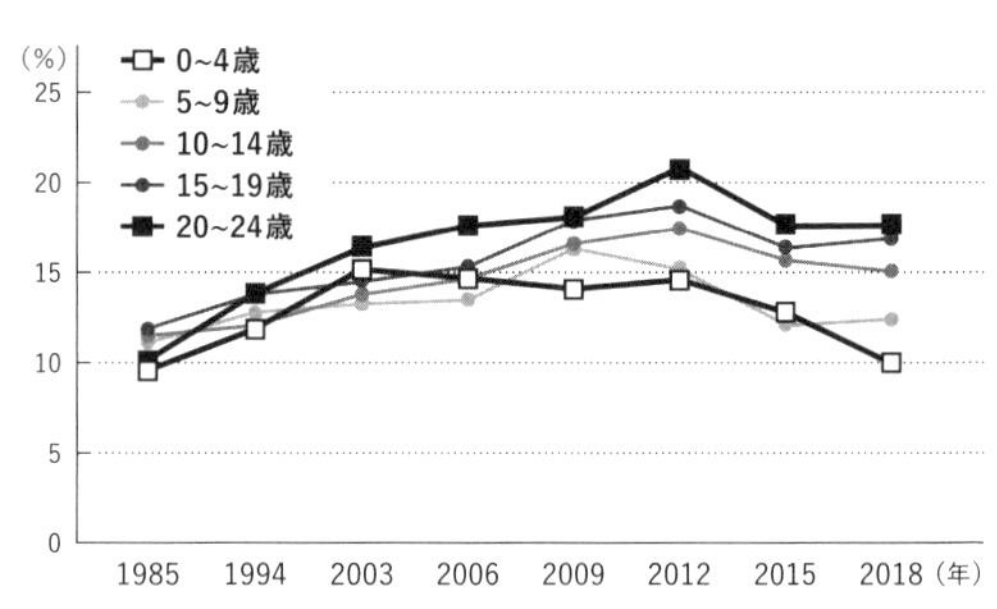

出所：阿部彩（2022）「子どもの貧困率」（2022/06/06更新）https://www.hinkonstat.net/

す。親の就労は所得面ではプラスになるのですが、子どものケアという面ではマイナスです。母子世帯の母親であれば、子どもの面倒をみる人がほかにはいないのに、24時間営業のコンビニなどで、夜中まで働いていなければいけない。ですが、学童保育やさまざまな公的な子どもの居場所事業は、午後6時に閉まってしまう。週末も同じです。週末に働く母親がどれだけいるのか。だけれども、その間の子どもはどうしているのか。

　これだけ母親の就業率が上がっているので、行政としては子どもの事業に対する考え方を変えていく必要があると思います。

子どもの貧困対策のあゆみ

２００８年は「子どもの貧困」元年と呼ばれて

世帯年収と子どもの学力（小6）　【図7】

親の所得と子どもの学力は比例

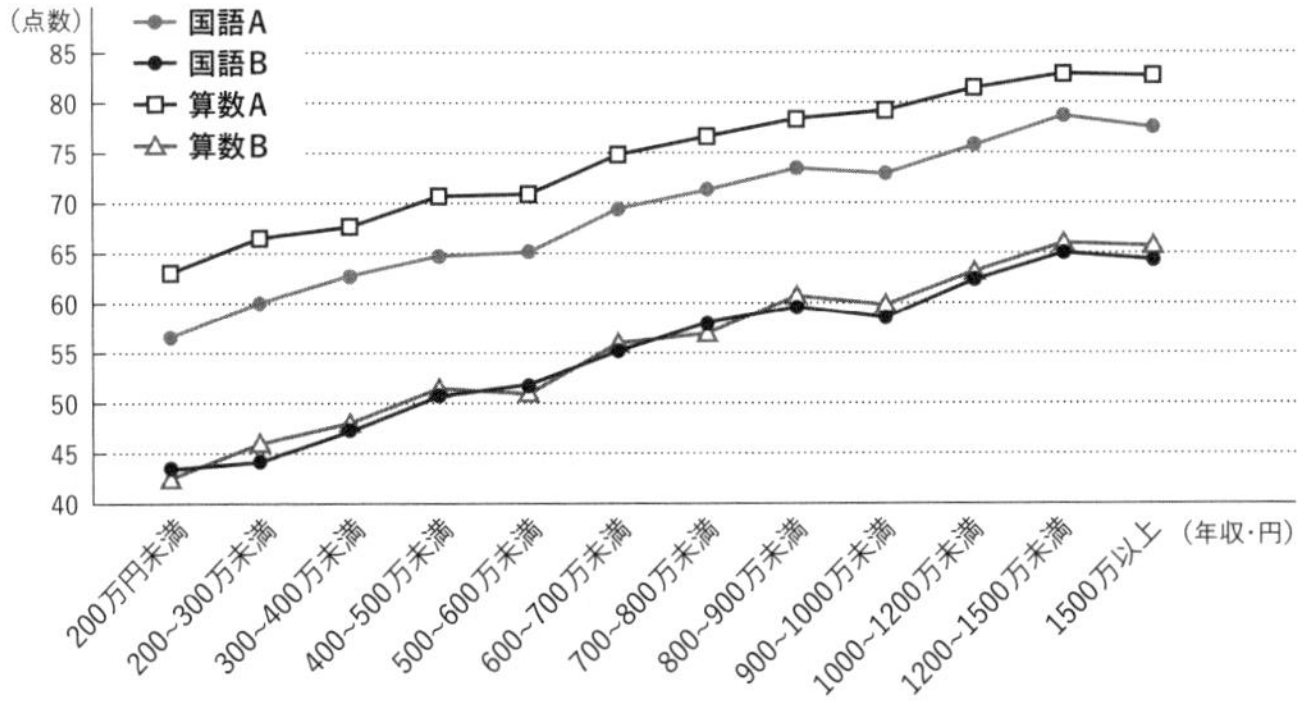

出所：文部科学省委託調査――お茶の水女子大学

います。私はホームレス問題の研究をしていましたので、児童福祉の専門家であったわけではなかったのですが、なぜ『子どもの貧困』（２００８年、岩波書店）という本を書いたかというと、いくらホームレスの問題、ワーキングプアの問題を取り上げても、人びとはどうしても自己責任論でそれを問題として認識しない、そこを乗り越えられなかったからです。当時の貧困者に対する目はひじょうに厳しくて、子どもが給食費を滞納していたら、親が怠慢だと言われ、給食を出すなという議論が起こりました。ではどうしたら、社会が貧困問題に向きあってくれるのだろうかと考え、大人の影を見せずに、子どもに注目すれば、このテーマは俎上《そじょう》に上がるのではないかと思い、「子どもの貧困」というフレームワークを使ったのです。つまり戦略として、自己責任論と真っ向から勝負するのではなく、子どもの貧困から、親の貧困、社会全体の貧困につなげるようにしました。

ただし、貧困問題を「子ども」に焦点をあてて論じることの功罪もありました。効果としては、それはかわいそうだね、なんとかしなきゃ、と思ってくれる人が少なからずいて、その後の政策な

子どもの抑うつ傾向と経済状況　【図8】

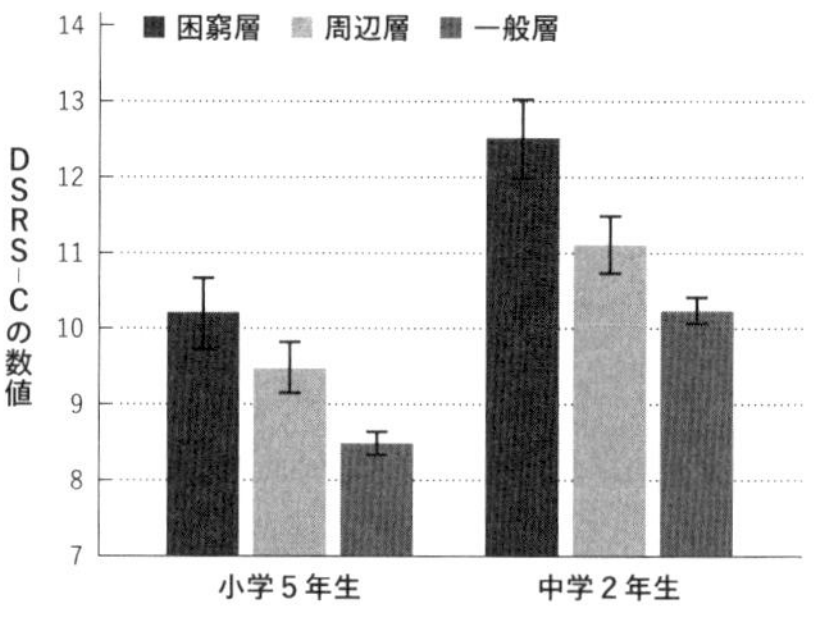

DSRS-C：子どもを対象にした抑うつ評価尺度
データ：東京都子供の生活実態調査（2016）小5･中2
出典：阿部彩

どが進んでいったと思います。

弊害としては、大人の貧困を切り離してしまったことです。子どもの貧困対策をするのはいいけれど、お金が支給されたら親に行ってしまい、それでパチンコに行く人も出てくるだろうという議論になり、そこを乗り越えられなかったことです。

政策的なあゆみをみると、「子どもの貧困」は、２００８年ごろからイシュー化しました。２０１３年に、貧困という言葉が初めて入った「子どもの貧困対策の推進に関する法律」が制定され、「子供の貧困対策に関する大綱」が策定されます。

２０１９年には、この法律が改正され、大綱も改定されました。子どもの状況を考えて、たとえばお母さんが夜遅くまで働いているので、子どもがひとりで寂しく夕飯を食べなければいけないという問題、勉強ができなくて残念な思いをしている問題、子どもは貧困によってさまざまな思いを抱えている。そのことをなんとかしなければいけない、いまの状況をなんとかしなければならないということを書いてくれて、改正に至りました。

大きな視点で、よい方向に動いたと思っています。私たちは、子どもが将来労働者としていっぱい稼げるようになるために貧困対策をしているわけではありません。いまの子どもの状況をなんとかしたいからやっているのであって、目的意識をとり違えていたところを修正してくれたということです。

政策面での進展は、教育では、2013年に福祉との連携で、スクールソーシャルワーカーが拡充されました。学習支援では、無料の学習支援事業が拡大されました。そのほか教育費の軽減として給付型奨学金などが拡充されてきました。

また、福祉においては居場所事業としての子ども食堂などが拡充し、自治体主体ではありますけれども、医療費の減免、給食の無償提供も徐々にですが進んできました。

ここからの課題——教育、社会保障、労働問題

しかし一方で、政策の進展のいびつさもあると思います。ひとつが、学校外での教育支援、居場所事業にすごく注目が集まり、そこに厚労省関係の予算がつき、寄付も集まるようになったなかで、学校内は改革が進まなかったと思います。子どもの教育なのに、学校の外でやってくださいというところがすごくあります。本当であれば、学習支援事業がいらなくなるような方向でなければいけないはずです。学習支援事業は有効な投資であり素晴らしいとは思いますが、できればなくなる方向がいい。そのためには学校教育が変わらなければならないのです。

私は受験システムから変えるように議論するべきだと思いますし、いまのように小学校1年生の段階で学力格差ができてしまっているのは、どうしたものでしょうか。同じように教えていても学

力格差が生じることがわかっているので、ならば、いまのような何十人もの子ども相手のレクチャー形式の教え方を変えていく必要があるのではないでしょうか。そこのところはまったくの未開発です。学力格差があって小学校に入ってくる子どもたちを同じ教室で教えるために、教育方法を変えなければいけないのです。

また、子どもの教育費や医療費は、親ではなく子どものみに使える現金給付としては拡充されてきましたが、住宅費やその他の生活費など、貧困家庭の家計そのものを支えてほしい。低所得者に対する住宅問題が今後、日本でどうなっていくのかは議論されていません。国交省が住宅弱者について対策を打ち出しましたが、対象は高齢者から始めているので、子どものいる家庭までおよぶかどうかわかりません。また、電気料金が上がっていて大変ですが、公共でまかなってきた水道までも民営化しようという動きがあり、低所得者に対する配慮が足りていません。

中核にあるのは、やはり労働問題です。親がフルタイムで働いているのに、なぜ子どもに十分に食べさせられないのか。労働問題の根幹です。なのに、これは論じられていません。貧困ど真ん中の議論がされていないのが現状です。

一方で、日本の貧困率は下がってきました。２０１２年をピークに子どもの貧困率も下がりました。しかしこれは、人手不足のなかで女性の就労率が上がり、収入が上昇したことが要因で、子どもの貧困対策によるものではないのです。

私たちの調査によると、２０１６年と２０２２年を比較してみると【図9】、小学校5年生の子をもつふたり親世帯では、母親の就業率が、67％から81％に大幅に上昇しています。正規雇用率は、ふたり親世帯では20％から33％になりました。母子世帯も37％から43％に上昇しています。

つまり、母親がすごく就労している状況です。それはよいことですが、母がいつも働いていて、子どもをケアしていけるのでしょうか。そういう状況を変えていくことを同時に考え、親がいつもいつも働いていることが当たりまえになっている状況を見直す必要があるところにきています。

こども家庭庁が発足し、こども大綱ができましたが、子ども一般ではなく、いまいちばん大変な状況にいる子どもたちのことを考えた施策をつくってほしいと思っています。

母親の就労率・雇用形態（小学5年生）　【図9】

	全母親		ふたり親世帯の母親		母子世帯の母親	
	2016年 (n=1261)	2022年 (n=1001)	2016年 (n=1141)	2022年 (n=910)	2016年 (n=120)	2022年 (n=90)
就労率	69.3%	81.0%	67.2%	80.4%	89.2%	86.7%
正規雇用	21.7%	34.1%	20.1%	33.2%	37.5%	43.3%
非正規雇用	38.7%	40.7%	38.4%	40.7%	41.7%	40.0%
自営・自由・個人請負・その他	8.9%	6.3%	8.8%	6.6%	10.0%	3.3%
専業主婦	30.7%	19.0%	32.8%	19.6%	10.8%	13.3%

出所：東京都立大学子ども・若者貧困研究センター

阿部彩（あべ・あや）……東京都立大学人文社会学部教授、子ども・若者貧困研究センター長。専門は、貧困・格差論、社会保障論、社会政策。おもな著書に『子どもの貧困――日本の不公平を考える』『子どもの貧困Ⅱ――解決策を考える』（ともに岩波書店）、『弱者の居場所がない社会』（講談社）、『生活保護の経済分析』（共著、東京大学出版会）、『子どもの貧困と食格差――お腹いっぱい食べさせたい』（共著、大月書店）など。

子ども・若者政策の課題と展望
――こども基本法とこども大綱から

宮本みち子
若者政策論
放送大学・千葉大学名誉教授

数値が示す子どもや若者の苦境

3年におよぶコロナ禍を経て人びとの活動が戻ってきた2024年2月末、日本の株価は市場最高値を約34年ぶりに更新し、「失われた30年」の長い停滞を脱して新たな成長の起点になるのだという期待が高まりました。しかし、30年のあいだに格差は拡大し、生活困窮に陥った人びとの生活実態を見るかぎり、それほど簡単に問題が解消するとは思えません。

コロナ禍以前に悪化が続いていた生活困窮者の暮らしに、コロナ禍は追い打ちをかけました。そのうえ、コロナ禍が終わったあとのインフレーション局面への転換が、さらに大きなダメージをおよぼしつつあります。過去30年のあいだに、標準生活（中流生活）を営むことができない人びとが増加するなかで、子どもや若者への対策がようやく進みはじめたころ、新型コロナウイルス禍に見舞われたとは、なんとも不運だったと言わざるをえません。

子どもや若者たちの憂慮すべき現象がいくつも明らかになっています。代表的な数字をあげてみましょう。７人に１人が相対的貧困状態。児童相談所の虐待相談件数は20万人を超え、20年間で10倍以上の増加です。いじめ認知件数は68万件、10年間で４倍に近い増加です。小・中・高生の自死数は年間５００人を超え、同じく不登校生は約36万人（中学生の場合17人に１人）です。また近年、風邪薬など市販薬を過剰摂取するオーバードーズが若者のあいだに広がっています。それが原因と疑われる20代以下の救急搬送は２０２２年には１５２０人、さらに２０２３年の前半期だけで２６０２人と急増しています。この数値はオーバードーズによる救急搬送の半数に近く、集計を取りはじめた２０２０年から４割超増えました。ネットによる情報の広がりも原因のひとつだろうと思いますが、それよりも、市販薬の過剰摂取は悩みや生きづらさから逃れようとしておこなう場合が多い点に留意が必要です。

生きにくさを抱える子どもや若者――逆境体験、孤立と孤独

これらの子ども・若者たちのなかでもっともつらい状態で生きているのは、幼児期の逆境体験を

もつ子どもや若者だといわれています。親との離死別、父親から母親への暴力（ＤＶ）の目撃、身体的虐待、ネグレクト、心理的虐待、性的虐待、家族の精神疾患、家族の自殺企図、家庭内の飲酒や違法薬物問題などです。これらの家庭に育つことによって、生活習慣が身につかず、メンタルヘルスを悪化させ、勉強についていかれない、社会体験が不足する、家庭外のリスクにさらされる、経済困窮などが積み重なって、先の見えない閉塞状況に追い込まれるのです。後半で触れる社会的養護等で育った若者たちにしばしばみられる状況です。このような子どもや若者たちほど、だれかに相談したり助けを求めたりすることができず、放置されています。

しかし、生きにくさを抱えているのは、だれの目からみても問題が山積している家庭の子どもや若者だけではありません。私は仕事の関係で、若者の実態を見聞する機会が多いのですが、この世代のなかには生きづらさに悩む人が多いことを実感しています。スピードと競争に満ちた環境のなかで追われつづけてきた矛盾が、学校や職場で限界に達し、休学や退学、退職をして自分探しをしている若者は多く、心を病んでいる人も多いのです。時代は先行き不透明で閉塞感が漂っています。都市的環境のなかに生まれ、小家族のなかで育ち、親族コミュニティも地域コミュニティも自然も希薄な環境しか知らないためか、孤立と孤独につきまとわれている若者たちです。

子ども・若者への支援施策の脆弱さ

21世紀に入って以後、多岐におよぶ子ども・若者施策が展開したことは事実です。しかし、前段で紹介したとおり、この世代の厳しい状況は容易に改善されていません。行政施策は、子どもや若者の権利を守る水準からはほど遠く、守ってくれる大人や助けてくれる手立てもなく放置されている子どもや若者が多いことを実感しています。失われた30年やコロナ禍などで、家庭の経済や健康や人間関係などが悪化した子育て家庭が多いこととも関係していることでしょう。

このような認識をもつに至ったのは、私が「首都圏若者サポートネットワーク」と「ちばこどもおうえんだん」という二団体で、社会的養護を出た若者の支援活動をしたことをとおしてでした。親に保護される状態にない子どもや若者を対象とする施策が、彼らの権利を擁護するという理念を貫くにはほど遠い実態にあると感じざるをえません。ふたつのことを話題にしましょう。

虐待やネグレクトの増加に歯止めがかからないことは先ほど申しました。被害を受けた子どもの一部は養護施設や里親のもとに保護されるのですが、これらの社会的養護制度の現状について、早川悟司さん（児童養護施設「子供の家」施設長）はつぎのように指摘しています。

家庭の養育機能が十分機能していないことを理由に、子どもたちは「家庭」「学校」「地域」をいっぺんに奪われて養護施設等に入所させられています。問題は、家庭への支援が脆弱で、適切に機能していないと判断されると、支援よりも親子分離が優先されていることにあります。養育機能が不十分と判定される家庭の多くは母子家庭で、社会的に孤立した状態にあるのですが、母子家庭に対する経済支援はきわめて薄弱で、母親が昼夜就業に追われた結果、ネグレクトになっている例が多いのです。その現実から目をそらして親子分離を強制する結果、人が発達するうえで不可欠な条件である特定の大人とのアタッチメントや、これを基盤とする自我同一性の形成が欠けてしまうのです。親子丸ごと地域で支える施策へと転換しなければ、子どもたちは深く傷ついたまま社会的養護下で成長期を過ごし、その後も傷が癒えないまま実社会を自力で生きていくことを余儀なくされてしまう、と早川さんは指摘するのです（宮本みち子編著『若者の権利と若者政策』第7章、明石書店、2023年）。

ところが、養護施設や里親に保護された子どもや若者は、相対的にみると、まだよかったともいえます。過去に児童相談所に一時保護されたものの家庭に帰された、ハイリスクの若者がいます。これに加えて、保護されることなくハイリスクの状態で家庭にいることを余儀なくされた子どもや若者の数は、社会的養護施設に保護された子どもなどの数十倍に達していると予想されるのですが、支援の手はほとんどおよんでいないのです。これらの子どもや若者が、虐待やネグレクト、理不尽なヤングケアラー、生活困窮の状態におかれつづけたであろうことが、家出をしてトー横を居場所としたり、ネットカフェや友人宅を泊まり歩く若者たちの状況から容易に察しがつくのです。

効果のある子ども支援施策になっているのか――養育支援訪問事業の例

不適切な養育の懸念がある幼少期の子育て家庭への支援事業のひとつに、養育支援訪問事業があります。この事業を20年以上にわたって担ってきた日本子どもソーシャルワーク協会理事長の寺出壽美子さんによれば、この事業のなかの育児・家事援助の重要性が高いといいます。行政上ではこの事業のねらいは、親（ほとんどが母親）に対する育児・家事援助をすることにおかれています。しかし寺出さんによれば、一時的に子どもが救われることは大事なことですが、それにとどまらず、この援助をとおしてひとりか少人数の支援者が子どもと長期間、真摯にかかわり続けることで虐待被害を受けている子どもの癒しが進み、やがて精神的回復にたどりつける点にあるというのです。この効果が生まれるには少なくとも数年は必要で、積極的に事業を実施してきた都内のある自治体の経験によれば、5年以上の支援を継続してようやく効果が出てきたそうです。

小学生当時、厳しい状態にあったある母子の事例では、ほとんど回復すら危ぶまれた状態だった子どもが、継続して支えつづけたおかげで、やがて毎日高校生活が送れるまでに精神的回復を遂げたそうです。しかし、厚生労働省のガイドラインでは6か月から1年程度が想定されています。実際には3か月未満で終了している自治体が21％で、子どもたちの精神的回復にほとんど寄与できていないのです。親の育児や家事を助けるだけでなく、子ども自身を支える事業が必要です。また、期間を延ばすとともに、対象とする子どもの年齢を、乳幼児だけでなく、小・中学生へと広げることが必要だといいます（「子育て世帯訪問支援事業の今後の制度設計・改善のための調査研究」特定非営利活動法人日本子どもソーシャルワーク協会、2024年3月）。

20年のあいだに、訪問する家庭の状況には変化が生じています。気分変調の母親が激増しているというのです。母親のうつ状態や怒りの爆発は、日常生活のなかで子どもの精神を蝕《むしば》み、生きる意欲を喪失させていると寺出さんは言います。こども家庭庁は子育て世帯訪問支援事業を開始しましたが、その対象はいままでと同じく、母親が中心となっていることが残念です。親支援と並んでぜひ必要なのは、とくに心理的虐待に日々さらされている子どもの、心の回復支援を実行することにあります。

どのような支援施策も、的を得たものでないかぎり、一時の効果はあっても長期的な効果を得ることはできません。子ども・若者のライフコースに沿った切れ目のない、そして適切な支援を編みだしていかなければならないのです。

子ども・若者と相談事業

よりそいホットラインという電話相談事業があります。東日本大震災をきっかけに2012年に始まった国の事業で、24時間いつでもどこからでも無料でアクセスできます。一般社団法人社会的包摂サポートセンターが運営し、訓練を受けた約2000人の相談員がローテーションを組んで全国で相談を受けています。私はこの団体から10年以上にわたって定期的に話を聞く機会があったことで、この国に広がる孤立・孤独と生きる困難に苦しむ人びとの広がりの実態を知りました。

相談を寄せる年代は、当初から40代を先頭に30代、50代が多くなっていました。そこで、10代、20代の若者が少ないことを改善するため、電話よりSNSなどの手段を使うようになって若者の相談者が増えてきました。

相談を寄せる人には特徴があります。若者の多くは公的な支援制度を知らず、どこにもつながれていない、またはつながりたくないという気持ちが強いといいます。そのためか、何に困って相談したいのかわかりにくい相談が多いのです。本音を言うことができないため、支援機関につながっても表面的な課題解決しかできない。だれがみてもひどい状態だと驚くほどの困難を抱えているにもかかわらず、現実感が乏しいと感じられるともいいます。おそらく幼少のころよりその状態が普通だったのではないかと思われるのです。秘密が守られるかどうか不安に感じて、何度も確認する例も少なくありません。これらの特徴は、彼らのこれまでの体験で身についたもので、そのことをふまえた有効な対応が必要だといいます。若者とのあいだに信頼関係を築き、「自分のことを話しても大丈夫」「自分の状況はだれがみてもひどい状況なのだ」という気持ちになってはじめて、彼らの真の状況が把握できるようになり、支援の手を差し伸べることができるのです。

厳しい状況におかれた子どもに対して、世間はそれなりに同情します。しかし、成人に達するような若者に対しては、「もう子どもではないのだから自分でなんとかするだろう」とみて放置してしまう傾向が強いのです。これから述べる「こども基本法」は、生まれてから若者期まで境遇に翻弄されつづけるすべての子どもや若者を、権利擁護の視点から守ることが国の責務だと定めています。実態を知る努力と、これらの子どもや若者を放置することがないように施策を遂行することをしなければならないと思います。

こども基本法とこども家庭庁

２０２３年４月に「こども家庭庁」が設置されました。日本ではこれまでもとくに、子どもに関する施策はひじょうにたくさんありました。しかし、所管が各省庁に分散し、統一がとれていない状態でした。こども家庭庁はこれらを一元管理し、妊娠から若者期までをライフコースに沿って途切れることのない体制とすることをめざしたものです。同時期に、「こども」の権利を定めたこども基本法も施行されました。こうして、子どもや若者政策とその実行体制に画期的な変化が生じたのです。その結果が「前進」と出るか「後退」と出るかは予断を許しません。国民の関心のありようと深く関係するだろうと思います。

そこでまず、こども基本法について見てみましょう。1994年に国連の「子ども（児童）の権利に関する条約」（子どもの権利条約）を日本も批准して30年が経ちます。ここにようやく、国内法が実現したことになります。こども基本法は、こども施策の理念や基本事項を明らかにすることにより、子ども・若者施策を社会全体で総合的かつ強力に実施していくための包括的な法律として制定されました。その背景にあったのは、子どもの虐待が少しずつ認識されはじめた21世紀初頭以後、減少するどころか加速化する事態を受けてのことだったといわれています。この時期に同時並行して進んだのは、子どもたちの貧困、不登校、いじめ、自死などの増加、著しく低い自尊感情など、子どもの「人権」侵害といえる現象が顕著になったことでした。

こども基本法の土台にある国連の「児童の権利に関する条約」は、子どもの基本的人権を国際的に保障するために定められたもので、現在、日本を含めた世界196の国・地域が締約している世界的な条約です。この条約は18歳未満の児童（子ども）を、権利を持つ主体と位置づけ、大人と同様、ひとりの人間としての人権を認めるとともに、成長の過程で特別な保護や配慮が必要な子どもを権利の立場から位置づけ、施策の対象と定めています。この条約とこども基本法には、対象とする年齢に違いがあります。こども基本法は「こども」という用語を、「大人としての円滑な社会生活を送ることができるようになるまでの成長の過程にある者」と定義しており、未成年を対象とした子どもの権利条約より広い年齢を対象としています。過去30年にわたる時代の流れのなかで、未成年期の諸問題が引き延ばされていることや、思春期を超えて大人の時期に達するまでにより長い年月が必要となり、成人期への移行期特有の課題が明確化している状況をふまえて、子ども政策と若者政策とを一体化して政策対象とすることになったのです。これは大きな前進でした。

こども基本法の目的と理念

こども基本法は、普遍性をもつ子どもの権利をベースにしつつ、時代状況をふまえて、子ども・若者政策や取り組みの共通基盤となるものとして、基本理念や基本となる事項を定めたものです。

その目的はつぎのとおりです。こども基本法は、「日本国憲法および子どもの権利条約の精神にのっとり、次代の社会を担うすべてのこどもが、生涯にわたる人格形成の基礎を築き、自立した個人としてひとしく健やかに成長することができ、こどもの心身の状況や置かれている環境等にかかわらず、その権利の擁護が図られ、将来にわたって幸福な生活を送ることができる社会の実現をめざして、こども政策を総合的に推進することにある」。

こども基本法の基本理念として6点があがっています。

① すべてのこどもについて、個人として尊重され、その基本的人権が保障されるとともに、差

別的取り扱いを受けることがないようにすること。
② すべてのこどもについて、適切に養育されること、その生活を保障されること、愛され保護されること、その健やかな成長および発達ならびにその自立が図られること、その他の福祉に係る権利が等しく保障されるとともに、教育基本法の精神にのっとり教育を受ける機会が等しく与えられること。
③ すべてのこどもについて、その年齢および発達の程度に応じて、自己に直接関係するすべての事項に関して、意見を表明する機会および多様な社会活動に参画する機会が確保されること。
④ すべてのこどもについて、その年齢および発達の程度に応じ、その意見が尊重され、その最善の利益が優先して考慮されること。
⑤ こどもの養育については、家庭を基本として行われ、父母その他の保護者が第一義的責任を有するとの認識の下、これらの者に対してこどもの養育に関し十分な支援を行うとともに、家庭での養育が困難なこどもにはできる限り家庭と同様の養育環境を確保することにより、こどもが心身ともに健やかに育成されるようにすること。
⑥ 家庭や子育てに夢をもち、子育てに伴う喜びを実感できる社会環境を整備すること。
この基本理念に従って、こども家庭庁が所管する施策は、誕生前から幼児期、学童期・思春期（18歳未満）、青年期（18歳から30歳未満）、場合によってはポスト青年期を含み、多くの場合、施策の

当事者は「こども・若者」と記されています。これ以後は、こども基本法とこども大綱にならって、「子ども」の代わりに「こども」を使用します。こども・若者施策を推進するための体制整備に関しては、長年の課題とされてきた、年齢の壁、こどもが必要とする施策ごとの制度の壁、施策を講ずる関係省庁の縦割りの壁を打破し、統合的・一体的に支援していくことが規定されています。

こどもの意見表明・社会的活動への参画機会の確保

このなかで画期的なことは、すべてのこどもについて、年齢および発達の程度に応じ、自己に直接関係するすべての事項に関して意見を表明する機会、多様な社会的活動に参画する機会が確保されることが理念として掲げられたことです。

それを反映して、あとでも述べますが同年12月に策定された「こども大綱」で、こども・若者の社会参画と意見反映を車の両輪として進める施策が掲げられたことは画期的でした。こども施策を策定・実施、評価するにあたって、対象となるこども・若者等の意見を広く聴取して反映させるために、必要な措置を講ずることが国や地方公共団体に義務づけられています。

これらの理念と政策は、欧州をはじめおもな先進諸国ではすでに20世紀の末までにはすべての国で始まり、2000年初頭にはユースポリシーの最優先政策として明確に打ち立てられ、各国・各地で実施されてきました。それらの国ぐにと比較すると、日本は20〜30年の遅れをとってようやくスタートしたといえます。その証拠に、国連子どもの権利委員会は、２０１９年に日本における児童の権利に関して採択し勧告をしているのですが、そのうちのひとつが、《子どもの意見の尊重》で、つぎのように表現しています。

●日本においては、自己に関わるあらゆる事柄について、自由に意見を表明する子どもの権利が尊重されていないことを依然として深刻に懸念する。

●意見を聴かれる権利を子どもが行使できるようにする環境を提供するとともに、家庭、学校、代替的養護および保健医療の現場、子どもに関わる司法手続きおよび行政手続きならびに地域コミュニティにおいて、かつ環境問題を含むあらゆる関連の問題に関して、すべての子どもが意味のある形でかつエンパワーされながら参加することを積極的に促進するよう勧告する。

こども基本法における理念のひとつは、この勧告を受けとめたものでした。

そのほかにも重要な勧告がなされていますが、そのひとつは、《体罰》に関する勧告です。「家庭、代替的養護および保育の現場ならびに刑事施設を含むあらゆる場面におけるあらゆる体罰を、いかに軽いものであっても、法律（とくに児童虐待防止法および民法）において、明示的かつ全面的に禁止すること」を求めています。

こども大綱の構成

こども家庭庁にとって、初年度の最重要任務はこども大綱を制定することでした。大綱は、今後5年間のこども・若者施策の枠組みを定めたひじょうに重要な指針です。こども・若者施策としては、こどもの成長に対する支援等をおもな目的とする施策に加えて、教育施策、雇用施策、医療施策など幅広い施策をカバーしています。

こども大綱は、めざす社会を「こどもまんなか社会」としました。その意味は、少し長い一文ですがつぎのように定義されています。

「全てのこども・若者が、日本国憲法、こども基本法、こどもの権利条約の精神にのっとり、生涯にわたる人格形成の基礎を築き、自立した個人としてひとしく健やかに成長することができ、心身の状況、置かれている環境等にかかわらず、ひとしくその権利の擁護が図られ、身体的・精神的・社会的に将来にわたって幸せな状態（ウエルビーイング）で生活を送ることができる社会です」

大綱は6つの柱を基本的な方針としています。

① こども・若者を権利の主体として認識し、その多様な人格・個性を尊重し、権利を保障し、こども・若者の今とこれからの最善の利益を図る。

② こどもや若者・子育て当事者の視点を尊重し、その意見を聴き、対話しながら、ともに進め

ていく。
③　こどもや若者、子育て当事者のライフステージに応じて切れ目なく対応し、十分に支援する。
④「良好な成育環境を確保し、貧困と格差の解消を図り、全てのこども・若者が幸せな状態で成長できるようにすること。良好な環境を確保し、貧困と格差の解消を図る。
⑤　若い世代の生活の基盤の安定を図るとともに、多様な価値観・考え方を大前提として若い世代の視点に立って、結婚、子育てに関する希望の形成と実現を阻む隘路《あいろ》の打破に取り組む。
⑥　施策の総合性を確保するとともに、関係省庁、地方公共団体、民間団体等との連携を重視する。

こども大綱が掲げる施策の新しさは、こども・若者の社会参画と意見反映を車の両輪として進めていくという点です。また、こども政策を策定・実施、評価するにあたって、施策の対象となるこども・若者等の意見を広く聴取して反映させるために必要な措置を講ずることが、国や地方公共団体に義務づけられている点です。欧米諸国と比較すると日本は20～30年の遅れをとったとはいえ、こども・若者政策のあらたなステージが始まったとみてよいと思います。

参画に関しては2つの方針が示されています。
①　若者が主体となって活動する団体等の意見聴取に関する取組を行う。
②　各府省庁の各種審議会、懇談会等において、こどもや若者を委員として一定割合以上登用す

る。これらの会議におけるこども・若者委員割合を「見える化」する。

また、さまざまな状況にあって声を聴かれにくいこどもや若者、低年齢のこども、意見を表明することへの意欲や関心を高くもてないこどもや若者がいることを認識し、安心して意見を表明し、その意見が施策に反映されるよう、意見聴取にかかわる多様な手法を検討し、十分な配慮や工夫をするとしています。

こども大綱には、こどもまんなか社会の実現に向けた数値目標が掲げられています。現状値（2023年ごろ）と目標値（2028年）をみると、たとえば、「こどもまんなか社会の実現に向かっている」と思う人（16～49歳）の割合を15・7%から70%へ、「こども政策に関して自身の意見を聴いてもらえている」と思うこども・若者（16～29歳）の割合を20・3%から70%へ、「結婚、妊娠、こども・子育てに温かい社会の実現に向かっている」と思う人（16～49歳）の割合を27・8%から70%へと、5年間で大幅に引き上げようとしています。この目標を達成するには相当な覚悟が必要でしょう。

こども大綱に盛り込まれた施策は多岐におよび、要点はほぼ盛り込まれたといっていいと思われます。こども家庭庁の意気込みが伝わってきます。問題は、これらの事業に投下する予算配分とその規模です。予算が少子化対策に集中投下されている現状では、その他の施策にどれだけ投入されるのかどうか予断を許さないところです。こどもや若者も含む多くの人びとがこども大綱を読みこなし、国の行政の歩みを見据え、意見を挙げていく必要があります。

こども・若者の意見表明や参画の動きは始まっている

こども基本法を土台に置いて策定されたこども大綱においては、各府省庁の各種審議会、懇談会等において、こどもや若者を委員として一定割合以上登用する方針が掲げられ、今後、これらの会議におけるこども・若者委員割合を「見える化」しようとしています。また、さまざまな状況にあって声を聴かれにくいこどもや若者、低年齢のこども、意見を表明することへの意欲や関心を高くもてないこどもや若者がいることを認識し、安心して意見を表明し、その意見が施策に反映されるよう、意見聴取にかかわる多様な手法を検討し、十分な配慮や工夫をするとしています。こども基本法の施行によって、子ども・若者政策のあらたなステージが始まったとみてよいでしょう。

こどもや若者が多くの時間を過ごし学ぶ場である学校教育においては、生徒や学生の意見表明や参加を進めることはきわめて重要なことです。たとえば、こども大綱には、《校則の見直し》が加えられました。「校則は、各学校がそれぞれの教育目標を達成するために、学校や地域の状況に応じて、必要かつ合理的な範囲内で定めるものであり、校則の見直しを行う場合にはその過程で、こどもや保護者等の関係者からの意見を聴取した上で定めていくことが望ましい」としています。

生徒や学生が意見を述べ参画することが、わがままを助長することにはなりません。むしろ教育を受ける当事者の意見を聴くことによって、妥当性の高い改善の効果が見込まれるとともに、彼ら彼女らの当事者意識を高め、学校生活への能動性を高めるでしょう。こども・若者の参画は学校教育の内容にも変革をおよぼします。「お飾りの参画」で終わらないためには、この理念の真の意味を関係者が理解し納得することが必須条件です。

意見表明権と意思決定支援

こども基本法の施行より早い2023年4月、児童福祉法が改正になり、児童相談所の一次保護や児童養護施設に措置されたこどもたちに対しても、こども自身の意見や意向を聞きとって、必要な環境を整備することが明記されました。これは大きな前進でした。しかしこの理念を実行に移すことは、そう簡単なことではありません。とくに、弱い立場におかれ保護者の保護を得られないこどもや若者の意見表明の権利を守るためには、この世界の意識と慣習を大胆に変えることが必要です。

前述の早川悟司さんによれば、現状では、施設に入所するこどもに、しっかりと説明し納得できるだけの情報を与えているかどうかはきわめて疑問だといいます。たとえば、入所しても将来大学に進学することは可能だと伝えているか、ここには何歳までいられるか（近年は年齢ではなく自立可能な時期までいられるなど）を、はじめにきちんと伝えているのかどうかが疑問だといいます。

さらに、意見表明権を社会的養護下にいる若者にあてはめたとき、「意見決定支援」へと進展しなければ、権利としての意見表明は実現しないといいます。たとえば施設を出るにさいして、大事なことを自分の意思で決めるためには、「意思決定支援」が必要です。出所してもとの地域で生活するのか、ふたたび家族と生活するのか、私立高校や大学等の多様な進路から何を選択するのか、自立生活能力が育つまで入所を継続するか、などを自分の意思で選択して決定するためには、他の支援が必要であり、「意思決定支援」を前提にした施策へと転換しなければならないといいます。

この指摘の妥当性は、社会的養護に限るものではありません。家庭や学校をはじめ、子どもや若者がおかれたすべての施設・団体で、彼ら彼女らに情報を与え、説明責任を果たし、意見を述べることを奨励・啓発し、意思決定するための支援をすることがあたりまえにおこなわれてはじめて、意見表明は現実のものになるのです。

子ども政策と若者政策の接合

すべてのこどもや若者が取りこぼしなく健やかに成長することを保障するためには、省庁の所管による縦割りと、法律ごとの論理でおこなわれる縦割りの弊害をとり除き、切れ目なく、隙間なく、総合的に施策を進める必要があります。しかし現実には、ふたつの縦割りを経て、こども期の問題が先送りされ、解決できないまま若者期に至ってしまう例がめずらしくありません。思春期から若者期の支援の難しさはそこから来ているともいえるでしょう。また、制度のはざまに墜ちてしまうこどもや若者が増えて救済できない状態になってしまうのも、縦割り行政の弊害ということができます。

年齢が上がるにしたがって責任の所在があいまいになり、若者問題に真正面から取り組む地方行政がなくなってしまうことは大きな問題です。若者問題の固有性が、自治体のこども計画において明確に定められることなく、たんにこどもの問題に引き続く問題のみとしてとらえられ、こどもの問題のなかに埋没してしまうことにならないよう注意が必要です。

参考文献

末冨芳編著『子ども若者の権利とこども基本法』明石書店、2023年
宮本みち子編著『若者の権利と若者政策』（とくに第1章、第10章、おわりに）明石書店、2023年
末冨芳編著『子ども若者の権利と学び・学校』明石書店、2024年

宮本みち子（みやもと・みちこ）……放送大学・千葉大学名誉教授。専門は、生活保障論、若者政策論、現代家族論。内閣官房こども政策の推進に係る有識者会議構成員、社会保障審議会委員、中央教育審議会委員、労働政策審議会委員等を歴任。おもな著書に『ポスト青年期と親子戦略』（勁草書房）、『若者が無縁化する』（筑摩書房）、編著書に『すべての若者が生きられる未来を』（岩波書店）、『アンダークラス化する若者たち』『若者の権利と若者政策』（ともに明石書店）など。

若者の困難と「全世代型社会保障」のゆくえ

——セーフティネットをどう張るか

宮本太郎
中央大学教授
福祉政治論

子ども・若者へ支援が弱いのは、高齢者優先だからか

「異次元の少子化対策」を引き合いに出すまでもなく、最近、子ども・若者が大事だという議論が政府から聞こえてきます。ただ、本当にその子ども・若者を支えるプライオリティが高まっているのかというと少しあやしくなります。まずは、「全世代型社会保障」について考察していきたいと思います。

これまでの社会保障は高齢者優先だったので、この言葉は、子ども・若者のほうにもっと注力しましょう、という議論に聞こえるわけです。しかし、実態はどうなのかをきちんと見ていく必要があります。私自身が「全世代型の社会保障」という言葉を使いはじめたひとりですが、国の全世代

型社会保障の会議などの議論をみると、違和感を感じることも多いのです。そこでは、この「全世代型」という文言が、形式的に子ども・若者VS高齢者の対立のかたちで使われ、高齢者にかかるお金を減らすことが、子ども・若者のためなのだとされがちです。

その一方で、本当に子ども・若者をどんなふうに支えているのかを見ていくと、あいかわらず家族の一員に位置づけられて、子ども・若者自身の声をちゃんと引き出そうしているのか疑問に感じます。

こども家庭庁の「こどもまんなか」というのもどうでしょうか。悪い言葉ではないのですが、これまでも日本は、とくに子どもは、家族のなかで真ん中扱いされてきたと思うのです。

一般的に、女性には子どもが生まれたとたんに、母親として子どものためにがんばらなきゃいけないという、たいへんなプレッシャーがかかってきます。いまは子ども中心の、インスタ映えする休日をどれだけ過ごせるかが、その家族の幸福の証であるみたいな風潮があります。「こどもまんなか」のプレッシャーがきわめて強いことが、じつは子どもをもつことへの逡巡、ためらいにもなっているのだと思います。子どもをもったら、子ども中心の家族にならなければいけないと強いられ、それでいてそのための支援が弱い日本は、形式なところで真ん中、真ん中と言いつつ、本当にどこまで一人ひとりの子どもや若者の声に耳を傾け、かれらを支えているのかと、やはり疑問を感じます。

貧しくなる日本、その世帯の内実は

下の図は、私の編著に寄稿していただいた阿部彩さんの論考をもとに作成したものです【図1】。いま、日本の子育て世帯は、円安などもあって、国際比較で見てもたいへん厳しい状況にあります。子育て世帯の可処分所得を、購買力平価に直して、それをドル建てにして世界各国と比較してみると、台湾や韓国と比べても、日本の子育て世帯が使える可処分所得は低くなっています。子育て世帯は、それ以外の世帯に比べて年収は1・4倍です。つまり、日本で子どもを産み育てるためにはお金がかかるために、年収が500万円を下回る世帯では、あまり子どもをもてないでいるのです。それでもこういう状況です。

こうした経済的な困難は、孤独・孤立とも密接に関係しています。所得が低い世帯ほど、何かあったときに頼れる人がいないということがわかっています。高齢単身世帯では、じ

子育て世帯の可処分所得　【図1】

	日本	韓国	台湾	アメリカ
子どものいる世帯の平均可処分所得（2017）	18,037ドル	19,499ドル	19,401ドル	24,555ドル
子どものいる低所得世帯の可処分所得（所得5分位最低·2017）	6,829ドル	10,077ドル	10,759ドル	9,511ドル
最低賃金（2021）	8.89ドル	10.14ドル	11.38ドル	約16ドル（ワシントンDC）

出典：阿部彩「ガラパゴス化する日本のワーキング·プア対策」（宮本太郎編『自助社会を終わらせる』岩波書店）より作成

つに4人に1人が「日常だれとも口をきかない」というデータがあります。また内閣官房の調査では、孤独・孤立を感じている人は30代（30～39歳）が突出して高く、「孤独感が常にある」「時々ある」の割合は53・7%です。こういう人びとは、人里離れて暮らしているといったことではなく、周りに人はいても、そのなかで違和感と疎外感を抱いているということなのだと思います。

子どもの課題を見てみましょう。たしかに子どもの相対的貧困率は、2021年、11・5%になり、前回の2018年から2・5ポイント下がって、軽減されたのではないかといわれています。相対的貧困率は、所得中位の半分を下回る所得しかない世帯で生まれ育った子どもの割合ということで、これがひじょうに大事な物差しになってきました。相対的貧困率が下がると、子どもの生活が比較的らくになっていると考えられがちです。けれども、それはちょっと単純すぎます。

いまの日本はどこも人手不足で、コンビニや飲食店の時給に目を向けてみると、とくに夜の遅い時間帯の時給は上がっています。だから、この時間帯に働きに出る母親たちがいます。ただでさえ少ない子どもとの時間なのに、それを犠牲にして、夜間のパートで働きつづける。そうした時間の犠牲を払えば、若干、世帯の年収は上がり、貧困率が下がってきていると分析されています。

しかし、それが子どものウェルビーイングにつながっているのでしょうか。

実際、もう少し細かくひとり親世帯の所得状況を見てみると、両極化している。年収200万円前後の世帯は、先ほど申し上げたような事情で若干増えている。これ自体でもひじょうに厳しい状況ですけれども、他方で年収60万〜80万円というゾーンがふくらんでいます。これを考えると、働けている方は多少所得が増えても「時間の貧困」に直面しているのだと思います。働けていない世帯の方は、この物価高のなかで、さらに深刻な状況にあると推察せざるをえない。それが現状です。

日本の社会保障の特質と背景

なぜ、こうなってしまうのでしょうか。日本では、皆保険・皆年金が1961年に始まり、国民みんなが医療保険と年金に入れるという状況をつくりました。これは世界で初めての制度で、ドイツやフランスなど年金や医療保険の長い歴史をもっている国もありますが、全国民が、制度として保険や年金に入れているという状況にはなっていないのです。

医療の点からいうと、もちろん当時、イギリスとかスウェーデンとか、国民みんなが医療サービスを受けられる条件をつくっている国もありました。けれども、これはすべて税金でまかなわれており、医療保険に一人ひとりが入れるかたちをつくったのは日本くらいでした。その後は韓国や台湾が後続してきているのです。

当時の日本は高度成長が始まったばかりで、国としても貧しかったときにこうした制度をつくりました。男性の稼ぎ手に限っていえば、なんとか大多数が働けているという前提がありました。長期的雇用慣行のシステムがありましたし、あるいは、ひとたび公共事業が始まれば建設業界で働ける、小さなお店屋さんが大規模小売店舗法で守られているなど、保護してくれる仕組みがあった。それで、男性が働いて妻子を養う条件が整備され、夫に年功賃金を払って家族を扶養させるかわりに、妻は配偶者控除などでむしろ家庭に誘導されていきました。日本は先進国のなかで戦後、女性の就業率が下がった唯一の国です。そんなふうにして扶養のかたちができた。その扶養を支えるために、社会保険が税財源で支えられてつくられてきたわけです。

働き手であるお父さんが定年退職までのあいだに病気になったり、ケガをしたりするかもしれない。だからそのときのために社会保険をきちんとしておかなければいけないと、制度をつくったのは、なかなかすごいことでした。

日本のいろいろな社会保障の制度の財源のあり方を見ていきます【図2】。厚生年金・共済年金の財源は、すべて保険料です。でも、国民健康保険や介護保険を見ると、半分が税金です。基礎年金も半分が税金です。これくらい税金がつぎ込まれて、みんなが社会保険に入れるような条件がつくられてきました。

他方で、生活保護や児童福祉など、税だけで回していく制度に充当されるお金が制約されてしまいました。いま、社会保障給付はぜんぶで130兆円以上あります。その出口（支出）は、9割近くが年金、介護・医療、社会保険の給付です。入り口（収入）は、社会保険料が6割弱、税金が4

割強です。つまり、その4割の税金の大部分も社会保険の財源に充当されてしまうため、生活保護や児童福祉にまわるお金とその対象が、ものすごく絞りこまれる結果になってしまっているのです。

「新しい生活困難層」の出現

このようなかたちは、お父さんたちがなんとか働けていて、年功賃金と社会保険のあるなかで妻子を養えるという条件が、ギリギリのところで維持された段階ではまだよかったのですが、これが裏目に出てきています。社会保険と福祉のどちらの制度も利用できない人たちが、「新しい生活困難層」というかたちで急増しているのです。

いま見ておかなければいけない大事なことは、子どもであれ、若者であれ、高齢者であれ、あるいは現役男性でも、もう塊として「新しい生活困難層」と呼ばざるをえない人たちが急増していて、その人たちは、この社会保障制度のはざまに落ち込んでしまっている、ということです。非正規の不安定就労の人たちはもちろんのこと、被扶養として社会保険に入れていたけれども離別して扶養から外れた人や、あるいは軽度な知的障害がある子どももこの困難層に入ってきます。

最近は境界知能という言い方がよくされて、『ケーキの切れない非行少年たち』（宮口幸治著、新潮社）という書籍も出ましたけれど、知的障害と認められる範囲がすごく絞り込まれていて、知的障害でも療育手帳が出るためには知能指数70を下回ることなどの条件が付けられています。現実としては70を超えてもひじょうに厳しい。学校の授業にはついていけないし、クラスではいじめられ、就職もできないだろうという層もいます。

不安定就労の非正規雇用の場合、社会保険にも入れていない。この人たちも消費税なんかはきちんと払っているわけです。消費税が8%になったときも10%になったときも、使途は社会保障の税財源ということでした。けれども大部分が、たとえば基礎年金の税負担分

社会保障の財源　【図2】

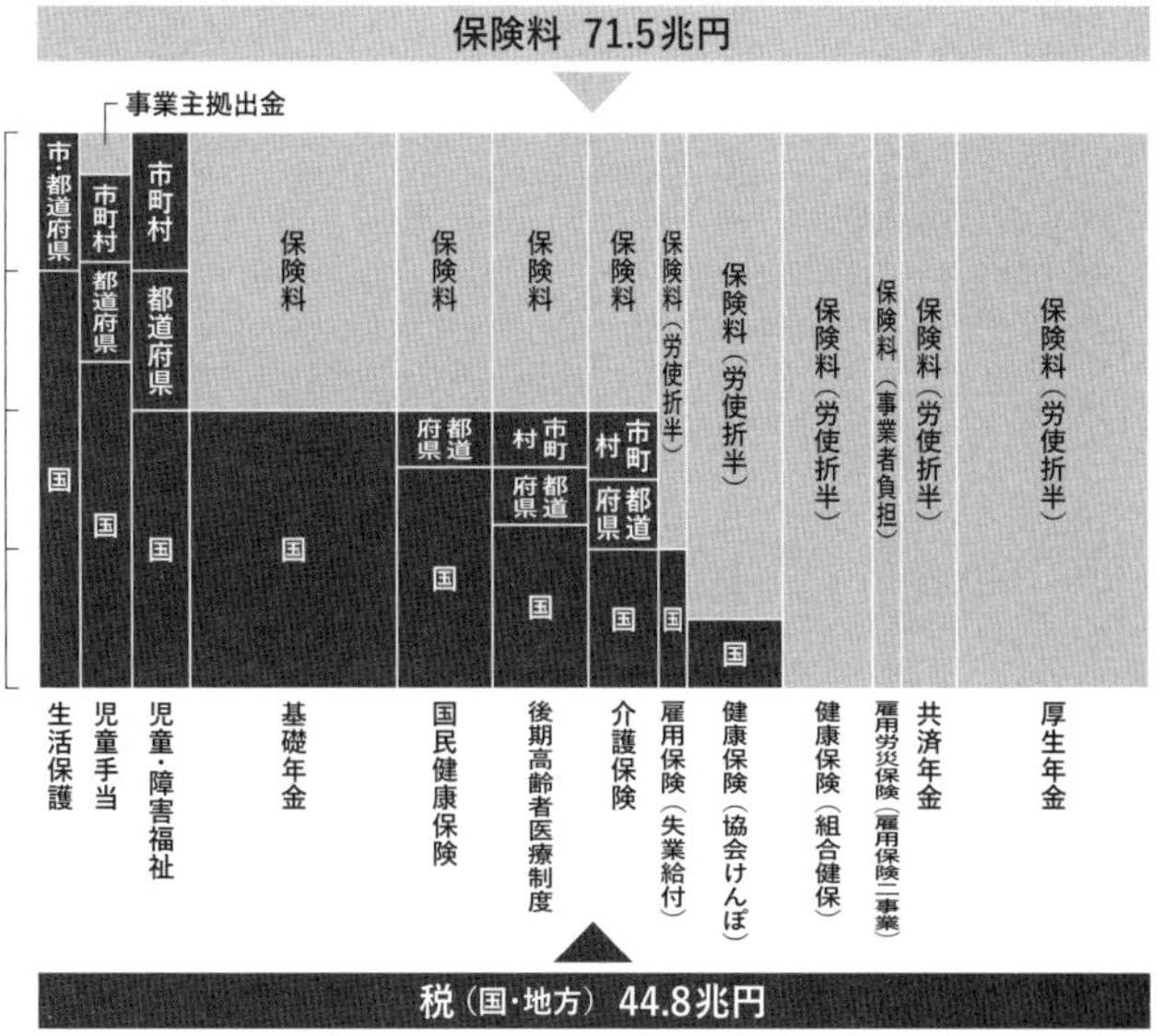

出所：厚生労働省資料をもとに筆者作成

や借金返済にいってしまい、払っている消費税の恩恵にもあずかれないのです。

強調しますけれども、子ども・若者が高齢世代に対峙するわけではなく、高齢世代が恵まれているわけでもない。高齢世代も運命が分かれていて、ずっと社会保険に入れていた人たちと、何かの事情で入れなかった人たちの格差がものすごく大きくなっています。

日本は高齢者向けの社会保障だといわれつつ、高齢者の貧困率は20％ぐらいになり、ＯＥＣＤ諸国のなかで上から8番目に高いのです。高齢者ＶＳ若者のように世代で線引きするのは間違っています。制度のはざまが生まれ、支援が届かない人たちの塊が現れていることを見ていかなければいけないと思います。

コロナ禍が浮き彫りにした若者と女性の困窮

新型コロナウイルス禍は、「新しい生活困難層」の輪郭を浮き彫りにしました。この層は本当に見えにくく、たとえば生活保護がカバーしていれば保護率が上がり、貧困の度合いが高まっていることがわかりますが、そうではないので、こうした困窮層の存在が見えません。

ところが、その姿が浮き彫りになる瞬間があって、それがコロナ禍であり、大地震などの自然災害が起きたときです。コロナ禍では支える制度がほとんどないなかで、ほとんど唯一頼りになったのが、社会福祉協議会が窓口になっている生活福祉資金の貸付、特例貸付でした。これは例年1万件くらいですが、2020年の4月から2022年の9月までのあいだに、貸付が380万件を超えました。利用した人たちを調べるうちに、困窮に直面している層の輪郭がぼんやりと見えてきたわけです【図3】。

目立っていたのは、やはり若者でした。通常貸付では10%程度だったのに、特例貸付で35%ぐらいに上がりました。それから、女性、そして自営業でした。雇人なしの自営業は非正規雇用以上に経済基盤が脆弱だといわれますが、いったん事があると、もう急激に生活が揺らいでしまう。このあたりがようやく見えてきたのだと思います。

「新しい生活困難層」という言葉を使いました。その中身を見ていく必要があると思います。2022年の国民生活基礎調査によると、住民税非課税世帯は1214万世帯。ただしここには生活保護受給世帯（福祉受給層）が入っています。先ほど定義した「新しい生活困難層」は、生保の受給世帯を除きますので、その160万世帯を取り除くと、だいたい1000万超という規模になりそうです。

コロナ禍が浮き彫りにした「新しい生活困難層」 【図3】

	通常貸付	特例貸付
女性	16.9%	30%超
自営業	5%	30%超
20代・30代	10%	35%
利用件数	年1万件程度	380万件

出所：全国社会福祉協議会「特例貸付借受人データ」から

「８０５０１５」問題と、庶民間の分断

もうひとつは、８０５０問題です。あるいは老親の孫も含めて８０５０１５問題と呼んでもよいかもしれません。これはようするに、80歳前後の老親の年金に頼って同居している50歳くらいの息子・娘がいて、その息子・娘には10代の子どもがいる、という構図です。これは何かひじょうに例外的な事例のように考えられていたこともありましたが、社会保障の税支出が年金・医療の社会保険財源に投入されていることを考えると、８０５０１５問題が起きてくるのは、必然とは言わないまでも、蓋然性《がいぜんせい》がひじょうに高いのです。

映画「万引き家族」をご覧になった方もいると思いますが、あれは８０５０１５映画といえます。リリー・フランキーと安藤サクラ演じる夫婦は「新しい生活困難層」で不安定就労、非正規です。ふたりとも働けなくなり、この家族の所得の基盤が簡単に崩れてしまいます。頼りになるのは、同居している祖母と思われる女性（樹木希林）が受給している年金で、それが生活基盤になっていきます。ところが、その祖母がある朝亡くなってしまい、年金の受給がストップされないよう死を隠《いん》蔽《ぺい》する。こんなふうに、ある種の蓋然的な帰結として問題が起きていきます。

親と同居している未婚・非就業の人たちが２０１５年時点で約77万人いますので、例外的な事態とはいえないでしょう。

制度の支援が届かない「新しい生活困難層」にはいろいろな人たちがいて多様ですが、こうした層の多くは、生活保護受給世帯に対しては「最賃・フルタイムで働いている自分の月収より、なぜ生活扶助と住宅扶助の月額のほうがいいのか」という不信感を抱いています。安定就労層に対しては「同じ仕事をやってるのに、なぜこんなに時給が違うんだ」と疑念をもちます。分断が広がっているのです。

また、支援の届かない若者世代の内部でも分断が生みだされています。弱者男子という言葉も聞きますが、経済面やさまざまな理由で結婚から遠ざかっている人たちも多い。そうしたなかで、困窮女性への支援など女性の自立支援の取り組みに違和感を強め、これを敵視するようなことも起こってきています。社会全体の格差への不満より、身近な集団との比較のほうが、不満が高まるという現象です。「新しい生活困難層」はその外部と内部で複雑な関係ができてしまっていて、相互不信と緊張があるのです。

全世代型社会保障をどう考えていくか

税がほとんど社会保険財源を充当する結果、日本の社会保障給付対象がどこに行っているかを見ていきます。社会保険を厚くしている国は、社会保障の給付が全体の30％の所得上層に行く傾向があります【図4】。ポルトガルやスペインに代表されます。日本でも下層の30%より、上層の30%への給付が多くなっています。

社会保障を支える税金に対する信頼がひじょうに低いというのも、日本の特徴です。税金は社会保険財源を支えていますが、そのことはたいへん見えにくくなっています。社会保険に対する信頼は強いけれど、税金の動きは見えないし、きちんと還元されているとも言い難いのです。したがって、日本はスウェーデンと比べても、税金が重くて痛いと感じるという調査結果が出ています。消費税10%の日本のほうが、消費税25%のスウェーデンよりも痛税感が強いのです。今回の「異次元の少子化対策」でも、結局どこからお金を持ってくるかというと、医療保険の財源に負担を上乗せして、そこから1兆円くらい持ってくるというこ

所得下層、所得上層が社会保障給付を受給する割合　【図4】
（平均給付額に対する割合、2009年前後）

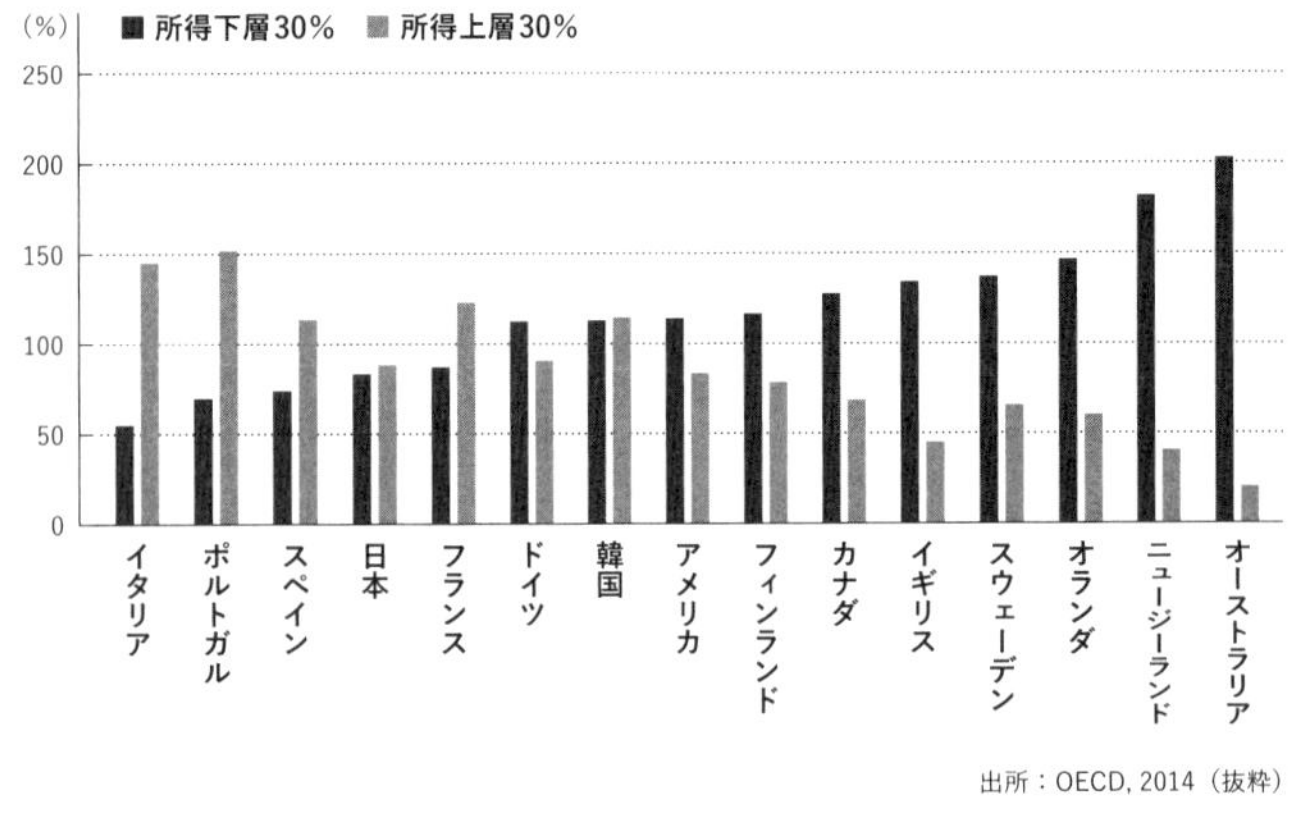

出所：OECD, 2014（抜粋）

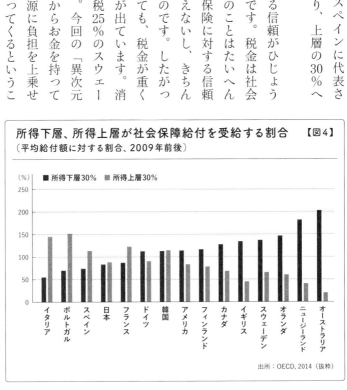

とになっています。

また看過してはいけないのは、「異次元の少子化対策」は、子ども・若者と高齢者の利益が対比的に描かれるなかで、高齢者の介護・医療費が削減されがちになるという点です。3・5兆円を捻出する計画ですが、1兆円は社会保険負担に上乗せして、あとの2・5兆円くらいは、現在の給付を抑制したり、削減したりすることで持ってくるといいます。

これが若者にどういう意味があるかというと、多くの若者が働く現場である介護や保育の公的価格に影響がおよび、賃金が抑制されてしまう恐れが出てきます。介護と保育は、ただでさえ離職率が高い厳しい現場で処遇改善が急がれるはずなのに、これは深刻な事態です。

こうしたなかでの全世代対応型の保障への転換は、包摂型の社会保障への転換、つまり、みんなが社会に参加できるような条件をきちんとつくることと一体になって、現役世代が高齢世代を支えられる力を強める、現役世代をパワーアップするということがポイントなのです。

ところが、全世代型社会保障の考え方が揺らいでいます。菅義偉政権のときの全世代型社会保障検討会議は、子ども・若者、現役世代の支援よりも、高齢世代にかかるコストの抑制に傾いた議論が目立っていました。もちろん必要に応じてリアルな対応が必要だと思いますが、子どもや若者を大事にする、全世代を大事にするということと、高齢世代にかかるお金を減らすということがイコールになってしまうのは問題です。

子ども・若者支援を理由にして、介護や医療の支出を抑制するならば、これも回り回って、その現場で働く若者たちの賃金を抑制してしまうわけですから。

岸田政権になって、全世代型社会保障構築会議が始まり、前政権時の議論よりは少子化対策など若者世代に焦点を当てた議論が強まっているようには思います。ただし「全世代」には、これから生まれる「将来世代」も入るということになりました。一見、たいへんけっこうなようにも思えますが、財務省経由で将来世代の利益が強調されるときは、将来に借金を残さないためにいまは我慢しましょうという議論に直結するところがあり、喜んでいいとはかぎらないわけです。

２０２２年12月にこの会議の報告書が出ましたが、「貧困」という言葉が出てくるのは３回だけでした。「若者」は「子育て・若者世代」という表現で使われていました。つまり、若者はすべて子育てしているみたいな書かれ方でした。しかし、問題の根本は、若者世代が経済的事情からしても結婚できず、まして子育てに携わることが困難をきわめているということなのではないでしょうか。

少子化対策は、子どもと若者の困難をとらえているか

少子化対策で、子ども・若者がどう扱われているかを見ていきます。少子化の要因としていわれ

るものとして、一方に婚姻率の低下や晩婚化・未婚化があり、他方に結婚した世帯の少産化・無子化があります。かつては、結婚した世帯はそれなりに子どもを産んでいましたが、ここ15年くらいで、子どもを産まなくなっている状況があります。異次元の少子化対策では、児童手当を高校生まで延ばし、所得制限を撤廃して3人目からは3万円支給すると言っていますが、これは悪いことではありません。けれども、少産化・無子化も進んでいるけれど、やはり根本は、若者が結婚できないのが根本要因だと思います。

一方で、有子世帯で「生活が苦しい」という世帯の割合は55％あり、全世帯平均を上回っています（国民生活基礎調査）。所得は1・4倍ですが、子どもにお金がかかるので生活が苦しいのです。日本で子どもにかかる実費コストは、大学まですべて公立の学校に通わせた場合でも、教育費と養育費をあわせて2694万円にもなるという試算があります。子ども3人以上で3万円の支給は賛否両論ありますが、現金給付が大切なのは事実です。

機会コストの問題もあります。フルタイムで働いていた大卒の女性が、子どもを産み育てるために仕事を辞めて、子どもが6歳になったときにパートで仕事に戻るとしましょう。そのままフルタイムで働きつづけた場合の生涯賃金と、子どもが6歳になったときにパートで仕事を再開したときの生涯賃金の差が、かつての国民生活白書では、2億1500万円、現在はもっと大きくなっているのではないか。その機会コストと、さきほどの実費コストを合わせると、2億4000万円という計算になります。そういう意味できちんとお金を出すのは大事ですが、子どもをもつことの機会コストを減らすことが大事です。

現政府の少子化対策「子ども未来戦略方針」によると、晩婚化・未婚化にかかわる若者支援、経済支援についてどう書いてあるかというと、「リ・スキリング」にとどまるのです。「リ・スキリング」とは、いろいろな教育訓練を受けて、働くうえでの知識や技能を高めるということです。その費用にあてる人材開発支援助成金が、２０２２年度の予算で６００億円くらいついています。それがどういうところで使われるかというと、大きな会社で人材養成の教育訓練のプログラムを始める、たとえばＡＩやＩＣＴなどの部門に企業が進出すると、この助成を使えるということなのです。ようするに大きな会社で働けている人たちは、「リ・スキリング」の対象になることが可能です。しかし、不安定就労で結婚も子どもも無理だとあきらめた若者たちが、どこでどう「リ・スキリング」するのでしょうか。

またこの対策では、保育の質を高めること、子どもへの支援そのものを改善していくことは後回しになっているように思います。重要なのは、子どもが生きる力を身につけるうえで、たとえ十分ではない家計の世帯で育ったとしても、その力を見つけることができる支援と条件づくりではないでしょうか。たとえばアメリカでの研究に、福祉を受給している低所得世帯の子どもと、中間層の世帯の子どもで、子どもが３歳になるまでに浴びる言葉の数が３０００万語も違うという調査があります。たとえそういう違いがあっても、それを補うような良質な保育、就学前の教育がおこなわれるかどうかが、その後の子ども・若者の成長に大きくかかわる。ただ言葉を浴びるだけではなく、言葉を使うことが子どもを伸ばすともいいます。それが将来的に、生活保護などの社会的コストを削減していくことにもつながるわけです。

しかし現状では、日本の保育現場にそんな余裕などまったくありません。日本の保育者の労働時間は、諸外国に比べて明らかに長い。２０１８年のＯＥＣＤの調査では、子どもたちの発話をうながす保育をする余裕がないこともデータとして出ています。

日本の保育所では、年長組では１人の保育士が25人の子どもを相手に駆けまわり、子どもも駆けまわって保護者が迎えに来るころにはヘトヘトで、帰ってコロッと寝てくれる。そういう保育所が評判がよいということになりえます。もちろん子どもが元気でいるのは大事だけれども、そこで子どもたちが、言葉の力をどれだけ育むことができるかが子どもの幸福につながり、日本の社会経済にとって決定的に重要なのに、日本は待機児童対策ばかりに目が行きました。２００１年の待機児童ゼロ作戦以来、少子化対策が待機児童対策に変わってしまったのです。

待機児童は２０２２年に３０００人を割りました。待機児童は放っておいても減るのです。つまり、子どもが減るのですから。待機児童が３０００人を切ったというのは、少子化対策が成功した証左ではなく、むしろ失敗した証左なのではないでしょうか。

新たなセーフティネットをどう張るか

こども家庭庁がスタートしました。これまで、子どもをめぐる諸制度の縦割りが顕著でした。厚労省でも子ども家庭局系、社会・援護局系、さらに都道府県系、児相系、自治体系などなどです。これを考えると意義があるのは確かですが、でも大事なのは、現場でそれを束ねることができるということです。

それに対してこども家庭庁が、「こども」だけを抽出して専門的に所管していくということには心配な面も多い。現実を見た場合、それがどこまで地域で、自治体で、子どもの支援の有効性につながるのか。私は「こどもまんなか」問題のまえに、「こども家庭庁の真ん中」問題があるのではと心配しています。つまり、文科省と厚労省の真ん中にこども家庭庁ができて三者鼎立《ていりつ》ということにならないか、懸念もあります。

こども家庭庁は、「こどもの生活・学習支援事業」を始めました。一方、厚労省の社会・援護局には「子どもの学習・生活支援事業」というのがあります。社会・援護局ベースで生活困窮者自立支援制度ができて、自立相談支援事業のワンストップ型相談の包括化をやろうとしているけれども、こども家庭庁も子ども相談のワンストップ化を言っていて、どうなるのでしょうか。

こども家庭庁だけに頼るのではなく、生活困窮者自立支援制度も活用して、地域コミュニティと協働して、子どもから若者へと歩む世代の伴走型支援を続けなければいけないと思います。

大きな流れとして私は、「少子化対策」「全世代型の社会保障」「こども家庭庁」というこの流れを、軌道修正をしつつしっかりやってほしいという気持ちがあります。そういう意味で、全体の大きな目標、到達すべきポイントを見ておく必要があります。

セーフティネットとは、もともとはサーカスの綱《つな》と網《あみ》のことです。綱から落ちてくるのを網でしっかり受け止めましょうということですけれども、なぜ落ちてくるのかというと、綱に問題があるわけです。日本社会ではその綱がどんどん細くなって、非正規雇用等で途中で途切れたりしています。こうしたなか、よく網をハンモックではなくトランポリンにしましょうという議論があります。落ちても跳ねもどることができるようにしよう、それが社会的包摂だ、みたいな議論があるのですが、私は綱がそのままだと、やっぱりまた落ちてくると思うのです。

だから、本当のセーフティネットは、綱自体も安定したものにして、網をからめて太くしていくようなイメージで強固にしていくことが必要です。いま、人びとが「安定就労層（社会保険あり）」「新しい生活困難層」「生活保護などの福祉受給層」の３つに分断されて、そこには相互に不信や反発もある。そのなかでセーフティネットをどうつくっていくかの議論には、ふたつの流れがあります。

議論の流れの一方は、生活保護などの福祉受給層が受けている現金給付を、新しい生活困難層や、場合によっては安定就労層の一部まで伸ばしていきましょうというものです。
もうひとつの議論は、これは現政権が強調していますが、安定就労層が享受している就労機会、社会参加の機会を、新しい生活困難層や福祉受給層にも広げていくというものです。

働き方の創出と居住支援の活動

では、どういうふうに組み合わせていくかですが、まずは働き方をもっと柔軟にしていく必要があるだろうと思います。ジョブ型かメンバーシップ型かみたいな働き方の議論がいろいろありますが、ジョブ型にすればいいというものではなく、もっと柔軟な働き方をつくっていかなければならないと思います。

〈株式会社ウチらめっちゃ細かいんで〉というホームページの制作会社があります。この会社の社長さんに大学の講義に来てもらいました。ここは、ひきこもりの当事者たちがひきこもったまま働く会社です。この社名〈ウチらめっちゃ細かいんで〉の由来は、ひきこもりの人たちがひじょうに繊細な気持ちの持ち主だということで、横暴な上司に会社で怒鳴りつけられると心が折れてしまう。ところが、なぜそんな上司がいる会社に這いつくばって行かなければいけないのかと考えるわけです。そんな必要はないと、リモートワーク、テレワークでいいと、新しい働き方を選択しました。

ひきこもっている部屋をオフィスにして働いてくれるならば、彼らのめっちゃ細かい繊細さが、デイテールがよくできたホームページをつくることになる、ということなのです。これはあくまで一例ですけれども、いま、いろいろな働き方が可能になっているので、その可能性をきちんと追求すべきだと思います。

若者の就労支援という点では、〈リノベートジャパン〉という合同会社についても、代表の方から話をうかがってなるほどと思いました。空き家の改修工事に若者に加わってもらって、さまざまなノウハウを身につけてもらいつつ、その期間ずっとその家に住んでもらうという、一石二鳥、三鳥の若者支援プロジェクトです。若者の新しい働き方、技能の習得、そして居住機会を広げていく活動をつなげているわけです。

こうした働き方は、ジョブ型でもメンバーシップ型でもありません。いわばオーダーメイド型です。いまは経営者にとってはたいへんな人手不足ですが、いろいろな働きがたさを抱えた若者にとっては、雇用機会不足です。この矛盾した現象を解決するのは、一人ひとりの多様な事情に合わせて、その能力を発揮できる条件をともにつくるオーダーメイド型就労であると思います。

多様化するベーシックインカム制度

　こんなかたちでセーフティネットは、一方では、安定就労層が享受している就労・参加・居住の機会を広げていく。ただ直線的に広げるのでなくて、働き方も住まい方もきちんと変えていかなければいけません。ただし、そうやって変えていったときに、みんながみんな、安定した収入を得られるわけではありません。やはり勤労所得を補完する所得給付もいるだろうと思います。

　そうした場合、ベーシックインカムが考えられますが、じつは若者や子どもに焦点を当てたいろいろなベーシックインカムがあるのです【図5】。

　ベーシックインカムの議論はイエスかノーか

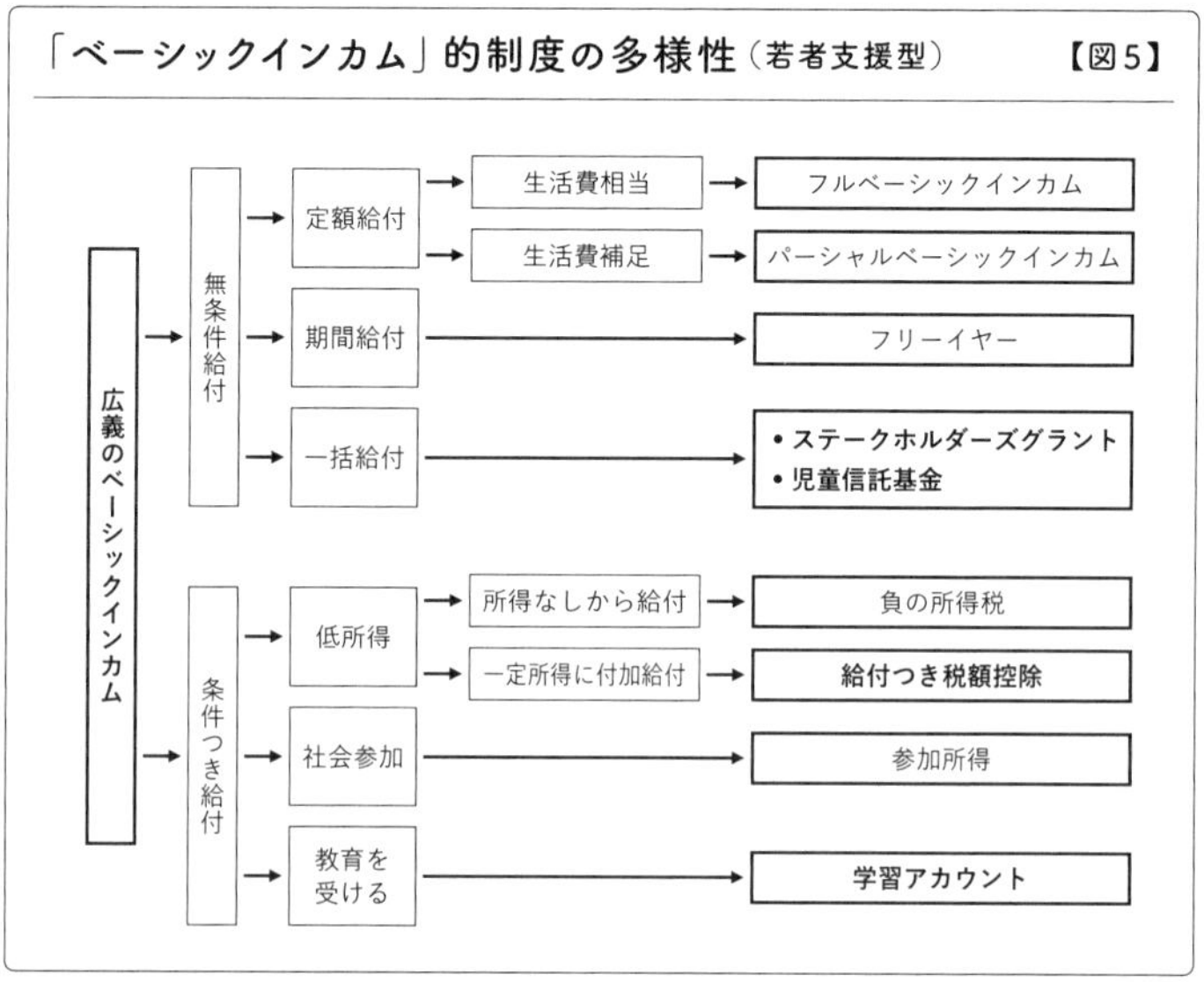

みたいになっていますが、多様なベーシックインカム的制度のなかで、どのような制度を、就労支援や雇用創出の多様な取り組みといかに組み合わせるかが大事です。何かひとくくりに語られがちなベーシックインカムですが、無条件給付か、条件つき給付か。無条件でも、定額給付か、期間給付か、一括給付か。そのように見ていくと多岐にわたります。

たとえば、アメリカの憲法学者、ブルース・アッカマンが提起している、無条件一括給付のベーシックインカムは、若者に対する支援を目的にしたものです。21歳のアメリカ人に、無条件で8万ドルを給付しようというもので、たいへん大きな反響を呼びました。実際、イギリスにも飛び火して、ゴードン・ブラウン政権のときにこれを取り入れて「児童信託基金」という制度を始めたぐらいです。

8万ドルはいまの円安で換算すれば、ゆうに1000万円を超える額です。この給付で実家から離れて、自分の判断で大学に行ってもらう、大学院に行ってもらう、事業を始めてもらう。若者年金です。これを使って成功した人には、最後の段階で遺産のなかから返してもらいます。成功しなかった人はそれでいい、という考え方です。これが「ステークホルダーズグラント」という給付金です。ステークホルダーは、社会に関係している人という意味です。

それから、条件つき給付のなかでも、勉強したいという人たちに、その期間の給付をする「学習アカウント」というベーシックインカム的制度が、スウェーデンの労働組合によって提起されてもいます。

「給付つき税額控除」については政策論議にもしばしば登場するので、ご存じの方も多いかもしれませんが、少しわかりにくい制度ですね。イギリスやアメリカでは、子育て世帯などを対象に「給付つき税額控除」をおこなっています。これは条件つきですが、生活保護と違って、行政の裁量で決まるものではありません。所得捕捉がデジタル技術でしだいに容易になってきているので、その力を借りて、恣意性を排除してより客観的に自動的に給付できるようになっていくと思います。自分の働きがたさに合わせて柔軟なかたちで就労しているけれども、週3〜4日間の勤務では収入が不十分だというときに、あるいは子育て中で就労がままならないようなときに、その給与を補完する給付がおこなわれることはとても大事です。

今後、こうした仕組みが、子ども・若者支援にはますます重要になってくると思います。

宮本太郎（みやもと・たろう）……中央大学法学部教授。北海道大学名誉教授。専門は、比較政治学、福祉政治論。おもな著書に『貧困・介護・育児の政治――ベーシックアセットの福祉国家へ』（朝日新聞出版）、『共生保障――〈支え合い〉の戦略』『生活保障――排除しない社会へ』（ともに岩波書店）、編著書に『自助社会を終わらせる』（岩波書店）、『転げ落ちない社会』（勁草書房）、『アンダークラス化する若者たち』（明石書店）など。

貧困問題と市場化がもたらすもの
――子どもの学習・生活支援事業を中心に

木下武徳
立教大学教授
社会福祉学

日本の貧困対策のふたつの制度

私が貧困問題について強く関心をもちはじめたのは、大学院生だった1998年ごろでした。当時、貧困化の問題が顕著に現れはじめたときで、ホームレスの人が増え、自殺者が年間3万人を超え、行政が介護保険などの福祉サービスの質に責任をもたなくていいという改革がおこなわれていました。2004年から北海道でホームレス支援にかかわり、「生活保護」やその後創設された「生活困窮者自立支援制度」の研究をするようになりました。私の博士論文のテーマはアメリカの福祉政策、とくに社会福祉、公的扶助の民間委託でした（木下2007）。調べてみると、アメリカのウィスコンシン州では福祉事務所が民営化されていることがわかりました。ウィスコンシン州ミルウォーキーのある公的扶助の窓口に実際に行ってみると、行政の福祉事務所を民間が代わりに運営するというのではなく、マキシマスという民間企業の名前の看板の事務所があり、そこで公的扶助の申請をして現金給付を受けとっていました。現金を給付する職員も民間企業の職員でした。こうした経験もふまえ、「福祉の市場化」に関心をもって研究をしています。

さて、テーマである貧困対策における市場化について、どのような貧困対策があるのか確認しておきましょう。日本では貧困対策として生活保護や生活困窮者自立支援制度、公営住宅、就学援助、生活福祉資金貸付、ホームレス自立支援など、さまざまな対策がおこなわれています。

そのなかでもいちばん重要な対策は生活保護です。憲法25条にもとづいて最低限度の生活を保障し、自立の助長をすることを目的にしています。ここでいう「自立」とは、経済的な自立だけでなく、社会的自立、日常生活自立なども含むといわれています。このため、生活保護はたんなる現金給付の制度ではなく、医療や教育、就労支援の具体的な支援やケースワーカーの相談支援も含まれた制度になっています。

つぎに、生活困窮者自立支援制度は、生活保護を利用している人は除いて生活困窮にある人への相談支援と就労支援をセットにしたもので、ひじょうに限定された住居確保給付金をのぞき、現金給付がない制度です。この制度は福祉事務所の設置自治体で実施することとなっています。自治体がかならず実施しなければならない必須事業として、自立相談支援事業と住居確保給付金があります。この相談支援の対象者は、障害者も高齢者も、ひとり親世帯も他の世帯でも、何か困ったら、自立相談支援事業で相談を受けることになっています。また、住居確保給付金は、住居を失いそうな方に対して原則3か月の家賃を保証するものです。これはひじょうに条件が厳しいのですが、唯一の現金給付です。それ以外に、自治体で実施するかしないかを決めることができる任意事業として、就労準備支援事業、家計相談支援事業、子どもの学習・生活支援事業などがあります。

社会福祉や貧困対策は、市場化には向かない

さて、市場《いちば》というのは元来、モノを交換・売買する場所ですが、経済学でいう市場《しじょう》とは、収益を目的とした競争原理を達成する場のことです。市場の競争によってより安く良いものが売れて、高くて悪いものは淘汰されるという「競争原理」によって経済が発展してきました。ここでお話をしたいのは、この市場《しじょう》のほうです。また、「市場化」というのは、本来は競争原理のないところに競争原理を導入していくことをいいます。

たとえば、行政が委託しておこなう場合、「子どもの学習・生活支援事業」を担う団体がひとつだけなら競争になりません。しかし、その事業をおこないたいという複数の団体が出てくると競争になります。市場を通じて事業を拡大し、収益を得たいという民間企業などさまざまな団体を参入

させて競争させることにより、よりコストが安くなり、質の高い学習支援ができると考えられています。つまり、競争に参加するインセンティブは収益です。ここでいう収益の原資は税金などの公費です。こうして、公費で収益が得られると競争に参加させ、コスト削減をしながら収益を与え、かつ、よいサービスを提供させていこうというのが市場化ということになります。市場のなかで学習支援は、子どもの教育や人権というよりも、収益を得るための商品・サービスとしてとらえられます。

社会福祉の分野では「準市場」と呼ばれることがあります（佐橋２００６）。市場に準じた、という意味で、部分的な市場化という意味です。社会福祉の分野では、業者が商品・サービスを市場で売るのですが、利用者の大半は十分なお金を持っていないので、公的資金が使われ、行政が顧客となる官製市場になります。この官製市場では、①支払い価格と業者の利益をどのように設定するのか、②参入する団体を非営利団体だけにするのか、それとも営利企業も含めるのか、③安くできるところであればよいのか、それとも多少高くても質の高いところにするのか、などの条件をつくって競争の度合いを決めていくのが行政の仕事になります。行政が市場をつくるわけですから、行政しだいでどのような市場ができるかが変わってきます。

本来、社会福祉・貧困対策は市場化には向かないのです。その理由はつぎのとおりです。

第１に、お金を持っていない人を対象にしているので、事業として成り立たせるためには、利用者本人以外からの公的な資金が必要になります。たとえば、介護保険などはそれを前提に、公費から利用料の9割を助成しているという建前で運営されています。そのため事業者は、利用者よりも資金提供をする行政の意向を大事にしがちです。

第2に、利用者のなかには精神障害や知的障害があったり、視覚障害や聴覚障害があったり、外国人や教育を十分に受けられなかった人などもいて、サービスを利用するときの情報の収集や判断、本人の意思・意見の表明が難しい場合があります。そうした場合、質の低いサービスが提供されていても、なかなかすぐにはわかりません。

第3に、利用者には、児童や高齢者、障害者、女性など、社会的立場の弱い人が多いので、サービス提供にはルールや規制が必要な場合も多いのです。たとえば、DVシェルターでは、8割の施設で携帯電話が禁止されています。DV加害者に場所を知られないようにするためです。場所が特定されてしまうとDV被害者に危険がおよぶため、施設が運営できなくなってしまいます（内閣府2020、23頁）。しかし、ルールや規制が多いと、質の向上に向けた競争は難しくなります。また、DV被害者で精神障害のある母親のいる母子世帯など、深刻な複数の課題を抱えた状態にある人を支援するには、大きな労力や資金が必要になります。離婚手続きのための弁護士や、うつ病の治療のため精神科にかかるなど、専門的な支援が求められることがあります。

第4に、実際には競争ができるほど事業者は数多くないので、参入促進策が必要になってきます。

たとえば、収益インセンティブ（モチベーション向上のための報酬）です。かつて介護保険の導入のさいには、公的助成金をつけて、介護事業者に対して「この地域に参入してください」とうながしていたこともありました。このように、社会福祉の市場は純粋な市場ではないのです。

1990年以降の社会福祉の市場化の推進

市場化に向かない社会福祉の分野で、どのように市場化が進められてきたかを確認しておきましょう。きっかけは1973年のオイルショックで、その年は「福祉元年」といわれましたが、同年の秋には「福祉見直し」になり、日本が福祉の充実をめざした期間が数か月しかなかったと揶揄《やゆ》されました。福祉見直し・福祉抑制が、つねに日本では政策のテーマになってきた現実があります。そのため、日本は社会福祉の弱い国なのです。

とくに批判されてきたのが、社会福祉は官僚主義で無駄なお金を使い、経済成長の重荷になっている、という指摘です。福祉にお金を使うのなら、経済成長に、つまり企業の投資という経済政策に回したほうがいいといわれてきました。

その転換をしたのが1990年代です。1997年に介護保険法が成立し、それをモデルに90年代後半に社会福祉の基礎構造改革がおこなわれ、「措置制度」から「利用契約方式」へと制度の根幹を変えました。措置制度では、行政が福祉の利用の決定をして、かつサービスの提供にも責任をもつ、という仕組みになっていました。それを転換し、利用契約方式に変えました。利用契約方式では、利用者は民間のサービスを契約して購入し、それに対して行政が利用者に経費助成をします。この制度の考え方としては、利用者がいったん全額利用者負担をすべきですが、利用者が介護事業者に全額をいったん支払うのはとても大変なので、代理受領というかたちで、行政から事業者へ直接、その人のサービス利用料の助成分が支払われるようになっています。こうしたことから、見た目は措置制度のときと変わらなく見えるのですが、形式的には利用者が全額お金を払って社会福祉を購入しているという仕組みに変わりました。

また、規制緩和で参入する事業者を増やすことで市場を形成してきました。事業者がギリギリでは競争にならないため、必要以上に事業者を増やす必要があります。それまで行政と社会福祉法人が福祉参入できるかたちになっていましたが、いまは法人格があれば、ＮＰＯ、農協、生協、財団、営利企業など、基本的にだれでも参入してよくなりました。

さらに、かつては社会福祉の分野で収益を上げることは基本的に規制されていましたが、現在は収益を得られるようにしています。競争して収益を得ていく仕組みは、完全に営利企業モデルです。ＮＰＯは非営利なので、収益のインセンティブはうまく機能しません。そのため、福祉の市場化はやはり営利企業の参入を促進することを前提にしているといえます。

２０００年にこうした介護保険法が施行されて、行政にサービス提供の責任が失われました。かつての措置制度のときには、介護は民間委託をしたとしても自治体のサービスなので、死亡事故などが起こると、その自治体の首長や国が訴えられました。行政はサービスにとても重い責任がありました。現在は事故が起こっても、死亡事故なども業者の責任で、民間事業者が訴えられます。行政は事故のあとに再発防止策としてルールを追加したり、マニュアルを作ったりしますが、基本的にはその死亡事故の責任は負わなくなりました。

同様の改革がおこなわれ、障害者福祉については、２００３年に障害者支援費制度に変わり、その後２００６年に障害者自立支援法が成立し、２０１３年に障害者総合支援法になりましたが、基本的には介護保険と同様の仕組みになっています。児童福祉の保育の分野なども、同様の考え方で進められてきました。その結果、営利企業なども社会福祉の提供に参入し、大きな収益を上げてきています。

この流れのなかで、社会福祉に対する見方も変わってきています。かつて経済成長の重荷だといわれていた福祉が、民間が参入して利益を上げてもいいということになりました。つまり社会福祉分野も市場《しじょう》に転換してきました。露骨にいえば、社会福祉の公的資金を得て収益を上げ、株価を上げて経済成長をさせようということになってきたのです。

介護保険が始まる２０００年に、介護保険市場は3兆円市場といわれましたが、いまや13兆円を超える市場に変わってきています。営利法人は収益の得やすい都市部などを中心に展開して収益を得ているところもたくさんありますが、農村部など移動コストが高く収益の上げにくい地域では事業者の撤退が続き、介護サービスが提供されない地域も出てきています。もはや生存権、人権保障として福祉サービスは提供されなくなってしまいました。

これは貧困対策の分野でも同じようになってきており、たとえば子どもの学習・生活支援事業でも、民間委託をとおして多くの企業が参入してきています。生活困窮者自立支援制度では、利用者から利用料を徴収することは難しいので、行政が全額費用を支払います。そこに参入した営利企業では貧困対策の公的資金から収益を得て、その収益から株主配当をしています。ここに、貧困にある人のための資金から豊かな人の収入を得ているという不合理さがあります。

自治体がおこなう民間委託の方法

生活困窮者自立支援制度の多くの事業は、自治体直営で実施されているところもありますが、多くの自治体で民間委託という方式をとって実施されています。民間委託をする場合、「一般競争入札」「随意契約」「公募型プロポーザル方式」の3つの方法があります。一般競争入札は、受注希望者を募って競争させ、もっとも安い価格で入札した事業者に事業を任せるものです。随意契約は、任意の特定の事業者を選択し、委託契約する方式です。ある特定の事業者しかできないので、その事業者と契約します。公募型プロポーザル方式は、随意契約の一種ですが、公募によって複数の業者から企画や技術の提案を受け、意欲や実績、能力などを総合的に評価して、事業の目的にもっとも適した事業者を行政が選定する方式です。

たとえば、兵庫県明石市では、学習・生活支援事業の審査基準について、審査

明石市の生活困窮者学習・生活支援業務委託採点表（審査基準）の一部 【表1】

項目	審査内容	配点
基本方針	• 生活困窮者自立支援制度や生活保護制度を十分に理解しているか。 • 学習支援や生活支援に対する理念や考え方が十分にあると認められるか。	6
配置予定業務責任者	配置予定業務責任者は本業務を行う上で適正か。	6
業務実施体制	本市業務を行う上での実施体制（指揮系統）は適切か。	6
	配置予定現場責任者（コーディネーター）は本業務を実施する上で十分な技術力や業務実績を有する者か。	8
	学習支援員確保について具体的な計画があるか。	10
	人員の配置は適切であるか。	6
	学習支援員の研修計画は適切か。	4
	学習支援関連業務の受託実績を十分に有すると認められるか。	8
	個人情報管理についての考え方や体制は整っているか。	4
業務内容及び企画提案	「学習支援」の支援計画は適切か。	10
	「学び直しの機会の提供」の支援計画は適切か。	8
	「中退防止のための居場所の提供」の支援計画は適切か。	2
	「学習相談」の実施計画は適切か。	4
	「高校生向け中退防止のための意欲喚起プログラム」の企画内容は適切か。	6
	「将来の自立に向けた力を養うための行事」の企画内容は適切か。	10
	その他、必要な支援の提案内容は適切か。	4
成果指標	事業の成果に対する考え方は適切か。	8

出典：明石市（2022）

内容とその配点が公表されていましたので、それを見てみましょう【表1】。「基本方針」の項には「生活困窮者自立支援制度や生活保護制度を十分に理解しているか」「学習支援や生活支援に対する理念や考え方が十分にあると認められるか」とあり、これが認められると6点。また「業務実施体制」の項では「本市業務を行う上での実施体制（指揮系統）は適切か」「現場責任者（コーディネーター）は十分な技術力や業務実績を有する者か」「学習支援員確保について具体的な計画があるか」などが並び、評価点数が6点、8点、10点と高くなっています。業務内容では『『学び直しの機会の提供』の支援計画は適切か』が8点、『『中退防止のための居場所の提供』の支援計画は適切か』が2点など、どこに力点をおいているかがわかります。明石市は比較的目配りの効いた審査をしていると思います。

さて、このように点数化して、評価の高かった2、3者を選んで対面でプレゼンをしてもらい、面接で質疑をして選定するのが、公募型プロポーザルの一般的なやり方です。ただし、審査基準やその評価内容の設定の仕方は自治体によってかなり違うようです。そのため、公募型プロポーザル方式は、自治体がどこに評価の軸をおくのかによって、より競争入札的にも、随意契約的にもなります。

営利と非営利が混在する「学習・生活支援事業」

２０２０年に日本能率協会総合研究所が自治体に調査をおこなった報告書によれば、「子どもの学習・生活支援事業」の学習支援の運営形態について、行政直営で実施している自治体が21・１％、委託で実施している自治体が70・６％。直営と委託の混合で実施している自治体が８・３％でした。８割近くの自治体が民間委託によって実施していました。また、委託先については**【図1】**、複数回答を含めて、一番多いのがＮＰＯ法人で38・１％、二番目が株式会社で28・７％、次いで社会福祉協議会が20・７％、社団法人・財団法人が18・０％と続きました（日本能率協会総合研究所２０２１、11－12頁）。こうしてみると、子どもの学習支援事業では、多くの自治体でＮＰＯ法人と株式会社が競争している領域といえそうです。

具体的な例として、埼玉県と千葉県を比べながら見てみましょう。厚生労働省が集約したデータに、２０２２年度の生活困窮者自立支援制度の「子どもの学習・生活支援事業の実施主体」の一覧

学習支援の取り組みの運営形態（2020年）【図1】

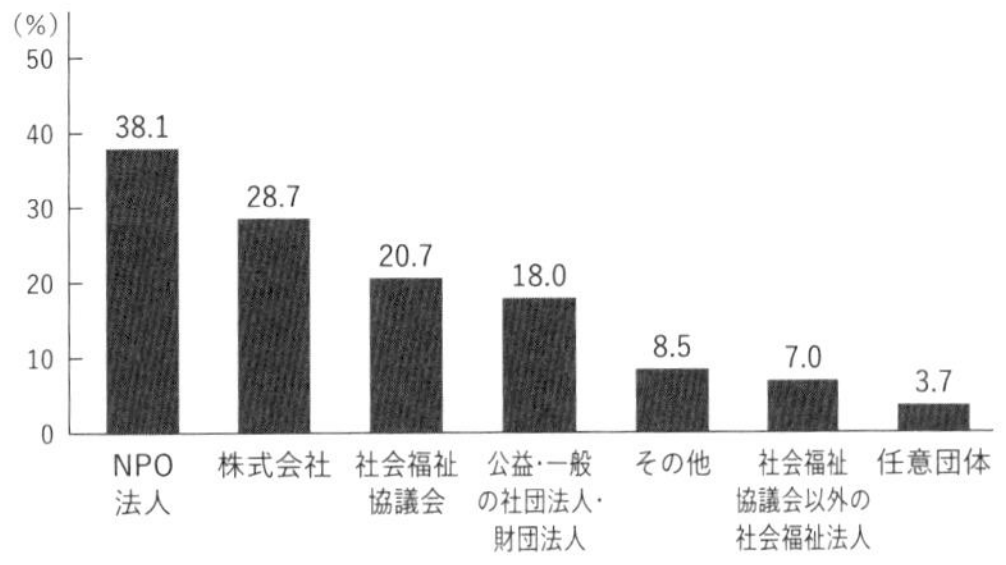

n＝422

出典：日本能率協会総合研究所（2021）12頁より作成

があります。この一覧については、団体名の表記の仕方や法人格の整理があいまいな点もあることには注意がいるように思いますが、ここから埼玉県・千葉県の実施主体をまとめたものが表2と3です。埼玉県の特徴を見てみると**【表2】**、「社団法人、財団法人」である「一般社団法人 彩の国子ども・若者支援ネットワーク」が24自治体から受託しています。埼

埼玉県内の子どもの学習・生活支援事業の実施主体（2022年） **【表2】**

実施方法	委託先区分	委託先名	自治体
委託	社団法人、財団法人	一般社団法人 彩の国子ども・若者支援ネットワーク	埼玉県、秩父市、東松山市、春日部市、狭山市、鴻巣市、深谷市、上尾市、越谷市、蕨市、入間市、朝霞市、志木市、桶川市、久喜市、北本市、八潮市、富士見市、蓮田市、幸手市、日高市、ふじみ野市、白岡市（23）
直営＋委託	社団法人、財団法人	一般社団法人 彩の国子ども・若者支援ネットワーク	新座市、本庄市（2）
直営	社団法人、財団法人	埼玉県社会福祉士会	飯能市
直営＋委託	社会福祉法人（社協以外）	社会福祉法人むつみ会	戸田市
委託	社会福祉協議会	行田市社会福祉協議会	行田市
委託	NPO法人	NPO法人カローレ	鶴ヶ島市
委託	NPO法人	NPO法人キッズドア	草加市
委託	NPO法人	さいたまユースサポートネット	さいたま市、川越市（2）
委託	NPO法人	羽生子育てサポートキャロット	羽生市
委託	NPO法人	特定非営利活動法人ワーカーズコープ	和光市
直営＋委託	NPO法人	特定非営利活動法人ワーカーズコープ	坂戸市
委託	株式会社	トライグループ	三郷市、川口市、加須市、吉川市（2）
直営			所沢市
未実施			熊谷市

出典：厚生労働省「子どもの学習・生活支援事業の実施状況・委託先一覧（令和4年7月時点）」より作成

玉県は生活困窮者自立支援制度が実施されるまえの２０１０年度から先駆けて、子どもの学習支援事業「アスポート事業」を県レベルで始め、この団体に委託して実施してきたという経緯がありま す（駒村・田中２０１９）。そういう歴史的な経緯があって、およその事業者が決まっているのだと考えられます。

他方、千葉県ではこのような経緯がないため、さまざまなＮＰＯ法人やいくつもの株式会社、「その他」に含まれる株式会社以外の有限会社などもあり、ＮＰＯ法人と企業が入り混じっている状況です【表３】。とくに、柏市は地域ごとに学習支援事業を実施しているため、10の事業者に委託をしています。千葉県は４団体に、松戸市は５団体に委託しています。また、未実施自治体が多いことも特徴的です。

それをふまえて、先の日本能率協会総合研究所の調査結果から子どもの学習・生活支援事業の取り組み内容をみると、「学習支援」が99・１％ですが、「随時の対面相談の実施」61・７％、「電話やメールによる個別相談」58・２％、「家庭訪問での相談・助言」49・４％、「居場所（事業実施場所）の開放」47・５％、「居場所（事業実施場所）でのレクリエーション」45・２％などとなっていました。生活困窮者の子どもを対象とした事業ですので、子どもやその家族にも困りごとなどあると思いますが、そうした対応は半数程度しかおこなわれていないようです。

このような調査結果を見ると、株式会社などの企業がどの程度やっているのかが気になります。

千葉県内の子どもの学習・生活支援事業の実施主体（2022年）　【表3】

実施方法	委託先区分	委託先名	自治体
委託	NPO法人	ワーカーズコープ	千葉県、浦安市、袖ケ浦市、鎌ケ谷市、君津市、松戸市、富津市、印西市（8）
委託	NPO法人	NPO法人 夕なぎ	鴨川市
委託	NPO法人	ちば地域生活支援舎	大網白里市
委託	NPO法人	子どもの環境を守る会Jワールド	松戸市
委託	NPO法人	松戸ゆいねっと	松戸市
委託	NPO法人	ちば地域生活支援舎	東金市
委託	NPO法人	子ども家庭サポートセンターちば	千葉県
委託	NPO法人	長生夷隅地域のくらしを支える会	千葉県
直営＋委託	NPO法人	キッズドア	柏市
委託	株式会社	ECC	柏市（2）
委託	株式会社	FLAT FIELD	柏市
委託	株式会社	G.P-エデュケーション	柏市
委託	株式会社	Home Education	柏市
委託	株式会社	サフネ	柏市
委託	株式会社	市進ホールディングス	柏市
委託	株式会社	明光義塾 柏たなか教室	柏市
委託	株式会社	エデュケーショナルネットワーク	市川市、松戸市（2）
委託	株式会社	トライグループ	千葉県、松戸市、千葉市、船橋市（4）
直営＋委託	その他	さんむ子どもの学びサポート有限責任事業組合	山武市
委託	その他	企業組合　労協船橋事業団	習志野市
委託	その他	有限会社西村	柏市
委託	その他	葉山学院（学習塾）	柏市
委託	社会福祉法人（社協以外）	社会福祉法人 ききょう会	市原市
委託	社会福祉協議会	佐倉市社会福祉協議会	佐倉市
委託	社会福祉協議会	木更津市社会福祉協議会	木更津市
直営			成田市、八千代市、我孫子市、富里市
未実施			銚子市、館山市、野田市、茂原市、旭市、勝浦市、流山市、四街道市、八街市、白井市、南房総市、匝瑳市、香取市、いすみ市（14）

出典：表2と同じ。ただし、一部間違いと思われる箇所などを修正している。

企業の場合、学習支援はやはり受験勉強に偏るといわれていますので、生活支援のところをどこまでカバーできているのか、ひじょうに不安があります。子どもの学習支援は、学習支援だけでよいのか、居場所であることも必要ではないのかという議論が、かなり以前からあります。やはり、この子どもの学習・生活支援事業というのが、たんなる勉強会や受験対策ではなく、さらにいえば、文科省ではなく厚労省で実施している生活困窮者支援の一環として実施されているということをしっかり考える必要があるのではないかと思います。

とくに、生活困窮にある子どもは、いろいろなかたちで排除されたり、家の中でもなかなか自分の居場所がなかったり、自分の意見が言えず、つらい立場にあったりします。そうした問題を家族や友だちにも話せないこともあると思います。そういったことからも、たんに学習をするだけではなく、家ではなかなかできない体験を、学習支援という子どもが集まる居場所でできるようになることが求められるのではないかと思います。

勉強の苦手な子どもが、勉強だけの事業を進められると居場所がなくなり、肩身の狭い思いをします。勉強は苦手だけれどサッカーの得意な子が、休憩時間にサッカーができれば、自己肯定感を回復でき、それがまた学習意欲につながっていく可能性があります。子どもの一面だけではなく、複数・多数の視点からかかわることによって、人間関係もよくなり、学習支援の場所が居場所になり、そして学習につながっていくのではないでしょうか。

子どもの学習・生活支援事業のなかで、そういったことをどれだけ重要視するかによって、営利企業と非営利の参入の度合いは変わってくるのではないかと思います。

福祉の市場化における3つの問題点

さて、こうした社会福祉の市場化の何が問題なのでしょうか。

第1に、「サービス提供が継続できない」という問題点があります。競争入札でなくても、公募型プロポーザルにしても、契約のたびに事業者が変更になる可能性があるので、同じ事業者や職員が支援を継続できなくなることがあります。最近は、1年ごとの単年度契約は避けたほうがいいといわれるようになりましたが、生活困窮者自立支援制度の実施当初は1年ごとに入札し、契約をきりかえることも多々ありました。事業者が変わると継続性がなくなり、学習支援でも、いま提供されているものと同程度の質・内容のサービスが提供できるかどうかはわかりません。とくに、ひきこもり支援などでは、信頼関係をつくってやっと外出できるようになったとたんに担当者が変わってしまい、一から関係づくりを始めないといけなくなってしまうということになります。

実際に生活困窮者支援に携わる職員の方が、つぎのように言っていました。「3月に新規相談を受けるとき、相談に来た人に『しっかり支援します』と言えません。4月には新しい担当者になるかもしれないから。どうしたらいいんでしょう」と。単年度契約でなくても、3年、5年でも、どこかでそういう問題が生じることになります。

第2に、「地域の連携・協働が崩れる」という問題点が挙げられます。あまり学問的な表現ではありませんが、生活困窮者支援に熱心に取り組んでいる事業者は、委託を受けた事業のみを遂行するだけではありません。受託した事業の範囲を超えて、貧困問題・地域福祉などのさまざまな支援ネットワークを駆使して、利用者を支援している事業者がたくさんあります。東京都足立区の学習・生活支援事業の実施体制の図があり

東京都足立区の子どもの学習・生活支援事業の実施体制【図2】

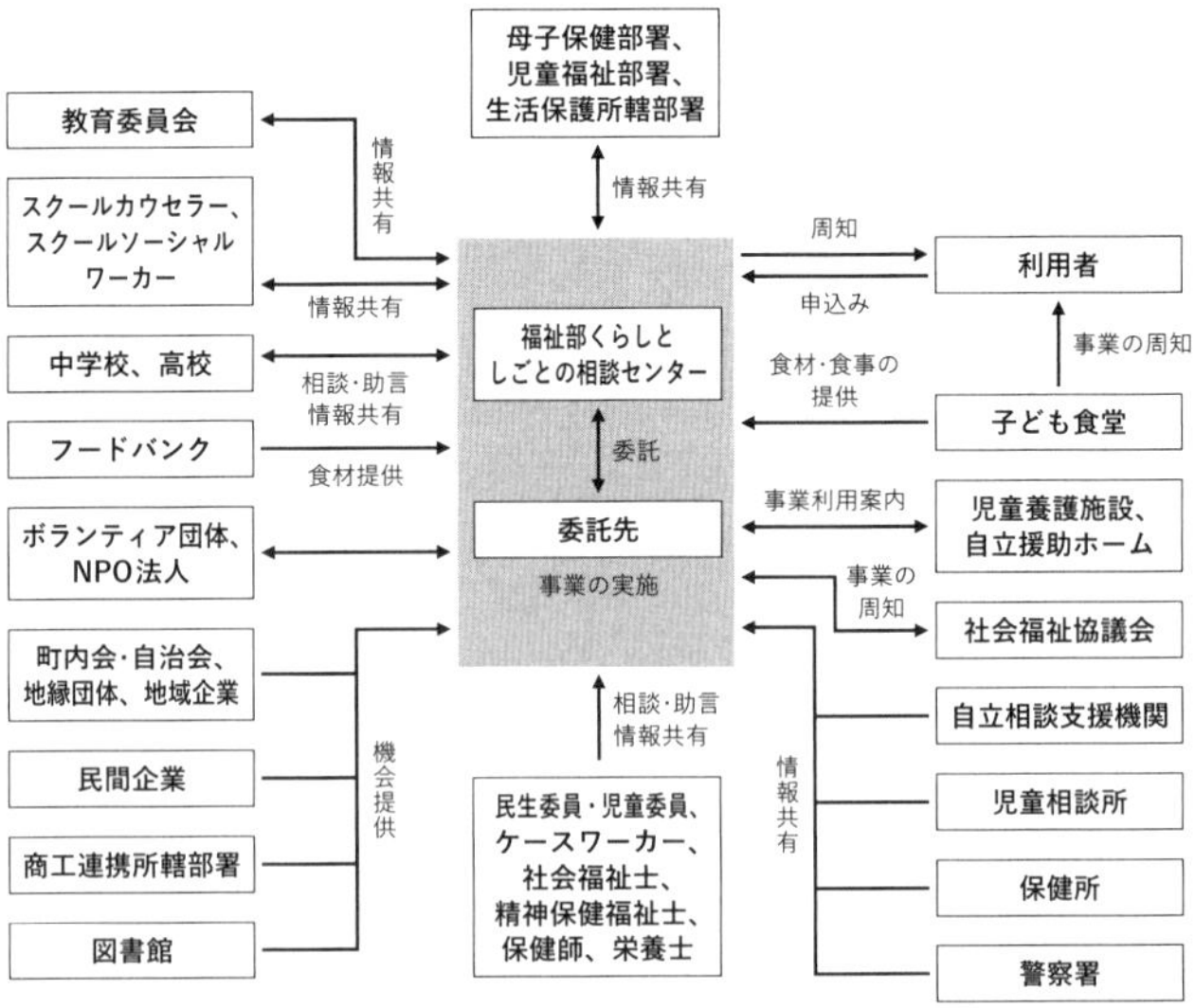

出典：日本能率協会総合研究所（2021）72頁

ます【図2】。教育委員会、スクールソーシャルワーカー、学校、フードバンク、ボランティア団体、町内会、民間企業、図書館、子ども食堂、社会福祉協議会など、多くの団体が学習・生活支援事業にかかわっています。学習に困っている子どもを見つけるには、学校やスクールソーシャルワーカーからの情報提供が不可欠です。また、生活困窮にある子どもが学習を継続するために生活基盤を確保する必要が出てくるでしょう。その場合、さまざまな行政機関や支援団体、フードバンクなどの情報や支援につなげることが必要になるかもしれません。連携、ネットワークとよくいわれますが、連携や協働も人と人との信頼関係が前提で、それがないとうまく連携できません。競争によって、こうした信頼関係が壊れないようにしなければなりません。

第3に、「専門性・経験のある職員を維持できない」という問題があります。大きな金額になりがちな行政からの委託費を失うと、職員を解雇せざるをえなくなります。専門性や経験をもち、利用者との信頼関係をもつ職員を失うのは、その事業者にとってたいへんな損失です。とくに、事業が単年度契約のため1年で終わる可能性があれば、その職員を正規で継続雇用することは難しく、非正規雇用が増え、生活困窮者を生みだす要因になっているかもしれません。そもそも委託費は、基本的に定額で払われています。つまり、勤続年数の長い職員の人件費が配慮されているわけではないので、専門性や支援経験の豊富な職員を維持できない現状があります。

ＮＰＯの意義と協働の必要性

こうした場合に考えなければいけないのが、ＮＰＯの意義と協働の必要性だと思います。ＮＰＯやＮＧＯなど民間非営利組織のことを、アメリカではシビル・ソサエティ（civil society）とも呼びます。直訳すれば「市民社会」ですが、ＮＰＯは「市民の乗り物」、つまり、市民が行政や社会に働きかけ、活動していく共同の乗り物であるという位置づけです。

行政や議会でできる政策は、基本的には多数派の支持を必要とします。少数派の立場で意見を言うとき、ひとりではなかなか役所は聞いてくれません。しかし、志を同じくする人びとと団結し、一定の手続きをとおして権利を訴えていき、社会を変えていくことができる。とくに、障害のある人や母子世帯などの少数派の場合は、政策をつくり、生活を守るための支援を受けられるようにすることも重要です。議会は基本的には多数派の支持者で固められているので、少数派はアドボカシー活動をとおして社会の理解を促進し、政治的に訴えることも必要です。そのツールになるのが、やはりＮＰＯだと思います。

ＮＰＯは市民活動や当事者活動の拠点になっていることが多いと思います。私は全日本ろうあ連盟などの聴覚障害者の運動にも長くかかわってきました。全国にある聴覚障害者の団体をとおして仲間づくりをし、そこで明らかになった問題を行政や社会に訴えてきました。たとえば、手話通訳者や手話ができる人を、社会のいろいろな場面で増やしてほしいとアピールしてきました。その過程のなかで、聴覚障害者の団体が手話通訳の派遣事業をおこなうなど、利用者目線でサービス提供をおこなっているところもあります。ＮＰＯの役割はたんにサービス提供だけではなく、その前提となるニーズを普段からつかまえていて、それを解決するための事業を考えていかなければいけないと思います。

もうひとつのＮＰＯの役割は、先駆性です。行政は多数派の支持を得て議会で認められないとなかなか動けない。また、営利企業は、もうからないところには参入してきません。そのため、そういった分野でＮＰＯは果敢に先駆的に取り組むことができます。調査活動や支援活動をとおして、より客観的な実際のニーズが明らかになってくることもあります。こうして明らかになったニーズをとおして、たとえ少数派の問題であったとしても、政策的にも行政的にも取り組んでいかないといけないこととなり、政策化がおこなわれていきます。

子どもの学習支援というのも、もともと全国各地で細々とされていたものを自治体の施策でやり、それを国レベルで政策化してきたものです。ＮＰＯが展開していくことによって、政策化することができるので、これはとても重要な役割だと思います。

一方、営利企業の参入という危惧すべき状況があります。ＮＰＯが経営できるのだから、企業もそれで利益を得ていこうという動きが広がっています。アメリカではＮＰＯは「マーケットテスター」といわれ、ＮＰＯの活動が広がって一定の規模をもつようになると、そこに収益性を見つけた営利企業に乗っとられているような状況もあります。ＮＰＯ自体も、営利企業に転換（コンバージョン）する現象も起きています。とくに医療の世界での転換が多く、アメリカの病院ではＮＰＯの病院が主流だったのですが、いまは営利企業の病院にどんどん変わってきています。こうした問題点を明らかにした『ＮＰＯと公共サービス』を記した、ＮＰＯ研究者のレスター・サラモンは、ＮＰＯの存立基盤について重要な研究をしてきた人です。そのサラモンは市場、政府、ＮＰＯそれぞれに起こりうる失敗（デメリット）について語っています（サラモン２００７）。私なりに整理すると、つぎのようです。

第１に、市場の失敗については、ひとつに独占の問題で、競争が不十分で独占状態になると、市場競争が活きません。もうひとつは外部不経済の問題で、そのサービスだけ見ているとうまくいっているようでも、その裏側で非正規労働問題や公害など地域経済や社会にマイナスの影響をもたらしていることがあります。第２に、政府の失敗については、ひとつは官僚主義的な行動で非効率な業務となっていること、もうひとつは議会などで多数派には対応するが、少数派には対応が難しいことです。しかし、政府（行政）は大きな資金を持ち、社会や経済のさまざまなルールを設定することができる権限をもち、最終的に市民の権利を法的に守ることができるという大きな役割があります。

他方、第3に、NPOの失敗については、ひとつにNPOは収益を得るのが難しかったり、支払い能力の低い人びとに支援をすることが多いので、資金不足になりがちです。もうひとつに、ボランティアが活躍するところが多いですが、そのために専門性を発揮していくのが難しいということもあります。他方で、NPOは活動に取り組みやすいこと、またそのために先駆的な取り組みもしやすいこと、さらに、非営利のために寄付やボランティアなどを通じて信頼度が高いという特徴があります。

こうしたことから、サラモンは政府とNPOのパートナーシップで、たとえば、行政がNPOに民間委託することで、NPOは資金難の問題を克服し、行政は少数派に支援でき、また官僚主義的な側面を軽減することができると考えました。つまり、双方のデメリットを克服し、双方のメリットを活かして福祉社会をつくっていこうということです。

市場モデルから協働モデルへ

じつは日本の現場では市場モデルが強いのですが、行政学や社会福祉学の分野では、市場モデルによって、貧富の格差、もっとも困難な人を排除するなどの問題も拡大してきたため、いま協働モデルへの転換が進められています。そのための議論を参照して、考え方がどのように転換してきているのかを見ておきましょう（斎藤・ペストフ2023、106―109頁）。

戦後の1950〜60年代の行政のあり方は、基本的には「行政管理モデル」で、ピラミッド型組織、トップダウンの意思決定によって、画一的・均一的な対応をするものだといわれていました。専門職が管理し、市民はサービスの「受益者」であるという位置づけでした。

それが1990年代に入って、「市場モデル」を行政に取り入れようとした「ニュー・パブリック・マネジメント」が導入され、民営化や競争入札の導入が進められました。つまり、行政管理にビジネスの考え方を取り入れて、選択の自由と、競争や成果を重視し、民間に任せてコスト削減をしながら効率よく運営していくとしました。市民は「消費者」として位置づけられました。市場モデルですでに30年以上やっていますが、先に述べましたように、民間委託によって行政のコスト削減はできましたが、コスト削減のため非正規労働者が増え、新たな貧困問題が拡大しました。先ほど、外部不経済の話をしましたが、こうした経済社会全体を視野に入れた視点がないという行政の縦割り、官僚主義的な問題が克服できていないのです。

そこでいま、ヨーロッパやアメリカでは、「協働モデル」（ニュー・パブリック・ガバナンス）に移行して運営していくことが主流になってきています。協働モデルは、パートナーシップモデルです。コストではなく、サービス全体のシステムを見て、公・民のネットワークなどを前提にして、委託する事業者を決定していきます。その決定では、歴史や伝統、地域にどれくらい根ざしているのかも考慮されます。また、競争重視の市場モデルでは単年契約が基本ですが、協働モデルでは複数年契約が基本です。競争ではなく、ネットワーク、協働・連携により社会をつくる必要があります。その成果・結果だけではなく、そのプロセスや信頼関係をどうやってつくっていくのかも重視されるものです。

生活保護にたとえると、ケースワーカーが就労指導として3か月後に保護を廃止するぞと脅して就労させようとするのと、就労し社会参加していく必要性を説明し、目標を立てて伴走型支援で就労のための課題を克服していくのとでは、同じく就労を果たしたとしても、その意味はまったく違うものになると思います。おそらく脅されていた人は、精神的に追い込まれ病んでしまうので、仕事が続かない可能性が高いです。じつは協働モデルでは、利用者は「共同生産者」と位置づけられています。就労支援は、支援者がどれだけがんばっても、利用者に就労する意欲がなかったり、得意な分野や病気などの適切な情報を支援者に提供しなかったら、成果が出ないのです。つまり支援というのは、利用者と支援者の協働作業によって成り立っているのです。そういうふうな見方をすることによって、利用者参加の見方が変わってきます。

「共同生産」（コ・プロダクション）は、サービス提供の場面だけでなく、利用者や住民が、公共サービスの政策策定、マネジメントなどにも積極的な役割を果たすことができます。たとえば、行政の委員会に市民公募で加わって、市民目線の政策決定ができるかもしれません。裁判員裁判はまさにこの視点で導入されているものです。また、ＮＰＯの運営に町内会の人が参加したり、当事者の会やその家族の会とともに検討していくということもあります。介護保険では、利用者の意向を聞いてケアプランを作成することになっています。これも共同生産といえると思います。しかし、生活保護では、利用者の意見、とくにその子どもの意見を聞いて支援プランを立てたり、生活保護の運営や政策決定がなされることがほとんどありません。今後、こうした点をどう切り開いていくのかが大きな課題だと思います。

いま求められているのは、ネットワークであり、協働作業であり、利用者とのコ・プロダクション（共同生産）です。行政と事業者の協働、地域のさまざまな社会資源・団体・個人との協働、事業者と利用者の協働すべてにおいて、協働作業の場を広げていくことが重要です。そういった関係をつぶしてしまう市場化は、ひじょうに大きな問題なのです。

＊本研究はＪＳＰＳ科研費ＪＰ２０Ｋ０２２２１の助成を受けたものです。

おもな参考文献

明石市（２０２２）「［公募型プロポーザル方式］明石市生活困窮者学習・生活支援業務委託（２月１日発注）」資料
オズボーン、スティーブン（２０２３）『パブリック・サービス・ロジック』石原俊彦・松尾亮爾

監訳、関西学院大学出版会
木下武徳（2007）『アメリカ福祉の民間化』日本経済評論社
厚生労働省（2022）「子どもの学習・生活支援事業の実施状況・委託先一覧（令和4年7月時点）」
駒村康平・田中聡一郎編（2019）『検証・新しいセーフティネット』新泉社
斉藤弥生、ヴィクトール・ペストフ編（2023）『コ・プロダクションの理論と実践』大阪大学出版会
佐橋克彦（2006）『福祉サービスの準市場化』ミネルヴァ書房
サラモン、レスター（2007）『NPOと公共サービス』江上哲監訳、ミネルヴァ書房
内閣府（2020）「婦人保護事業における通信機器等の取扱い及び婦人相談所におけるSNSを活用した安全な開設、運用方法等に関する調査研究 報告書」
日本能率協会総合研究所（2021）「子どもの学習・生活支援事業の支援効果を高める連携手法等に関する調査研究事業 報告書」
尼崎市包括外部監査人（2017）「平成29年度包括外部監査の結果報告書 委託契約に関する財務事務の執行について」

木下武徳（きのした・たけのり）……立教大学コミュニティ福祉学部教授。専門は福祉政策、地域福祉、公的扶助。おもな著書に『アメリカ福祉の民間化』（日本経済評論社）、『生活保護と貧困対策――その可能性と未来を拓く』（共著、有斐閣）、『日本の社会保障システム――理念とデザイン』（共編著、東京大学出版会）、『住民主体の地域福祉論――理論と実践』（共著、法律文化社）など。

「子どもの貧困」が照らしだす学校教育の貧困

児美川孝一郎
法政大学教授
教育学

この15年、学校教育にどんな変化が起こったか

子どもの貧困が社会問題として一気に注目を集めたのは、２００８年のことでした。問題が可視化されてから、すでに15年が経ちます。学校外の世界においては、貧困問題を見つめてきた人たちは状況を少しでも改善すべく立ち回り、動いてきました。では、その15年のあいだ、学校は何をしてきたのでしょうか。15年前の状況よりひどいことになってはいまいか、というのが私の実感です。ここでは、おもに学校教育にこだわって問題を考えてみます。

新自由主義が日本の社会や教育の世界に入りこんできて、30年以上が経ちました。最初の15年ほどは、新自由主義に立ちふさがる邪魔なもの（法規制など）を壊していく動きがメインであったと

思いますが、その後の15年は、規制緩和がかなり進んだことを前提に、より本格的なかたちで社会を変え、教育を変えてきた15年であったように思います。

子どもの貧困が可視化されてからの15年は、新自由主義のこの後半に重なっています。評価が難しい部分もあるとは思いますが、学校教育に関しては、ある種の抵抗の拠点だったところが軒並み平地にされてしまい、新自由主義的な施策が入りやすくなった15年だったのではないでしょうか。裏を返せば、教育政策を推進する側にとっては思うとおりにできたということです。子どもの貧困をはじめとする社会問題や課題に、学校が対応できなくなった、むしろ問題や課題を増幅しかねなくなった。そうした意味での「学校教育の貧困」が、この15年間に進んだのです。なぜ、いかにして、そんなことになったのでしょうか。以下で考えてみます。

新自由主義的な学校改革の3つの位相

日本の新自由主義的な学校改革には、3つの側面があったと思います。端的に「競争主義」「管理主義」、そして「生き方コントロール」です。

この15年、学校における競争主義は、貫けるところではどこまでも貫かれ、学校中にいきわたりました。他方で、管理主義の浸透もすさまじく、校則問題はひとつの象徴だと思いますが、教師も生徒も頭のどこかでは変だと思いながらも、だれも「それは違う」「おかしい」とは言わない。そうは言えずに過ごしてきました。そんな空気のなかで、学校が管理的な空間であることは、学校の病んだ姿というよりは、むしろ日常になってしまったのです。

しかし、競争や管理だけで学校の秩序を維持していくのには限界もあります。だから、競争や管理による秩序に対して、子どもたちが「自主的」「自発的」に従うように仕向けることも仕掛けられてきました。これが、生き方コントロールです。競争主義、管理主義に生き方コントロールが加わることで、日本型の、広い意味でのキャリア教育ができあがっていったということができます。

このキャリア教育はきわめて巧妙で、学校が教示するように環境や秩序に適応していくのが「賢い生き方」なんだと、子どもたちに思わせ、そこについていけずにドロップアウトしてしまう子に対しては、「それは自分の努力が足りなかったのだから、しかたがないね」と受容させる。そういう役割を果たしてきました。結論的に言ってしまえば、この15年間の教育では、子どもが主人公なのではなく、国家と経済の存在感と影響力が過剰になり、子どもは国家と経済に役立つ「人材」になることが求められてきました。そうした意味で、教育の本来の価値が貶《おとし》められ、教育の貧困が顕《あら》わになったのです。もちろん、本来の教育の営みが貧困化したことの犠牲になり、置き去りにされてしまったのは、まぎれもなく子どもと若者たちにほかなりません。

以下では、現在の日本社会における学校の役割を、やや原理的な話にもなりますが、大きくは3

つの観点から考えていきます。まずは、格差社会における学校の役割、その理想と現実について。つぎに、新自由主義を支える学校体制について。最後に、学校に浸透している生き方コントロールのメカニズムについて、です。

教育は、格差を再生産する装置なのか

子どもの貧困の背後に厳としてあるのは、日本社会の格差と貧困化です。格差・貧困化が進む社会において、学校教育に何ができるのか。逆に、学校は実際には何をしてしまっているのか。そのあたりをきちんと押さえておかなければいけません。

このことを考えるさい、思い浮かぶのは、「教育は社会を変えられるか」という古くて新しい論争的なテーマです。これは戦前・戦後の日本の教育運動が直面した大問題のひとつでもあります。戦前にも有名な論争があって、国家体制に忠実な戦前の教育のあり方に対し、対抗的なポジションをとりながら新しい教育をつくろうとした人たちのあいだでも、「教育による社会改造は可能か」をめぐっては議論が激しく展開されたのです。一方では「社会が変わらなければ教育が変わることはできない」のだから、「教育による社会改造」なんて無理だ、「社会による教育改造」こそが本筋だとする有力な意見がありました。しかし、他方で「社会が変わるまでは、教育は指をくわえて見

ているこ としかできないのか」「教育はそこまで無力ではないはずだ」という反論もありました。

たしかに、教育は直接的な意味で社会を変えることはできません。しかし、では子どもの貧困が可視化された現在の日本社会においても、教育は何もできない無力な存在なのでしょうか。そうではないはずです。子どもの貧困を直ちになくしていくといったことは教育にはできないでしょう。しかし、一定の限界はあっても、子どもの貧困問題に取り組み、貧困がもたらすさまざまな問題状況の改善に寄与し、子どもの未来に希望を紡ぐことは教育にもできるのではないでしょうか。

たとえば、1951年に『山びこ学校』（無着成恭が担任をした山形県山元村の中学生の作文を編んだもの）が出版されました。戦前の生活綴方《つづりかた》の遺産を引き継ぎ、その優れた教育手法を戦後の学校教育の場に復興させたもので、アメリカ由来の新教育ではなく、日本に固有の戦後教育を打ち立てていく記念碑的な実践記録であると注目を浴びました。そして、別の観点から見れば、『山びこ学校』は敗戦直後の日本における子どもの貧困の実態を映しだし、教育がこの問題にどう対峙しようとしたとしたのかを伝えるものでもあります。

『山びこ学校』では、子どもが自分たちの生活の現実をありのままに綴り、おたがいの綴り方を読みあいます。そして、なぜ自分たちの生活が貧しいのか、どうしたら生活をよくすることができるのかを、着任したばかりの若い教師である無着の指導を受けながら、ともに考えていきます。もちろん子どもが一生懸命に討論したからといって、社会が変わったりはしません。しかし、子どもたちは世の中の矛盾や自分たちが突きあたっている生活現実を見る力、ものの見方や考え方をしっかりと学んだはずなのです。教育にはそういう意味で人を育てていく力、そうやって育った子どもがいずれは社会を変える主体になっていくかもしれないという影響力はあるのです。

また、１９８０年代以降の教育学のなかでは、「教育と『社会的再生産』」の関係をめぐる議論も起こりました。教育は社会に現存する階層的な秩序をたんに再生産するだけの役割しか果たせないのか、それとも、そうした再生産に抗する役割を果たせるのかが争われました。欧米の社会科学的な教育研究において熱心に議論されたテーマでしたが、いまの日本に置きかえれば、格差・貧困化が進む社会を、教育はただ追認し、再生産するだけなのか、それとも、教育が社会的再生産を押しとどめ、マイノリティ、弱者、困難を抱えた層をエンパワーメントすることができるのか、という問題です。このテーマに関する研究はその後も続いていて、社会的再生産が進む社会にあっても、経済的条件などの違いにかかわらず、より困難な層の子どももエンパワーメントされる教育のあり方が提起されるようになりました（西田芳正『排除する社会・排除に抗する学校』、志水宏吉編『「力のある学校」の研究』など）。

実際、再生産を乗り越える「効果のある学校」（エフェクティブ・スクール）の実践的な事例も出てきました。大阪府教育委員会『学校改善のためのガイドライン』では、スクールバス・モデルとして、「力のある学校」を８つの条件で示しています**【図1】**。

社会階層的には不利な背景をもっている子どもに対しても、「安心して学べる環境である」「戦略的な学校運営ができている」などの条件をそなえた学校では、それなりの教育成果を出せているということが、調査結果からわかっています。そういう学校が登場しているということは、私たちがおおいに注目すべきことですし、教育の理想でもあると思います。

　ただ、そういう学校も登場してきたのですが、大きな流れでいえば、この15年の日本の学校は、格差・貧困化が進む社会を再生産しているといわざるをえません。いや、ただ再生産するだけではなくて、下手をすれば拡大再生産してしまっています。不利な条件にある子どもが学

「力のある学校」のスクールバス・モデル　【図1】

⑦ 内装（インテリア）
安心して学べる学校環境
- 安全で規律のある雰囲気
- 学ぶ意欲を引き出す学習環境

② ハンドル（アクセル・ブレーキ）
戦略的で柔軟な学校運営
- ビジョンと目標の共有
- 柔軟で機動性に富んだ組織力

① エンジン
気持ちのそろった教職員集団
- チーム力を引き出すリーダーシップ
- 信頼感にもとづくチームワーク
- 学び合い育ち合う同僚性

⑧ ボディ（外観）
前向きで活動的な学校文化
- 誇りと責任感にねざす学校風土
- 可能性をのばす幅広い教育活動

③ 前輪（左）
豊かなつながりを生み出す生徒指導
- 一致した方針のもとでのきめ細かな指導
- 子どもをエンパワーする集団づくり

⑥ 後輪（右）
双方向的な家庭とのかかわり
- 家庭とのパートナーシップの推進
- 学習習慣の形成を促す働きかけ

⑤ 後輪（左）
ともに育つ地域・校種間連携
- 多様な資源を生かした地域連携
- 明確な目的をもった校種間連携

④ 前輪（右）
すべての子どもの学びを支える学習指導
- 多様な学びを促進する授業づくり
- 基礎学力定着のためのシステム

出典：大阪府教育委員会「学校改善のためのガイドライン」2008年

校に入学すると、ますます不利なポジションに置かれるという状況がつくりだされたのです。格差はますます広がり、学校は子どもにとって、とんでもなく生きづらい空間になってしまいました。だから、もう学校には行きたくないし、行けないという子どもがたくさん出てきました。そんな学校だったら行ってもしかたがないとばかりに、中退する子どももいます。

「効果のある学校」「力のある学校」のような教育モデルが存在しうることも理解したうえで、しかしおおかたの学校はその方向には行けなかった。この現実をきちんと受けとめて、なぜそうなったのかという理由を考えていかなければなりません。

競争と管理で縛るようになったことで、学校内の同質性は高まり、多様性を受け入れる包摂性が弱くなってしまいました。学校外に弾きだされた子どもたち、あるいは自分からオプトアウト（離脱）した子どものしんどさは、並大抵のものではありません。もちろん学校以外の世界もあるのだけれど、いまの社会では、学校は通うことが当たりまえとされる大きな存在になってしまっています。それゆえ、学校に行けない／行かない子どもは、自分を責めたりします。学校がもっと包摂的で、だれもが安心していられるような場であれば、いまは学校外に出ていかざるをえなかった子どもも、本当は学校にいられたのかもしれません。仮に学校に行かなくても、自責をしたり、そんなにしんどく感じたりしなくてすんだのだろうと思います。

将来に希望をもてない子ども・若者の現在

実際に日本の子ども・若者の意識や状況がどうなっているのかを見ていきます。

リクルート進学総研が２０２２年におこなった「高校生価値意識調査」のなかに、「あなた自身の将来は、明るいと思いますか」という質問があります。「将来」とは社会人になるころを指しています【図2】。

「明るい」「やや明るい」と答えたのは7割です。２０１４年、18年に比べて少し増えています。肯定的な回答が7割もあるからいいじゃないかと思われるかもしれませんが、逆に見れば、３割の子は、まだ高校生なのに、自分の将来は「あまり明るくない」「明るくない」と思わされてしまっているのです。そのことをどう受けとめたらいいでしょうか。

たとえば、アメリカの高校生ならば、自分にはまだまだ可能性や選択肢があると考えていると思います。根拠のない自信があったりもします。アメリカ社会では、18歳ぐらいの大学進学をめぐる選抜時点で、初めて現実を見せられるという仕組みになっていることが大きいです。他方、日本の高校生たちは、もっと早くに洗礼を受けています。高校入試か、あるいはもっと以前かもしれません。都市部であれば、私立中学入試もあるので小学校高学年の時点で、漠然とではあれ、将来を見せられてしまっています。

「あなたが社会人になるころの社会は、明るいと思いますか」という質問には、「明るい」と答えた高校生が、２０２２年で15％。「やや明るい」は18年より減っていて、「明るい」「やや明るい」を足すと51％。やっと半分です。半分の高校生は、日本の将来は明るくないと思っているのです【図3】。

私は大学の教員なので、日ごろから大学生とつきあいがあります。卒業まぎわになると、みんな言います、「できたらずっと学生でいたい」「大人になりたくないし、正直、卒業して働くのは嫌だな」と。あるいは、大学生たちは将来どんなにがんばって働いたって、自分の親よりもいい生活はできないと思っています。当然、結婚もできないかもしれないし、そんなにしたいとも思っていません。なんでいまより生活水準を下げてまでして、

自分の将来は、明るい？【図2】

Q.「あなた自身の将来」は、明るいと思いますか。

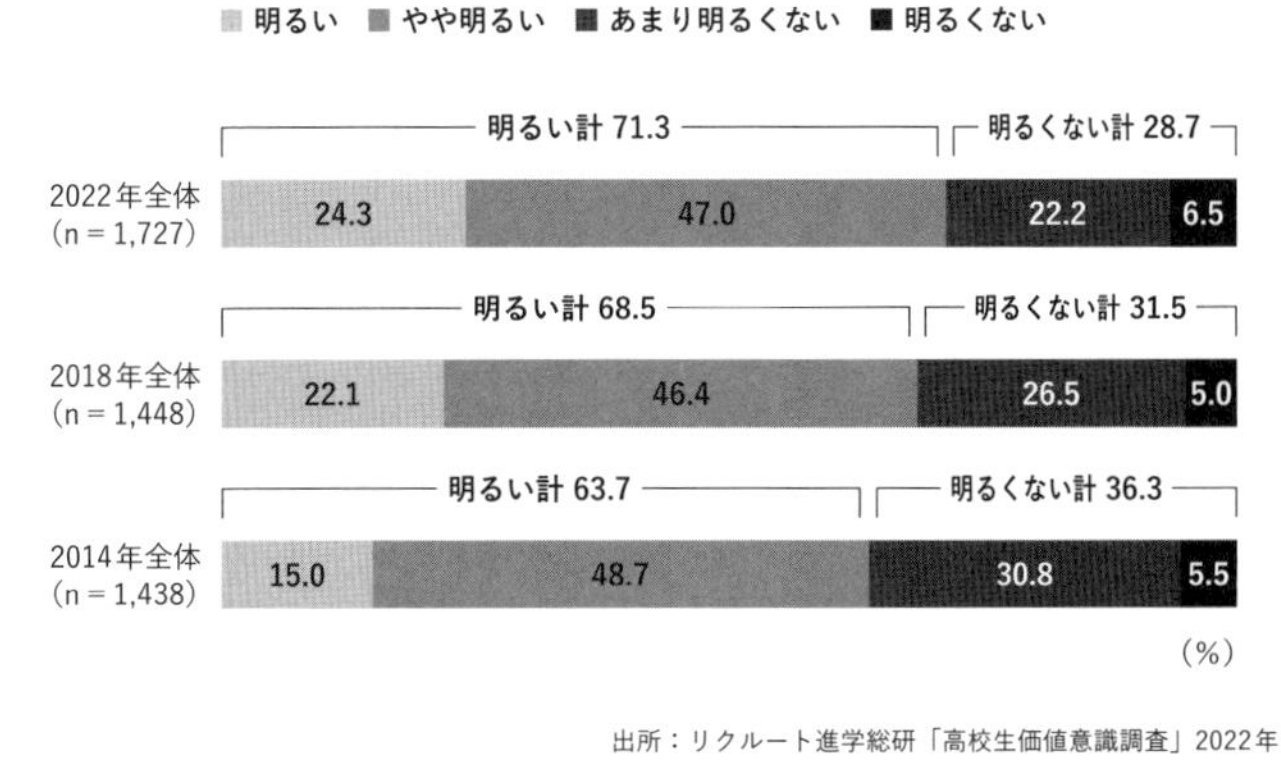

出所：リクルート進学総研「高校生価値意識調査」2022年

苦労をしなければいけないのか、と感じているのです。その感覚は、大学生になったから急に芽生えたわけではなく、「この先どうなってしまうのか」と思わせるような社会でずっと暮らしてきた結果なのでしょう。とくにこの15年、こうした傾向が進んだと感じます。

つぎに、日本財団が２０２２年におこなった「18歳意識調査」を見てみます。18歳を対象に6か国を比較したものですが、「自己意識」について聞くと、日本の18歳で「自分には人に誇れる個性がある」と答えたのは47・9％。6か国で一番低いのです。「自分は他人から必要とされている」は52・7％で、半分近くはそう思えていない。「日々の生活が楽しい」は最下位ではありませんでしたが、「日々の生活で不安やゆううつを感じる」割合は、ダントツのトップです【図4】。

社会の将来は、明るい？　【図3】

Q.「あなたが社会人になるころの社会」は、明るいと思いますか。

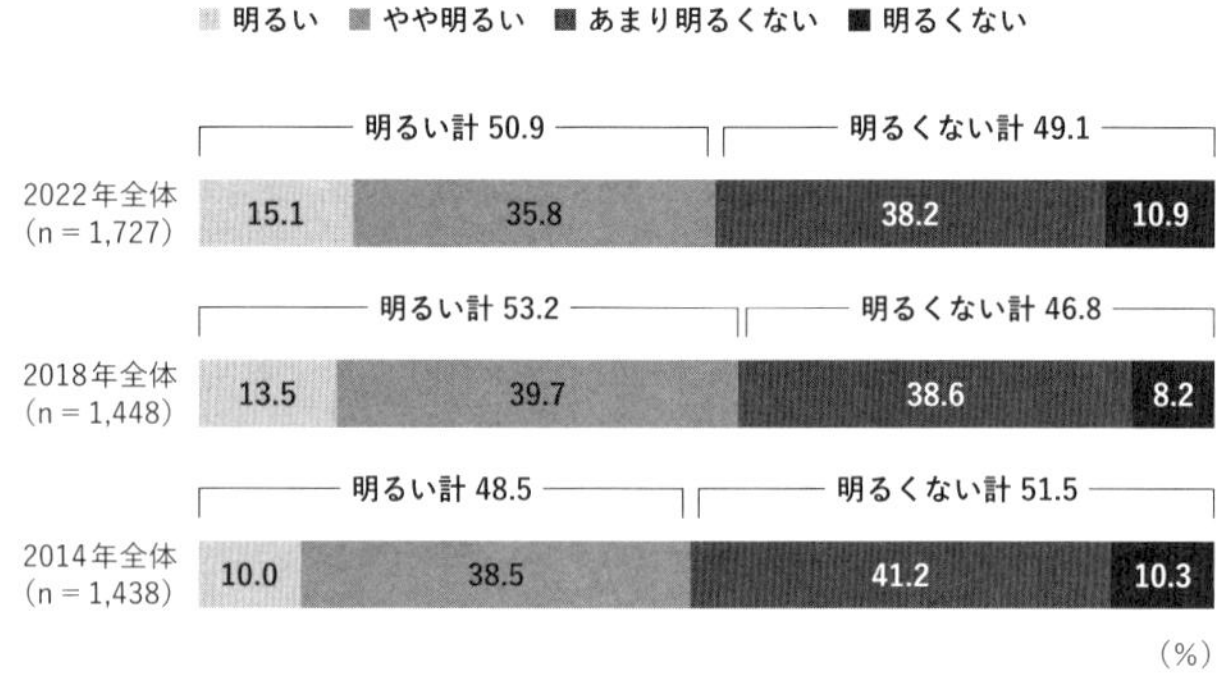

出所：リクルート進学総研「高校生価値観意識調査」2022年

同じ調査では「社会参画の意識」についても聞いていますが、「自分は大人だと思う」という18歳は、他国と比べて突出して低く、27・3%しかいません。2022年ですから18歳成人ですし、18歳には選挙権もあります。大人だと思うべきなのに、現実はそうではありません。「自分は責任がある社会の一員だと思う」が48・4%。質問項目のすべてで6か国の最小値というのは、かなり深刻な状態です【図5】。

また、東京大学社会科学研究所とベネッセ教育総合研究所が共同調査した「子どもの生活と学びに関する親子調査2021」によれば、みごとなまでに学校段階が上がるほど、つまり、小

18歳の自己意識（6か国比較）　【図4】

Q. 以下の項目に同意しますか。　※「はい」回答率を掲載（各国 n＝1,000、単位は%）

	自分には人に誇れる個性がある	自分は他人から必要とされている	日々の生活が楽しい	日々の生活で不安やゆううつを感じる	勉強、仕事、趣味など、何か夢中になれることがある	自分のしていることには、目的や意味がある	自分に人生には、目標や方向性がある	目標を立て、何かを達成した経験がある
日本	47.9 6位	52.7 6位	67.7 5位	65.3 1位	80.4 6位	63.5 6位	60.6 6位	75.2 5位
アメリカ	74.0	67.7	69.0	58.0	81.5	70.0	75.2	76.8
イギリス	72.2	64.6	63.4	56.7	82.7	67.8	73.6	73.4
中国	74.2	77.3 1位	79.5 1位	46.2	82.4	82.6 1位	81.3	78.1
韓国	68.9	73.7	76.1	49.0	83.9	79.9	74.5	84.5 1位
インド	84.0 1位	59.6	78.4	35.1	88.8 1位	80.1	88.2 1位	79.2

出所：日本財団「18歳意識調査」2022年

学生より中学生、中学生より高校生のほうが「勉強しようという気持ちがわかない」という結果が出ています【図6】。現在、高校には、通信制も含めて99%近くが通っていますが、その半数以上は、学ぶ意欲なく過ごしているのです。

不登校は2023年度の調査では、小・中学生では29万9000人。もうほぼ30万人までできました。小学生は学年ごとに平均1人、中学生は17人に1人で、クラスに2人いる計算になります。

通学を前提とする全日制・定時制高校と通信制高校の生徒数の推移を見ると、これだけの少子化で生徒数は減っ

18歳の社会参画の意識（6か国比較） 【図5】

Q. 以下の項目に同意しますか。 ※「はい」回答率を掲載（各国 n＝1,000、単位は%）

	自分は大人だと思う	自分は責任がある社会の一員だと思う	自分の行動で、国や社会を変えられると思う	国や社会に役立つことをしたいと思う	慈善活動のために寄付をしたい	ボランティア活動に参加したい
日本	27.3 6位	48.4 6位	26.9 6位	61.7 6位	36.2 6位	49.7 6位
アメリカ	85.7	77.1	58.5	73.0	66.7	70.4
イギリス	85.9 1位	79.9	50.6	71.2	69.5	64.2
中国	71.0	77.1	70.9	82.1	78.9	85.3 1位
韓国	46.7	65.7	61.5	75.2	62.4	70.7
インド	83.7	82.8 1位	78.9 1位	92.6 1位	83.7 1位	78.1

出所：日本財団「18歳意識調査」2022年

ているのに、通信制を選ぶ生徒数がかなり増えていることがわかります【図7】。このことをどう考えたらいいでしょうか。子どもたちが高校を通過点ととらえ、中学までに経験したような学校空間で毎日をがまんして過ごすことを選ばず、でも高卒資格はちゃんと取らなければいけないという観点から、通信制を妙薬のようにパパッと選んでいるように見えます。学校はそんなふうに認知されているのです。

いまの学習指導要領はとにかく詰め込みすぎで、カリキュラム・オーバーロード（教育課程の過積載）だといわれています。過剰積載ですから、2トントラックが4トン分の荷物を積んで進んでいるような状態です。そんな状態で、学びの意義を伝えようとしても難しく、多くは空回りしています。子どもはそんな学校には見向きもせず、学校から逃走しているというわけです。

学習意欲の変化 【図6】
（2019年・20年・21年の比較）

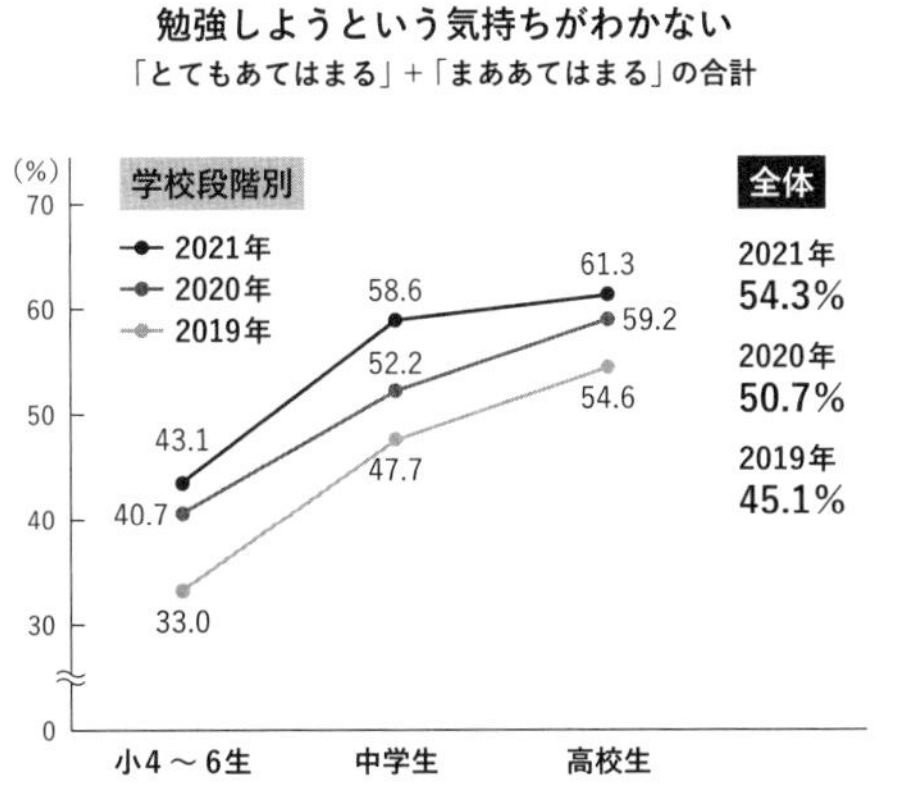

n＝2019年 10,131／2020年 10,519／2021年 10,532

出所：東京大学社会科学研究所・ベネッセ教育総合研究所「子どもの生活と学びに関する親子調査2021」

学力テスト体制と競争主義

「新自由主義を支える学校体制」について考えていきます。

２００７年より「全国学力・学習状況調査」が実施されてきました。これを機に、日本の学校はあらためて競争に覆いつくされるようになりました。この調査は、国・公・私立学校の小学６年生と中学３年生の全児童・生徒を対象としておこなわれるもので、一時、民主党政権下ではサンプル調査に変わりましたが、すぐに悉皆《しっかい》調査として復活しています。12年には、国語・算数に理科が加わり、19年には英語が追加されました。この全国学力テストの体制のもとで、国だけではなく、都道府県や市町村も独自に学力テストを実施するようになりました。こうした学力テスト体制は、自治体間や学校間における競争をあおります。その結

全日制・定時制と通信制高校の生徒数の推移　【図7】

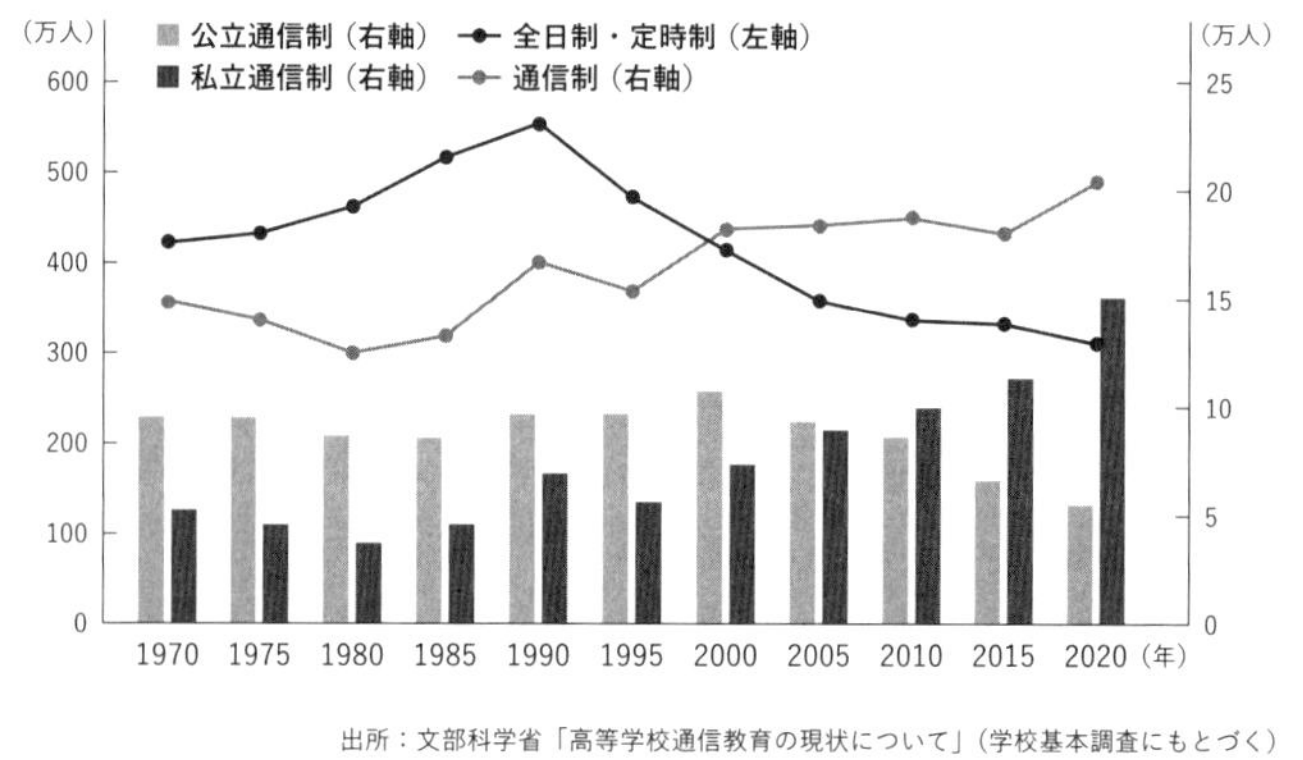

出所：文部科学省「高等学校通信教育の現状について」（学校基本調査にもとづく）

果、学校の日常の授業においても、教育委員会が決めた「授業スタンダード」にもとづく授業が求められたりするようにもなりました。

「全国学力・学習状況調査」では、学力テストとともに、授業実施の方法などについての調査、生徒の意識調査などもおこなわれます。それを通じて政府は、学校のあり方、授業のあり方や方法までを実質的にはコントロールすることができます。学力テストは、そうした道具として使われることによって、子どもたちばかりでなく、教師も保護者も、また自治体も、政府が望むような授業や学力の獲得に向けた競争に向かわせることが可能になっているのです。

２０２５年からは「全国学力・学習状況調査」のうち中学の理科のテストが、コンピュータで子どもに回答させるＣＢＴ（コンピュータ・ベースド・テスティング）方式に変わります。その後も26年度には英語、27年度以降にはすべての教科がＣＢＴに変わる予定です。ようするに、「ＧＩＧＡスクール構想」の延長にある施策です。せっかく1人1台の端末を配ったのだから、授業でも端末を使わせ、テストも端末で受けさせる、そうすることでＧＩＧＡスクールの普及と浸透をうながすということなのでしょう。

Society5・0に向けた改革構想とその分岐

「GIGAスクール構想」も「教育DX（デジタル・トランスフォーメーション）」も、学校現場からすれば、突然、上から降ってきたものでしょう。それらは、国が「Society5・0」を国家戦略として公認し、めざすべき未来社会像に据えたこと、そしてその実現のためにはテクノロジーの発展はもちろんとして、教育と人材育成の役割が重要であるとしたことに端を発しています。

じつは、Society5・0の実現に向けて進められる教育改革には、ふたつのバージョンがあります。ひとつは、経済産業省が推進する「未来の教室」プロジェクトで、教科学習はAIドリルに、探究学習は、企業が開発するSTEAM教育（科学、技術、工学、リベラルアーツ、数学を組み合わせて用いながら、課題解決的に学ぶ）の教材に任せればよいとする教育改革の構想です。そこでは、公教育の学校は大胆にスリム化され、社会全体が学びの場となって、教育産業をはじめとする民間企業の活躍の場が大々的に用意されるのです。もうひとつは、文部科学省による「令和の日本型学校教育」路線で、今後の教育においては「個別最適な学び」と「協働的な学び」の一体的な充実を図ることがめざされます。ここでは、GIGAスクール構想にもとづいて、教育におけるICT活用やデータ活用などは積極的に推進されますが、伝統的な形態の学校教育のスリム化を志向したりはしません。

経産省と文科省の改革構想は、ともにSociety5・0の実現をめざすとしながらも、今後の学校教育をどうしていくのかに関しては緊張関係と対立をはらんでいます。日本の公教育制度にはかなり強い法的規制がかけられていますので、当面は、これまでの学校教育のかたちを急に崩してしまうようなことはできません。その意味で、短期的なスパンで見れば、文科省の路線がしばらくは続いていきます。

しかし、では、学校は将来的にも安泰なのかというと、そんなことはないように思います。経産省の改革構想の背後には経済界や財界による強い要求がありますし、新自由主義的な教育改革の推進については、基本的に政府によって援護されています。その証拠に、内閣府の総合科学技術・イノベーション会議が2022年にまとめた「Society5・0の実現に向けた教育・人材育成に関する政策パッケージ」は、明らかに経産省の改革構想を支持しているのです。

すでに現行の学習指導要領は、2027年に改訂される予定です。そのころまでに、教員職員免許法が改正され、学校教育法が改正されるといった経緯を経て、公教育制度の規制緩和が進めば、義務教育の学校でもオンライン授業がおこなわれ、教員免許を持たない人が教える、あるいは学年や標準授業時数といった基準がなくなる、登校することさえ求められなくなるといった状況が到来しないともかぎりません。そうやって外堀が埋められていけば、将来的には経産省の教育改革構想の方向に現実が進んでいくことも十分に考えられます。時間と空間を限定されずに子どもが自由に学べるというスローガンは、たしかに心地よく響くかもしれません。しかし、その先に待ち受けているのが、究極的なかたちでの「学びの自己責任化」となってしまうことが危惧されます。

教育ＤＸとそのゆくえ

教育ＤＸの推進に関しては、学校におけるＩＣＴや教育データ活用とは別の問題についても心配な点があります。

もともとはデジタル庁ですが、その後はこども家庭庁が、子どもに関するデータのデータベースをつくろうという方向に動きだしていて、すでに先行自治体での試行も始まっています。子どもデータとして、出生時以来の健康状態・保健・医療などの記録、家庭の経済状況、虐待の履歴、児童福祉の受給状況などを一元的に管理しようとするのです。取り組みのねらいとしては、貧困や虐待等を発見し、プッシュ型・アウトリーチ型の支援につなげるということがいわれていますが、慎重な扱いを必要とするはずの個人情報がそうしたデータベースに吸い上げられ、自治体が委託をした民間企業によって分析されるということの危うさにも目配りをしておく必要があるように思います。

こうした子どもデータは、子どもが学校に入学したあとの教育データとも連携されて、一元的データベースをつくりあげることも技術的には十分に可能です。教育データとしては、学校の出欠、不登校の履歴、学業成績、学習アプリを活用した学習歴、特別活動や部活動等の記録などが考えられます。最近では、教育ダッシュボード（さまざまなデータを集約して可視化するもの）に提供するために、子どもに日々の「心の天気」を記入させるような実践事例も登場してきており、さらには教室にカメラを設置して、あるいは子どもたちの手首にウェアラブルなデバイスを装着させて、体温や脈拍数などで、その子が授業中にどれだけ集中しているかを測るといった取り組みも出てきました。こうして収集されるデータも教育データに連携することが可能です。

子どもデータと教育データをドッキングさせれば、子どもについての一大総合データベースが完成します。それは、個人情報保護の観点で危惧される点があるだけではなくて、子どもたちをデジタルデータによって監視し、統治していくツールにもなることも懸念されます。個人を特定するプロファイリングもできてしまいます。これほどの大きな企てが目の前で開始されているのに、そんなことをして個人情報は大丈夫なのか、そもそも私たちはそんな「デジタル監視社会」を望んでいるのかといった大議論は、残念ながら起きていません。考えてみると、たいへんに怖いことです。

管理・統制の強化と新自由主義

他方で、２００６年の教育基本法の改正以降、学校がどんどん「道徳化」しているという動きもあります。

小・中学校で道徳が正式な教科になったこともそうですし、従来は、道徳教育の全体計画などなかった高校でも、いまは現行の学習指導要領において道徳教育の全体計画をつくらなくてはいけなくなりました。高校には道徳という教科はないのに、「道徳教育推進教師」が各校に置かれるようになったこともそうです。さらに新科目「公共」もできました。子どもたちが社会に主体的に参画していく力を身につけることを謳《うた》い文句にしていますが、その「主体的」の中身には一定の限定がかけられています。つまり、主体的に社会に参加するとはいっても、政府見解には従わなくてはいけないし、日本の伝統文化は尊重しなくてはいけません。郷土や国を愛することもそうです。

じつはこのことは、高校の新科目「公共」に限ったことではありません。道徳のように直接的に規範や価値を押しつけるものではなくても、学習指導要領のいう資質・能力の3つの柱「知識及び技能」「思考力・判断力・表現力等」「学びに向かう力・人間性等」にそって普通に教育をしていくと、それ自体が「生き方教育」になっていきます。「学びに向かう力・人間性等」とは、文科省のリーフレットなどにも明記されているように、「学んだことを人生や社会に生かそうとする」力であり、「どのように社会・世界とかかわり、よりよい人生を送るか」がテーマとなるものだからです。しかし、ここでの「生き方」には、先の「主体的」と同じように一定の限定が設定されているのです。

また、ブラック校則が社会問題化したり、「ゼロ・トレランス」方式（寛容さを廃した規律重視の指導）で、いっさいの例外も情状酌量もなく、最初から罰則ごとに点数が与えられて、違反した点数が一定のところに達したら即座に罰するといった生徒指導の方針を明言する自治体も出てきたりしました。ようするに、ルールの過剰と昂進です。これも、この間の学校現場の特徴であるといえます。

道徳で「規範の内面化」を強要し、容赦なきルールで「行動の統制」をする。そんなことをしていれば、学校はどんどん息苦しく、生きづらい空間になります。一方では、先に指摘したように、学校は競争と評価で子どもたちを縛りつけてきます。

こうした流れをつくりだしたのは、まちがいなくこの30年以上におよぶ新自由主義による教育改革です。学校や教育を自分たちが望む改革のための道具として使うことで、政府は一丸となって、財界の後押しも得ながら、新自由主義的な改革をおし進めてきました。新自由主義の導入は、当初は「ロールバック型新自由主義」でした。簡単に言うと、政府の役割を後退させて、すべてを市場原理と競争に委ねていくという「小さな政府」の方針です。これまで公共セクターが担ってきたものも民間に任せ、すべて市場原理に任せてしまえばいいとされたのです。

しかしながら、１９９０年代半ば以降は、ロールバック型ではなく「ロールアウト型新自由主義」に変化しました。そこでは国家は退場するどころか、積極的に市場に乗りだしてルールや秩序を定め、市場価値の創出をめざしてインフラ整備、科学技術・イノベーション開発、人材育成を図っていきます。要は、グローバル経済競争に立ち向かっていくための基盤の構築を国家が担うことになり、その一環として、競争力の強化に役立つ人材育成を図ろうとしてきたということです。

人材育成は、教育に直接かかわることです。教育を通じてどのような人材育成をして、この国の新自由主義に役立たせるのか、そこに国が積極的に加入する役割を担ってきたのです。そうした教育改革の体制がとられてきたのが、おそらく子どもの貧困が可視化されて以降のこの15年に重なっているのだと思います。その結果として、こんな学校ではやってはいけない、身がもたないと、子どもたちはいっせいに学校に背を向けはじめました。その帰結のひとつが、不登校がこれだけ急増してきたことです。国や教育政策の側は、こうした事態に気をもみながらも、まだ大丈夫だと、教育改革を続け、同時に、子どもたちに対するコントロールを強めているのです。そうした締めつけのひとつが、キャリア教育を通じた「生き方コントロール」でしょう。競争や評価、道徳やルールでは抑えきれない部分があるので、そこを「生き方」を通じて統制しようとしているといえます。

「生き方コントロール」としてのキャリア教育

キャリア教育という言葉は、いろいろな意味で使われますが、本来は、子どもたちが学校を卒業して社会に出ていくための力をつける教育のことです。そういう教育であってほしいと思いますが、現状のキャリア教育が何をやっているか、これまでやってきたかというと、生きづらい学校に合わない子どもへの対応策という役割を担ってきた側面があることは否定できません。

競争と評価、管理と統制が行きわたり、がんじがらめになっている学校という空間には、生きづらさが充満しています。当然、そうした空間にはついていけない／ついていかない子どもたちも大量に生まれています。その対応策として、つまり、かれらの生き方に働きかけ、生きづらい学校にも適応していくことを求める手法として、キャリア教育が動員されてきたのです。

そうなるまでには、いくつかの分岐点があったと思います。キャリア教育の出発時の目的は、若い人たちの就職難や就労問題への対応でした。１９９０年代を迎えるまでの日本は、「学校から仕事の世界への梯子《はしご》」はかなり頑丈で、効果的に機能していました。しかし、90年代半ばには日本的雇用の縮小・再編が進み、新卒の就職難や非正規雇用の増加が目立ちはじめます。そして、２０００年前後には若者の就労問題が社会問題として深刻化したのです。いわゆる「就職氷河期」には、大学を卒業しても就職できない人の割合が2割を超えていました。フリーターが日本社会に２００万人いると発表され、ニートも増加していました。

しかし、こうしたかたちで若年就労問題への対応を担わされていたキャリア教育は、その後、就職難が一定程度は落ち着いたということもあって、就労問題というよりは、日本型学校教育をどう支えるかという役割を果たすものへと、その目的が切り替えられていったように見えます。

原理的にいえば、キャリア教育の役割は、「社会化」と「主体化」です。「社会化」は、子どもを社会に適応できる存在へと育てること。「主体化」は、自分らしく自律的に生きていく存在を育てることです。このふたつのベクトルの営みを同時にこなすことこそが、本来のキャリア教育だと思います。しかし、いまの学校におけるキャリア教育の主流は、目の前の新自由主義社会に、子どもたちが「主体的に適応（社会化）していく」ことをうながすものになってしまっています。主役は「社会化」で、「主体化」は「社会化」に従属しています。現在の学習指導要領では「主体的な学び」の実現が目標であり、「主体的・対話的で深い学び」の実現が標語にもなっていますが、そこでの「主体的」の意味は、じつのところは新自由主義社会への適応を前提とするかぎりでの「主体性」なのです。子どもの主体的な学びが、学習指導要領の思惑を越えていくことは想定されていません。これと同じ構図が、キャリア教育にも貫かれています。

「勝ち組のススメ」と「転落への脅し」

キャリア教育は、その出発時から特定の社会像を想定してきました。教育改革にかかわるいろいろな報告書や提言、中教審の答申などを見ると、キーワードとして「雇用の多様化・流動化」「経済のグローバル化」「知識基盤社会」「情報化社会」「第4次産業革命」などの語が頻出していることがわかります。そして、そうしたキーワードで語られる将来の社会は「変化が激しく」「先行きが不透明」で、「予測困難である」ということが強調されます。だから、そうした変化に適応できる「生きる力」を身につけていかなければいけないのだとされたのです。

いま挙げたような標語は、新自由主義ときわめて親和的なものです。変化する社会にうまく適応していった人には、当然その見返りがある。逆に、うまく適応できなかったとしたら、それはその人の自己責任だということになるのです。そうした社会像を前提に教育を組み立てていくというのは、子どもたちにどんな影響を与えるでしょうか。

「勝ち組のススメ」は、その典型のひとつです。こういう社会を生きていくためには、ある種の信念と意志が必要で、「努力すれば報われる。けれども、結果がどうなるかは自己責任なのだから、それを受けとめて、またがんばっていこう」と教えます。こうした考えは小学校の低学年から、いや、小学校受験をする子であればもっとまえ、小学校に入学するまえから、競争を通じて内面化され、しだいに強化されていきます。こうした教えを実感する／実感させられる機会は、中学受験と高校受験、そして大学受験へと延々とつづき、就職活動によって最後の仕上げがなされます。

キャリア教育はこうした意識に明確な言葉を与えつつ、「勝ち組のモデル」に出会わせます。そして、そうした価値観を個人の生き方設計にまで「昇華」させる役割を担うのです。競争と自己責任を前提として「勝ち組」をめざせというのは、学校的価値観でもあるのですが、そこには人材ビジネスの教えも合流しています。大学生の就活などはまさにそうで、人材ビジネス的な価値観や考え方は、それを少し和らげた表現にはなるかもしれませんが、学校教育のなかに普通に入ってきているのが現状です。

とはいえ、子どもたちはみんな、勝ち組になれるわけではありません。年齢が低いうちは「なれるかもしれない」という幻想を見せられますが、高校生ぐらいにもなれば、かなりの割合の子が、そうした幻想からは距離をおきはじめ、なかには明確にドロップアウトしていく子も出てきます。つまり、すべての子には「勝ち組のススメ」は通用しません。そうなると今度は、ある種の脅しが必要になってきます。「勝ち組のススメ」に乗れない子、あるいはみずから乗らない子に対しては、「そんなことをしていると、どこまでも滑り落ちてしまうよ」と脅すのです。

この15年、20年の日本の社会は、本当に底が抜けてしまっています。エリート街道まっしぐらに進んでいた人だって、一瞬にして転落していってしまう。社会の底が抜けてしまったのです。こうした「社会の現実」を資源として活用して「転落への脅し」として使っていくのが、もうひとつのキャリア教育の教えです。最近ではさすがにあまり見なくなりましたが、キャリア教育が出てきたころには、正社員とフリーターでは生涯賃金や社会保障がどれだけ違うかを強調し、だから正社員でなければ困るのだという主張が、子どもや若者向けにさかんになされていました。

子どもの貧困が可視化された社会を認識しつつも、それは個々人の努力の差であるがゆえに「しかたのないもの」だと受容して、自己責任論のカテゴリーによって把握するということが普通になっていったのです。いまのキャリア教育は、自分だけはそこからなんとか逃れること、そのための算段をすること、つまりは個人主義的に乗りきることのみをよしとしています。この社会には矛盾や困難があるわけですが、それをみんなで解決するのではなく、個人主義的に、自分だけ乗りきっていけと教えるのです。本当はこの社会じたいをみんなで変えて、よくしていかなければ安心などできないはずなのですが、そんなことは絶対に教えません。

社会階層と社会移動全国調査（ＳＳＭ調査）２０１５年によれば、「チャンスが平等に与えられるなら、競争で貧富の差がついてもしかたがないか」という質問に、「そう思う」と答えた人は52・9％います。「どちらとも言えない」までを含めると8割を超えます。「そう思わない」は17・2％しかありません。チャンスさえ平等なら、競争で貧富の差がついてもしかたがない、格差社会もＯＫだという話なのです。

しかし、冷静に考えてみると、この設問では何が「チャンスの平等」なのかは定義されていません。本当はそこが大問題なのです。いまの社会では生まれ落ちたときから、家庭や地域の差によってかならずしも平等であるとはいえないという現実があるのですが、そこには視線を向けさせません。だれでも学校に入学できるのだから、それが平等なスタートラインだ、あとは個人の努力の差によって差がついてしまうのだと思い込ませているのです。

おおかたの人は、しんどくてどうしようもない現実を生きています。そんな現実をなんとかやり過ごし、しかたがないと自分に言いきかせるための処世術としては、こんなふうに思うしかないのかもしれません。もちろん一方では、やりきれないと感じる人たちが、若者を中心に数多く出てきているのも現状なのだと思いますが。

この社会で子どもたちをどう支えていくのか

こういう社会で現に教育がしてしまっていることについては、それをきちんと認識し反省もしたうえで、それでもかろうじて、ぎりぎりのところで教育に何ができるのかを考えるときがきているように思います。先に述べた「力のある学校」「効果のある学校」の実践のように、どういう条件があって、どういう場ならそれができるのかをきっちりと考えていくということです。たとえば大阪の西成高校のように、貧困の連鎖を断つための「反貧困教育」を実践できている学校も存在しています。何がそれを可能にしているのかの探究を含めて、こうした実践を大切にしていかなければなりません。

シンプルに考えて、やるべきことはふたつです。ひとつは、教育がすでにやってしまっているネガティブなことをなるべくやらないようにすること。もうひとつは、ネガティブを解消するだけではなく、どれだけポジティブな働きかけをしていけるかです。

学校内外を通じて、いままでさまざまな取り組みをしてきて、効果があったことはたくさんあります。それをほかの場でも取り入れていき、どうすればこんな社会においても子どもたちを支えていくことができるのかを、本気で考えていかなければなりません。

学校は、制度としては安定していて、公的なお金が入り、専門職である教員を雇い入れています。この条件を利用しない手はありません。学校の内外における取り組みの成果に学びながら、学校らしさを生かして子どもたちの今後をどう支えていけるのか、あらためて真剣に考えていく必要があります。

児美川孝一郎（こみかわ・こういちろう）……法政大学キャリアデザイン学部教授。専門は、教育学（青年期教育、キャリア教育）。日本教育学会理事、日本教育政策学会理事。おもな著書に『キャリア教育のウソ』（筑摩書房）、『まず教育論から変えよう』（太郎次郎社エディタス）、『高校教育の新しいかたち』（泉文堂）、『自分のミライの見つけ方』（旬報社）、『キャリア教育がわかる』（誠信書房）、『新自由主義教育の40年』（青土社）など。

「居場所」を再考する

青砥 恭

居場所とは、子ども自身が主体になる場

「居場所」は１９８０年代に、いじめや不登校（当時は登校拒否といわれた）、受験の過熱（競争の教育）が社会問題になったことを背景に日本社会で語られはじめた概念です。そこで居場所は、たんなる「いるところ」から、「ありのままでいられる場」という意味をもつ言葉に変わりました。「ありのままでいい」ということの意味するものは、子どもの主体性、「ありのままでいい」という主張や行為に権利性を認めることだと思います。したがって、居場所とは、子どもが自分（たち）で過ごし方や活動の内容を決めていい場ということになります。

１９８９年に国連総会で採択された「子どもの権利条約」が日本でも１９９４年に批准され、少

しずつですが、子どもの権利が意識されはじめたことの反映だと思います。ただ、日本の学校教育は「指導」が中心で、すべての児童・生徒が教師の話を聞くという一斉授業方式から、学校生活のすみずみまで微細な規則が存在するなど、現在の学校には指導・監視という権力的な面が強いと思います。背景には日本の教育を支えてきた法制度に課題があると思います。

学校教育の基幹法である学校教育法は制度設計が中心で、〈教師（学校）→児童・生徒〉という縦の関係でつくられています。学校教育法では子どもは指導の客体であって、子どもの人権に関する規定はありません。子どもの人権が法制化されたのは、２０２３年４月に施行された「こども基本法」が最初です。ここでは子どもが権利の主体になっています。こども基本法では子どもの権利条約の４つの一般原則（差別の禁止、子どもの最善の利益、生命・生存・発達に対する権利、子どもの意見の尊重）を基本理念（３条）に掲げてはいますが、法を実体化するには、政策などの決定過程に参加する「場」と、意見を聴く教師や大人の存在など、子どもの参加が実際の意思決定になんらかの影響を与えることで「意味のある参加」（meaningful participation）となることが必要です。それが学校教育のなかで本当に実現するのか、努力は個々の学校に任されているようで、その保証はありません。

居場所論が広がった背景

「居場所」が政策的にも社会的にも注目されてきたのは、2000年に入ってからです。モノやサービスについて市場競争優先主義的な考え方が社会を覆うことで、地域の共同体が失われていきました。さらに地域からさまざまな排除が正当化されるようになっています。そうすると、だれもが「いつも何かの役に立たなければならない」という同調圧力が強くなってきます。

さらに、日本社会では生涯未婚率の上昇や孤独死が注目され、「居場所と孤立・孤独」という問題に注目が集まりました。ケータイ・スマホという情報端末の普及も「場」の役割を後退させ、人間と人間（若者はとりわけ）のつながりは弱まりましたが、居場所論の広がる理由もそこにあります。

とりわけ、都市に住む人びとのなかでは、場の拘束力は弱まっています。人びとのつながりをつくること、つながりを維持することに、社会（政治や行政）はいっそうの関心をもつ必要があると思います。場に裏打ちされない（居場所がない）人間関係は不安定です。

とくに子ども・若者にとって居場所をもたないことは、孤立と孤独という不安のなかで生きることになります。コミュニティがないどころか、子ども同士の直《じか》の関係性がないことは、発達にも大きな負の影響があると考えられています。さいたまユースサポートネットが、さいたま市から委託を受けて若者自立支援ルームの運営を始めた2013年ごろ、「ありのまま」でいられる居場所には、深刻で多様な困難を抱えた多くの若者たちがやってきました。

「場をつくる」とはどういうことか

そこで明らかになった居場所の機能とめざすべきもの、子どもや若者にとってのニーズをあげてみます。

●どんな若者たちにも開かれた場を提供することで、異質な存在が出会い、相互への敬意と信頼を育んでいける「交流の場」、そこに参加しただれもが安心して過ごすことができる「安心の場」など、いくつもの価値が包含された場をめざしています。

●多様な困難を抱えた若者たちの（ゆるやかな）居場所になることで、「複合的な困難」を抱えた子ども・若者、家族が可視化され、アクセスが可能になりました。

●その場に多様な社会資源が投下され、コミュニティが形成されることで、一人ひとりの個としての子どもや若者が育っていきます。将来の自己形成をデザインする場であり、自己効力感をもてる場でもあります。

●社会には、いじめや挫折のなかで傷ついた子どもや若者が少なくありません。かれらの声に耳を傾けてくれる他者の存在が必要です。

●競争社会のなかで、家族や周囲の強制や期待、まなざしから解放される場（アジール）も、子どもや若者たちには必要です。さらに、「監視」や「居る」ことを強いる学校・家庭の存在（教育虐待）から逃れる場を必要とする子ども・若者も少なくありません。

●居場所でおこなわれる「ケア」は、そのときどきのニーズに応えれば、相手を傷つけることはありません。身体の問題ですから、親密な依存性の領域とも重なります。このことは経済的収益性や市場原理では計れません。

●居場所ではセラピーがおこなわれる可能性もあります。セラピーとは専門性の高い心理的援助です。このような心の深層に向きあうための援助が必要な若者は少なくありません。

●困難を抱える若者、支えようという若者、大人の多様なコミュニティの存在が、若者たちに冒険をうながし、生きている世界の意味と自分自身をつかみとる自己形成の場をつくります。いっしょに居ること、日常的な活動で、人生の方向性を形成することも少なくありません。生の全体性の回復をめざす場ともなります。

●さいたま市若者自立支援ルームが、外部社会とつながる唯一の場となった若者たちも多くいます。さらに、将来は、困難を有する若者に限定せず、そもそも困難に陥らないための、すべての若者に開かれた「若者期の保障」と、社会とつなぐ機能（就労などの出口）をもったユースセンター的な「場をつくる」実践（ユースワーク※）が必要になると思われます。

※ユースワークとは、おもに子ども・若者の育ちを地域コミュニティによって支える取り組みをいいます。場をつくる実践でもあります。「場をつくる」とは、多様な主体が出入りしながら、そこにさまざまな関係や出来事が生みだされていく空間や文脈をつくっていくことです。

II部

5つのアプローチ

いのちを支える場と支援

児童心理治療施設から見た「子ども・家族・社会」

早川 洋
児童精神科医
嵐山学園施設長

生活を基盤とした治療・支援の場として

「こどもの心のケアハウス嵐山学園」は児童心理治療施設のひとつとして、２００７年に開設しました。入所しているのは小・中学生で、定員は50名、職員が約40名。子どもたちは敷地内に併設された特別支援学校の分教室に徒歩で登校し、生活のほとんどを学園の敷地内で過ごします。

児童心理治療施設とは、心理的問題を抱え日常生活の多岐にわたり支障をきたしている子どもたちに、生活支援を基盤としつつ、教育・心理・医療など多角的な治療・支援をおこなう施設です。日本では１９６７年に誕生し、２０２４年現在、全国に53か所あります。

嵐山学園にいる子どもの入所（措置）の理由は、虐待が約３分の２、養育困難が約３分の１、その他が1～2名ですが、ほとんどの子どもに虐待歴があります。

こうした施設が誕生して以来、どの時代でも変わらず一貫しているのは、「安心できる環境で、普通の生活を送れるようにする」ということです。生活がベース、生活が大事なのです。「施設全体が治療の場であり、施設内でおこなうすべての活動が治療である」という〈総合環境療法〉の考え方のもとで、多職種が協働して子どもにかかわっています。具体的には、

①医学・心理治療　②生活指導　③学校教育

④家族との治療協力　⑤地域の関係機関との連携

を治療の柱として、医師、セラピスト（心理療法士）、児童指導員や保育士、教員など、子どもにかかわる職員全員が協力して、一人ひとりの子どもの治療目標を達成できるよう援助していきます。

「学校教育も含めて生活のほとんどすべてが施設内で完結する」という、ある種とても閉鎖的な環境ですが、刺激が限定的になることで「子どもたちが経験するすべてのことを、回復に役立つようにしていく」ことがとてもやりやすくなります。その環境で、子どもたちが「基本的なことを当たりまえにやる」ことが、治療の基本です。とはいえ、〝治療施設に入ればなにか魔法のようによくなるんじゃないか〟と、子どもも大人も期待しがちですが、そんなに甘くはないです。なぜなら、心理的問題を抱えた彼らが「安心して普通の生活を送る」ことは、けっして簡単ではないからです。

施設に来たばかりの子どもは動揺しています。そのなかで、まずは「自分と似たところのある子

たち」と仲間になり、動揺が落ち着いてくると職員と信頼関係が形成され、やがて仲間や職員に支えられながら、以前はできなかったことを乗り越えていく——という流れで経験と自信を積んでいきます。この一連のプロセスにおいて、「子どもが問題を起こさないほうがよい」とは、まったく思いません。問題はかならず起こるんです。「問題」というより、「その子の表現」といったほうが適切ですが、心の中にあるものは、抱え込まずに表現したほうがいい。表現してくれれば私たちも気づけるし、結局、心の中に抱え込んだものを乗り越えなければ、回復・成長できませんから。

子どもたちが施設に来るまでに味わってきたものは、年齢からみても、あまりにも過酷な経験です。たとえば、長期にわたる心理的な虐待。「生まれてこなければよかった」「(おまえは)いらない」と言われたり無視されたりして、自尊心や自己肯定感を否定されつづけてきた。その苦しさ・悔しさを埋めるために、間違ったやり方(表現)を身につけてしまった——という子たちが多くいます。その表現のひとつが暴力です。

怒り・悲しみ・悔しさなどの感情が心の奥底にずっとあって、突然、爆発したり、キレたりしてしまう。家で「悲しい思い、悔しい思いをさせられたことに耐えられなかった」と言った子もいました。そういう感情をなかったことにすることはできません。心の奥底にある感情を実際に表現してもらいながら、その子と向きあっていきます。こういった、虐待によって生じた感情と向きあう過程はとてもしんどいので、職員ひとりではとてもできない作業です。

トラウマを抱える子どもとレジリエンス

虐待体験を乗り越えていくうえでは本人の意思が大事ですが、その過程で子どもたちの気持ちは当然揺れます。向きあう苦しさから「成長しなくていい」「よくならなくていい」「もう、逃げたい」といったことを言う子もいます。その気持ちを当然のこととして受けとめ、なだめ、励ましていると、やがて「じゃあ、もうちょっとがんばってみる」と落ち着いていく――といったやりとりをくり返していくことが、私たちの支援の本質です。

「こんな思いをするなら、産んでくれないほうがよかった」と言う子もいます。「そんなことないよ」と言うのは簡単ですが、それがいかに薄っぺらい励ましかは、子どもたちがよく知っています。〝調子のいいことを言って、どうせ肝心なときに裏切るんだろう〟〝口だけで結局何もしてくれないだろう〟と内心では思っている。だから、最初はあまり話してくれません。根気強くつきあっていって、半年ぐらいたつと、ようやく少し信じてくれるようになる。そうなると今度は、〈甘えダダ漏れ状態〉になって、ドッといろいろな症状が出てきたりします。心強いのは、職員さんたちが「いろんな症状が出てからがスタートですよね」と言ってくれることです。経験豊かな職員ほど、それを知っています。

こうして子どもたちがさまざまな困難を克服するなかで、「レジリエンス」〈心の折れにくさ・精神的回復力）が回復してきます。

２０１５年におこなった全国調査がありま す【図１】。全国42の児童心理治療施設に入所している性被害児童（１５３人）のレジリエンスについての調査で、グラフは「入所直後と現在・退所前を比べて、そのレジリエンスをもつ児童の割合がどのくらい増えたか」を表しています。

「大人との関係」「自分の行動の振り返り」「将来への肯定的な展望」などで大きく増えていますが、顕著なのは「自己肯定感」「自己効力感（自分ならできると思える能力）」と、将来や物事に対する「希望・楽観性」です。自己肯定感・自己効力感は１・３％が17〜19％に、希望・楽観性は６〜７％から26〜36％に大きく増加しています。入所してきたとき

性被害児童のレジリエンス　【図1】

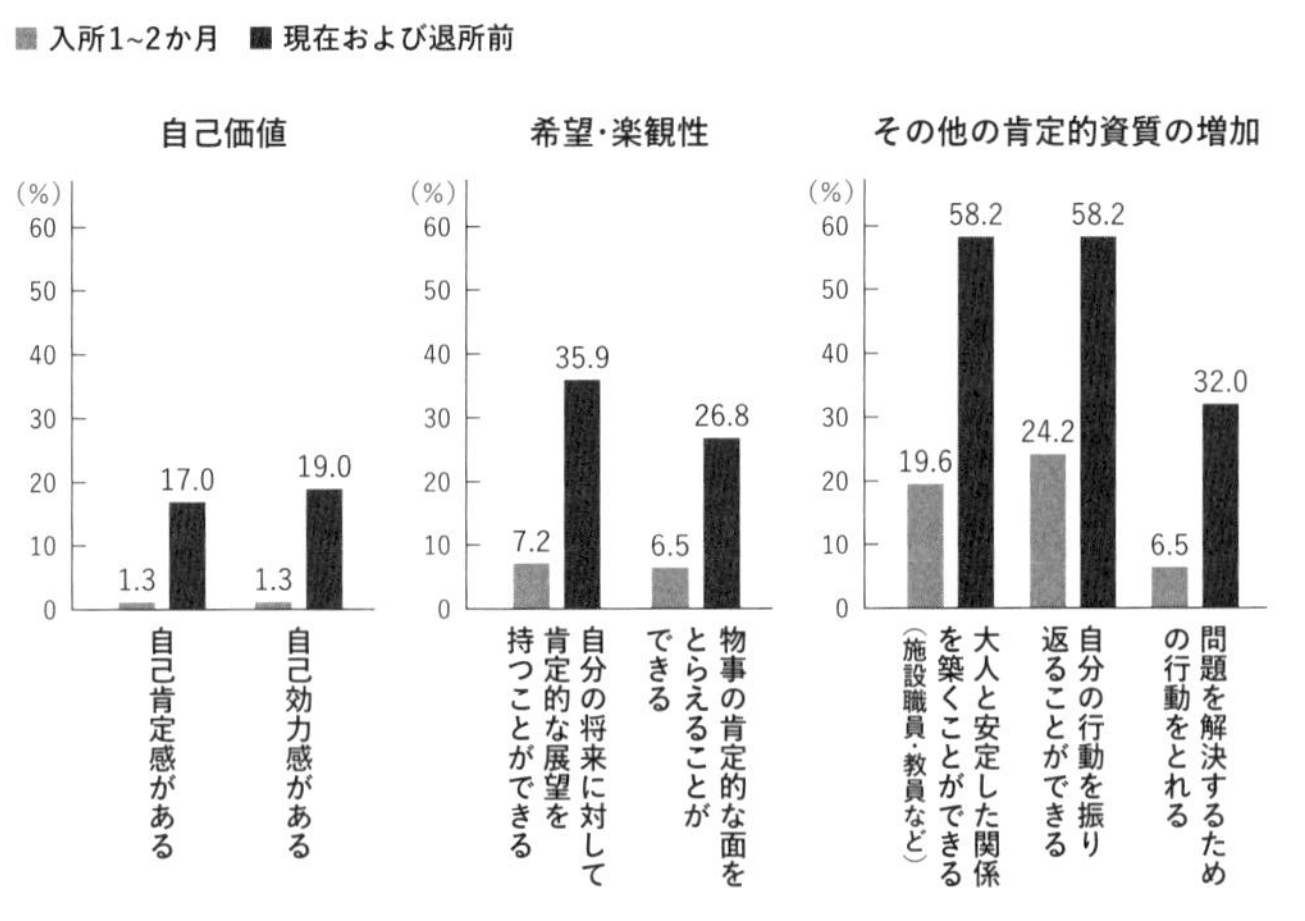

全国42の児童心理治療施設に入所している性被害児童の調査から（2015年、n＝153）

は夢も希望もないような状態ですが、先ほど述べたような過程を経て、彼らのレジリエンスが高まっていきます。そんなようすを見ていると、「これからもケアを続けていけば、もっとよくなるに違いない！」と信じられますし、「どんなにどん底な状態からでも、人生に希望がもてるようになる可能性があるんだ」とわかります。レジリエンスは、私たちの支援の効果の本質です。

２０１８年におこなった全国調査では、児童心理治療施設から、他の施設や里親さんのところに移った子どもたち１７０人の、入所前から退所後までの状態の変化を調査しました【図2】。入所前は生活状況がとても悪かったのが、入所で大きく改善し、退所後もよくなり続けていることがわかります。

嵐山学園では、家族（親）と交流のある子どもは３分の１ほどです。入所期間は平均で約２・５年。卒園先は、開設当初は家庭と施設が半々くらいでしたが、いまはほ

児童の生活状況　【図2】

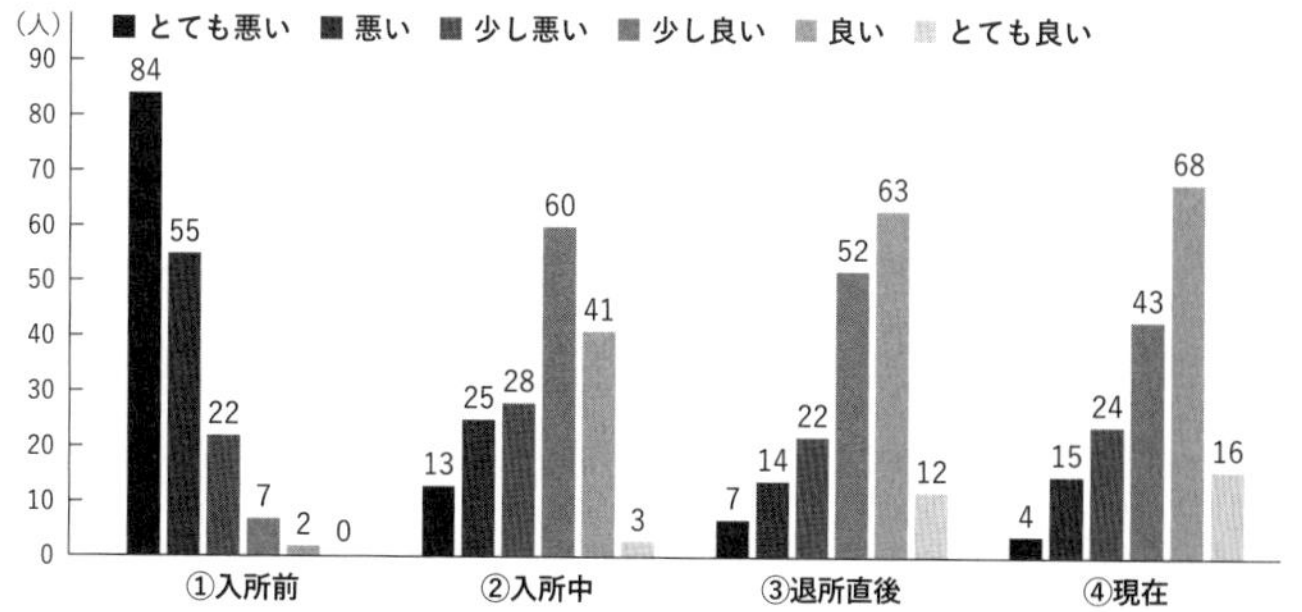

全国の児童心理治療施設から他の社会的養護領域に退所した児童の調査（2018年、n＝170）

とんどが卒園先として児童養護施設などの家庭以外に退所しています。家庭に退所すると、問題の再発がきわめて多いためです。

社会の変化が子どもに直結している

児童心理治療施設が誕生した１９６０年代には、軽度の非行児童の入所が中心でした。１９８０年代から不登校児が増え、２０００年代は被虐待児、２０１０年代は発達障害児が増えました。時代の社会状況を映すように、逸脱する子どもたちの傾向も変化しています。近年は、スマホやネット依存、ゲーム依存の子どもが増えており、それにともない病的退行（病的に幼返りすること）の傾向をもつ子どもたちが増えています。最近では、ひとりの子どもが「非行行動があり、不登校で虐待も受けていて、発達障害と依存症がある」と、すべて当てはまる場合もあります。

しかし50年の時代を経ても、〈児童心理治療施設のベースが生活である〉という根幹の部分は変わっていません。ただ、子どもたちの変化に応じて、具体的な支援法は変わります。虐待を受けた子、発達障害の子、依存の子……それぞれが抱える課題に応じて、「普通の生活」ができるようになるための支援法は異なります。そこに、多職種で支援をしている意味があります。

言葉と違って、子どもの行動というのは嘘がつけないものです。それまで生活してきた環境のなかで身につけた行動を、自然に私たちの目の前で表現してくれます。そして私たちの施設には、いま現在の社会で逸脱した子どもたちが入所してきます。だから、子どもの行動から社会の変化が見えるし、社会の変化を理解できないと、支援や治療はうまくいかないと思います。

ここからは、近年の子どもたちの変化を見ていきます。

・不登校の増加と、暴力・いじめの低年齢化

不登校が注目されはじめたのは１９８０～90年代で、当時はいまと比べればけっして多くない数ですが、世間は大騒ぎになりました。近年は10年連続で増加しており、小学生は10年で４・９倍に増え、中学生は17人に１人（６％）が不登校です（２０２２年）。かつてとは次元が違う数になっていて、これだけ不登校が増えると、〈学校以外の子どもが育つ場〉を「それもひとつの子どもの育ち方」「多様な子どもの学び方」ととらえ直す必要があると思います。

「学校での暴力行為」と「いじめ」は、小・中・高のうち、いずれも小学生がもっとも増えています。いまでこそ小学生の暴力は多いですが、１９９６年まで小学生の暴力は統計をとっていませんでした。いじめは小１～小４がとくに多く、小２がピークです。

小学生の暴力やいじめの急激な増加は、いったい社会のどのような変化を表しているのでしょう？　小学生の多くが、悪意をもって自覚的に暴力やいじめをやっているとは、とても思えません。

児童心理治療施設の子どもたちを見ていると、彼らの育つ場が家庭だけになりがちで、小学校入学までに十分な経験を積めていないことがわかります。つまり、「子どもがとても未熟なこと」が、小学生の暴力やいじめの増加の原因に思えます。

・子ども・若者の自殺の増加

近年の子ども・若者の自殺の増加は無視できません。文部科学省によると、児童・生徒の自殺は、２００５年に１０３人、２００６年に１７１

児童・生徒の自殺の状況　【図3】

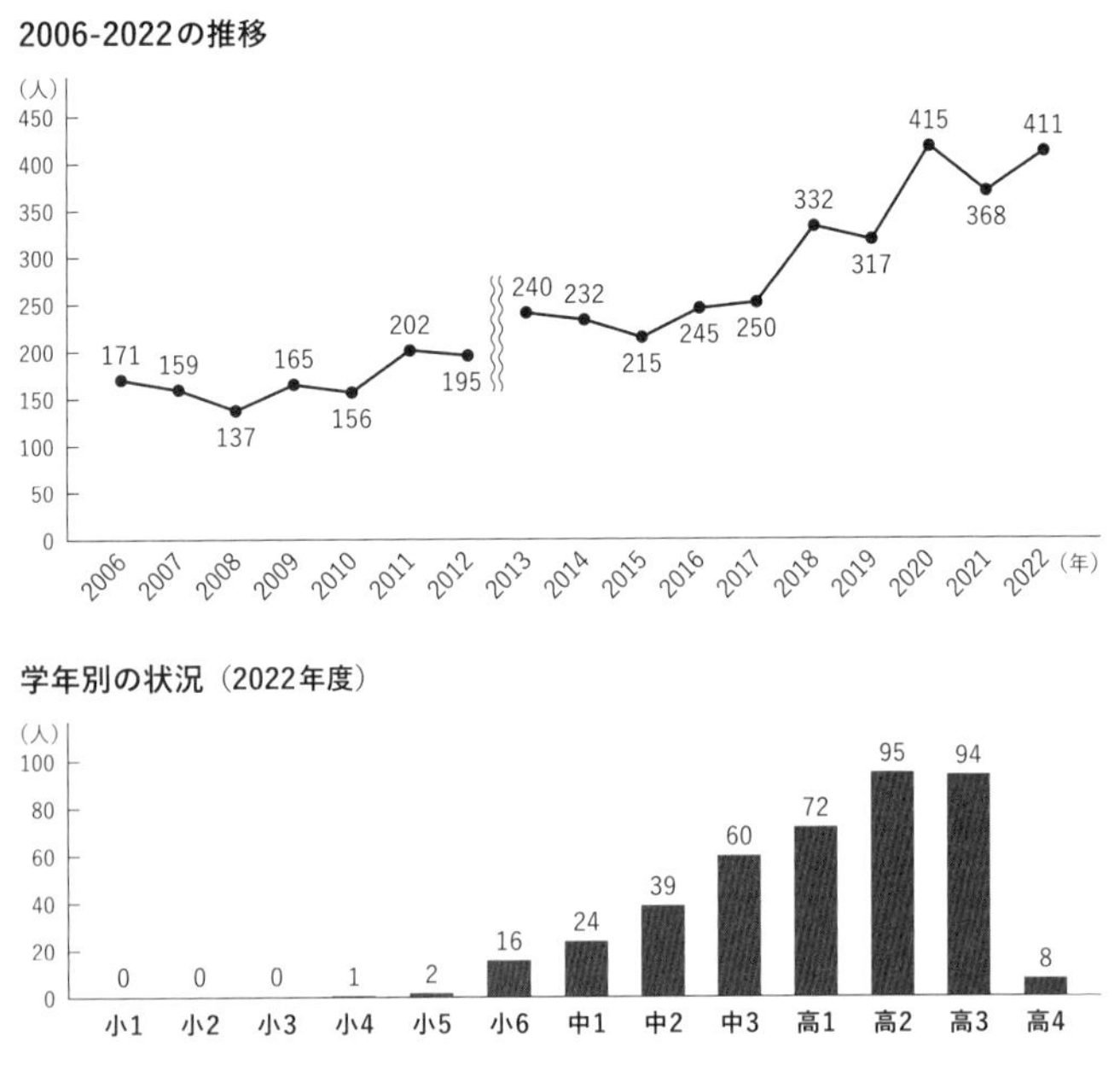

出所：文部科学省「令和4年度 児童生徒の問題行動・不登校等生徒指導上の諸課題に関する調査結果について」

人だったのが、２０２０年には４１５人まで増えています**【図３】**。とくに多いのが高校生です。しかもこれは「報告のあった児童・生徒」のみの数で、中退した子たちは追えていません。

厚生労働省の自殺対策白書によれば、10代・20代の死因の第１位は自殺です。15歳〜19歳で亡くなる人の50・８％、20代前半で亡くなる人の57％が、自殺で命を落としている（２０２０年）。病気で亡くなる人が少ない世代であることを考慮しても多く、２０１９年、日本の10代の死亡率は、10万対で５・９、20代では17・２となっています。

児童心理治療施設の退所生を見ていると、家族や仲間との人間関係が破綻《はたん》して人とのつながりが希薄になったときに、トラウマ反応やうつ状態が生じると危険なことがわかります。現実社会で上手くいかなくなると彼らはネットの人間関係につながりを求めますが、ネットのつながりは心の支えとしては危ういことが少なくなく、さらにリスクが高まります。

・発達障害と不適応

２０１２年、文科省による調査で「学習または行動面で著しい困難を示す」とされた児童・生徒の割合が６・５％と発表され、当時、「発達障害の可能性のある子がこれだけいる！」と、新聞を騒がせました。さらに２０２２年の調査では８・８％となり、特別支援学級の在籍者数は10年間で２・１倍、**通級指導**（通常学級に在籍しながら別の教室で週１回など指導を受けること）が２・８倍となっています【図4】。

しかしこの増加は、本当に「発達障害児の増加」なのでしょうか？　発達障害は先天的な脳の障害であり、医学的には、そこまで急激に増えるとは考えづらいものです。

ただ、「環境の急激な変化によって、不適応を起こす児童が急激に増える」ことは考えられます。不適応を起こす児童のなかに発達障害児が多く含まれるのは当然ですが、不適応児童をすべて発達障害児と考えてしまえば、さまざまな問題が生じます。児童心理治療施設は、施設内が多様性に配慮したバリアフリーな環境なので、入所するだけで「発達障害が原因」といわれた問題が消失することも少なくないのです。「きちんと働きかければ十分成長が見込める健常児」を発達障害としてしまうのは、その子の成長の可能性を奪う、ひじ

特別支援学級の児童・生徒数 2012-2022　【図4】

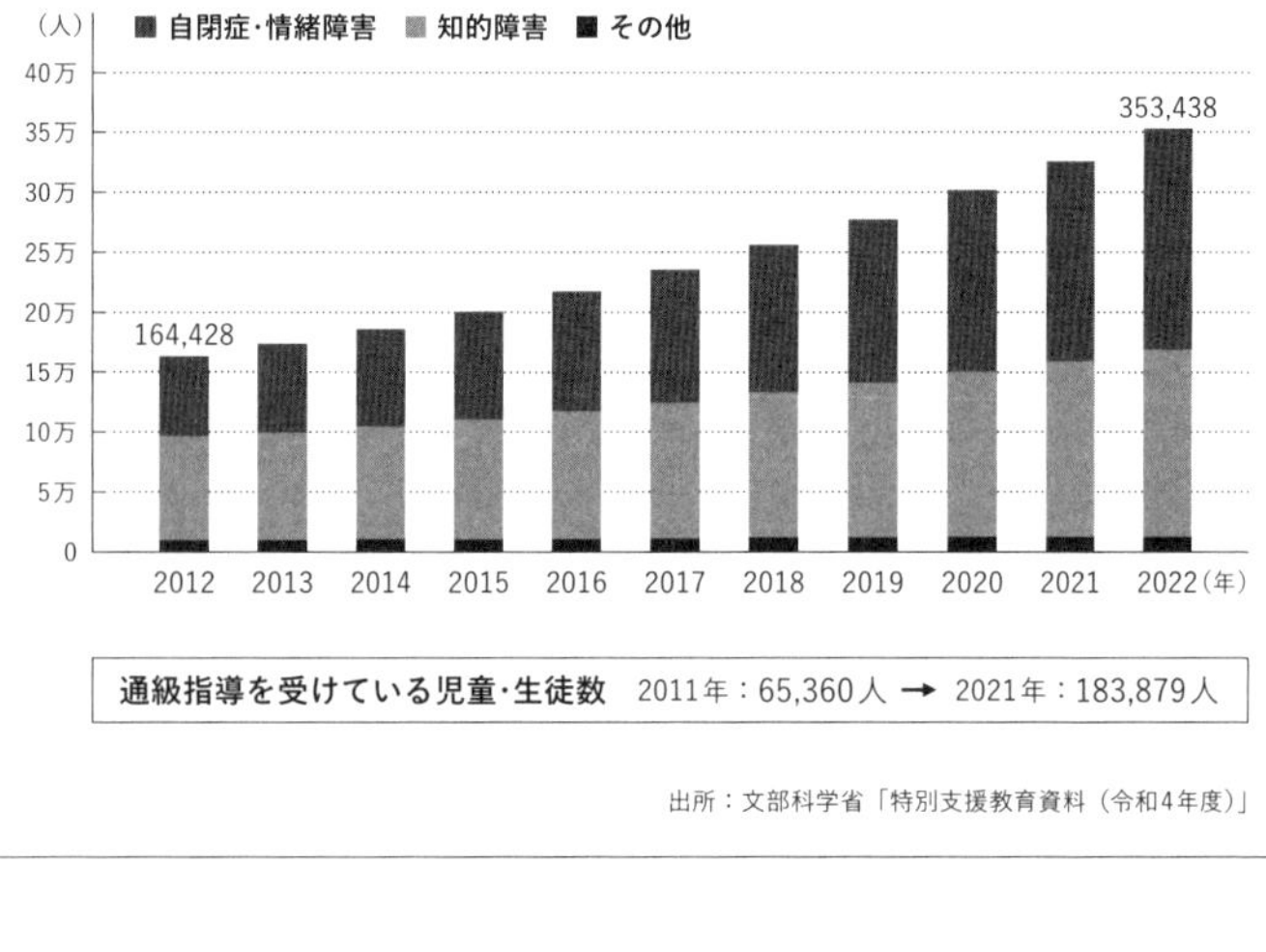

通級指導を受けている児童・生徒数　2011年：65,360人 → 2021年：183,879人

出所：文部科学省「特別支援教育資料（令和4年度）」

ようにもったいないことです。社会は、大人にとって便利なように変化していますが、子どもにとっては成長しにくい環境といえます。社会環境が変化したせいで子どもが不適応を起こしたのに、発達障害のレッテルを貼るのは、問題の本質をすり替えているように私には見えます。

もちろん、発達障害であろうがなかろうが、不適応を起こしている子どもにさまざまなスキルトレーニングをおこない、彼らが不足しているスキルを身につけられるような支援をおこなうのは、よいと思います。ただ、何か問題を起こした子を、安易に「障害だ」と決めつけるのは、大人の身勝手ではないでしょうか。

・若者の自己意識

２０２３年にこども家庭庁が13歳〜29歳の若者に対しておこなった意識調査（日本、アメリカ、ドイツ、フランス、スウェーデン）によれば、「私は、自分自身に満足している」という若者が、日本では16・９％と顕著に少ない結果が出ています。「自分には長所があると感じている」21・１％、「今の自分が好きだ」17・５％、「うまくいくかわからないことにも意欲的に取り組む」13・４％と、自己肯定感・自己効力感にかかわる項目が、諸外国に比べて日本は明らかに少ない（「我が国と諸外国のこどもと若者の意識に関する調査」）。

自己肯定感や自己効力感は、児童心理治療施設の支援で大きく向上したレジリエンスでしたが、若者たち全般の自己肯定感や自己効力感が低いのは、「不登校やいじめ、暴力、そして自殺が増えつづけているのに有効な支援をしてもらえず、さらに普通学級でうまくいかなかったら発達障害とみなす」——という状況では、当然の帰結だと思います。いま現在も、子どもたちへの支援状況は悪化しているようにしか見えません。それは、子どもたちが悪いわけではなく、社会の変化に応じて子どもの支援を変えていけていないためである——という点について、さらにお話ししていきます。

関係性の貧困とネット依存

近年の子どもたちを囲む環境の変化について、まっさきに挙げなければいけないのが、スマホとインターネットです。これからの時代、インターネットを使えるようになる必要は当然あると思いますが、使い方——とくに「自分の止め方」と「危険から身を守る方法」——を教えないままスマホを持たせてしまうのが問題なんです。これは、自動車教習所に行かずに車を運転するようなもので、依存が生じたり、危険なことが起こるのは当然のことです。児童心理治療施設でも、気持ちにブレーキが利かず、スマホ・ネットに依存する子や、危険な目に遭う子が増えています。

内閣府の調査によれば、子どもたちのスマホ利用率は、小学校高学年だと2016年は22・3%

だったのが２０２１年には53・４％、中学生は２０１６年に47・３％だったのが２０２１年には80・８％と、わずか５年で急増しています。また、スマホが「親と共用か、子供専用か」は、10歳以降には「子供専用」のほうが多くなり、13歳で90％を超えます。専用の場合は、スマホとのつきあい方を子どもは自分でコントロールしなくてはいけないわけです。ネットの利用時間は、小学校高学年ですでに１日３時間以上の子が半数を超えます。高校生では、３時間以上が８割を超え、４人に１人は７時間以上です。ネットは学習にも使われていますが、やはり趣味・娯楽の時間が圧倒的に多いです（内閣府「青少年のインターネット利用環境実態調査」２０２２年）。これは、一部の子のデータではなく一般的な子どもたちのデータですが、私が肌で感じている子どもたちのようすとも合致します。

子どものネット利用に関してはさまざまな議論がありますが、刺激がとても強いスマホをポイッと渡して、「あとは自分でコントロールしてくれ」というやり方では、子どもにはコントロールが難しいことをわかってほしいです。大人ですら依存するわけですから、「上手につきあうための教育」が必要です。シリコンバレーでは「テックフリー教育」（ＩＣＴ機器から離れた教育）という考え方が広がっていますが、非認知能力が育たないうちにＩＣＴ機器を持つと、「ＩＣＴ機器に使われてしまう」可能性が高まります。

ネット依存、ゲーム依存は、「親や仲間（社会）との関係がうまく行かず、ネットやゲームだけが心の支えとなっている状態」です。だから、スマホやゲームをしていても、「スマホやゲームも楽しいけれど、サッカーやるのも楽しいし、友だちと遊びにいくのも楽しい」と、楽しいこと＝心の支えがいろいろある子は大丈夫でしょう。しかし、「心の支えがネットとゲームしかない状態」（＝依存）になると、ひじょうに危険です。とくに、刺激から離れられるセルフコントロールのスキルがないままに、終わりのない世界であるネットゲームが「自分を安心させてくれる唯一の対象」になってしまうと、固執し、抜けられなくなる。実際、この状態になった子どもからスマホを取り上げようとすると、「心の支えを奪わないでくれ！」とパニックに陥ります。唯一の心の支えを奪うわけですから、当然ですね。

以前、不登校の中学生が「オンライン上で夜の11時に集合し、仲間とゲームの戦いに行く」と言い、親ともめていました。よく話を聴くと、「ネットゲームの仲間に見捨てられたら、ぼくにはもう居場所がない。みんなに見捨てられるわけにいかないんだ！」と言うわけです。この子はネットゲーム以外に心の支えがないわけですが、このような状態を私は「関係性の貧困」と呼んでいます。

私が最近危惧しているのは、子育て家庭の親の多忙が進み、一方でスマホの利用料金が安くなった結果、〈スマホに子守をさせざるをえなくなっている状況〉があることです。これは「養育の貧困」と呼べる状況ですが、親を責めても何も解決しません。本当の原因は、「そうせざるをえなくなっている社会状況」だと思います。

現代の自立の困難さ――感情とコミュニケーション

「子どもの関係性が育つ環境」に関連して、こんな調査データがあります。「幼児が平日に幼稚園・保育園以外で一緒に遊ぶ相手」について、「友だち」と遊ぶ幼児は20年間で56％から27％に半減し、「母親」は55％から86％に増加し、父親や祖父母も増えています（ベネッセ「幼児の生活アンケート」2015年）。つまり、幼児の子ども同士のかかわりが減って、大人と遊ぶことが増えている。そうなると、小学校就学までに、「遊びのなかで、自己主張したり、自分を抑えたり、ケンカも含めてぶつかりあったりする経験」が減ります。これは、小学生の暴力やいじめ増加の原因になりえます。

本来子どもは、きょうだいや仲間との関係のなかで、対人関係のスキルを積んでいきます。しかし、現代社会では少子化や核家族化が進み、同年代の子どもとのかかわりが減っており、子どもたちは放っておけば対人関係の経験不足に陥りがちです。「親がそうしているのだからしかたない」という考え方もありますが、〈子どもは未来社会の守護者〉と考えると、社会としてこのことを放置していいとは私には思えません。

さらに、大量消費社会と高度情報化社会の結果として、「一方的なコミュニケーションでも成り立ってしまう生活環境」（コンビニやSNSなど）や「独りの世界に没頭できるツールの増加」（ゲーム、ネット、スマホ）が生じています。相手のことを考えない一方的なコミュニケーションだと、生活は成り立っても仲間などとの人間関係は破綻しやすいですが、安価に手に入る情報とモノが大量にあるので、上手くいかなければ、独りの世界に没頭したり、家に逃げ込んでひきこもればよいわけです。なかには「人が怖い」とか「人とかべつに求めてません」と言う子たちもいます。これも「本人たちがいいと言うのだからいいんじゃやない?」という考えもありますが、児童心理治療施設で対人関係の経験を積んで、大きく人生が変わった子たちを見ていると、子どもまかせにすること自体が大人の責任放棄に見えてしまいます。

かつては感情のコントロールスキルやコミュニケーションスキルは、放っておいても仲間内や地域社会のなかで鍛えられたわけですが、子どもたちは「感情のコントロールやコミュニケーションを学ぶチャンスを剥奪されている」といえます。店員と会話しないでも買い物できる生活は、大人にとっては便利ですが、そのかわりに、「子どもたちが成長する場をどうするか」を考える必要があるでしょう。お金さえあればなんでもできてしまう社会のなかで、子どもに対して意識的にトレーニングをおこなわないと、感情のコントロールスキルやコミュニケーションなどのソーシャルスキルが身につきません。大量消費社会のなかで「優秀な消費者」はたくさん育ったのだと思いますが、「子どもたちの対人関係の経験不足をどうするのか」が問われていると思います。

近年、児童福祉施設でも「大学進学率を上げよう!」など、子どもの認知能力（テストで計測できるような能力。子どもの成績表の左側）ばかりが注目されているのですが、子どもたちの真の課題は、

「感情やコミュニケーションなどの非認知能力」（計測困難な心に関するような能力。子どもの成績表の右側）にあります。たとえば大学進学でいえば、進学は認知能力ですが、通いつづけるのには非認知能力がかかわります。いくら進学率が上がっても、非認知能力が低ければ退学率も上がってしまいます。大切なのは、「大学や職場への定着率」ではないのでしょうか。

被虐待児など、非認知能力面に課題がある子たちが施設に入所していることははっきりしているのに、なぜ「感情やコミュニケーションなどの非認知能力」が効果測定として注目されないのだろう――と思っています。大学進学のような認知面ばかりが評価されれば、認知能力は上がっても、非認知能力はなおざりにされてしまうのです。

「子育ては私的なもの」という視点を変える

日本の社会保障費のうち、「子ども・家族」に投じられる予算は、長いあいだかなり少ない割合でした。２００７年ごろからは増えてきていますが、現場では過去のツケがまわってきているように感じています。30年近くにわたって「子ども・家庭」領域に投資をせず、人を育てることをおこたってきたからです。その結果、「子ども・家庭」領域では、「困難な状況にある子ども・家庭を支えられる力量のある人材」が不足しています。人を育てるのには時間がかかるので、しばらくは困難な状況が続くでしょう。

施設や里親など、子どもが家庭から離れて生活することを「社会的養護」といいますが、日本は社会的養護への予算がとくに少なく、アメリカやカナダの１３０分の1、ドイツの11・５分の１です。公的支出が少ない理由を、児童精神科医の滝川一廣さんはこう説明しています。

子どもは「みんなのもの」で子育てとは相身互いの「公共的（共同的）な営み」だとする意識が現代社会では薄れている。それに代わって子どもは「個人のもの」で、子育てとはそれぞれの家族個人が自立的・主体的に担うべき「私的（個的）な営み」だとする意識が（とりわけ70〜80年代以降）ひろく根づいた。これが育児の社会的孤立やそれによる失調が増えた理由だけれども、「虐待防止法」自体、その失調を「虐待（＝親の加害）」と捉えて親個人の問題に帰している。この意識が私たちの間に強いかぎり、他者の子を育てる「里親」や「養子縁組」が広まって社会的養護の柱となる道は遠い。

（「社会的養護と『家庭』」『世界の児童と母性』82号、２０１７年）

社会や人びとの「子育ては私的なもの」という認識が変わらず、子育てへの公的支出が低い水準に留めおかれていたため、虐待が増えつづけ、子どもの自立が困難になる一方になってしまったのだと思います。日本でも「子どもの養育は個人の責任」という思い込みから脱却して、「孤独におこなう子育て」から「チームでおこなう子育て」へと転換すべきではないでしょうか。かつての日本はそうだったはずです。子どもの成長への社会的投資をおこたったために、「コミュニティが子どもを育てる」という意識、「家庭・親以外にもかかわりはいろいろある」という環境が失われ、養育関係の資源が脆弱になっています。子どもに社会がかかわる、コミュニティがかかわる、親以外の大人たちがかかわる——といったことが失われたままになっているので、そうした「子育てにかかわるつながりの貧困」を再生する必要があるのだと思います。ただ、こうした「つながり」や「力量のある人材」はすぐには育たないので、予算が増えたとしても子育て環境が好転するにはしばらく時間がかかるでしょう。

子ども・家庭関連予算の増加にともない、虐待対策も、摘発型から予防型に転換しつつあります。虐待予防や子どもの自立支援をおこなううえで、「虐待」という言葉づかいが適切なのかを考える必要があります。虐待という言葉はひじょうに強い言葉で、子どもと親を支援するさいには、虐待と呼ぶことが足かせになります。虐待と言われれば親はもちろん傷つきますし、支援を拒否するようになります。それよりも「養育が上手くいっていない」という意味をもつ「養育失調」などと呼ぶほうが関係をつくりやすく、支援しやすいでしょう。子どもも、虐待という言葉を嫌いなことが多いです。自分の親を糾弾する意図を含む虐待という言葉に複雑な思いを抱くことも多いですし、

「被虐待児」という言葉には「無力な存在」というイメージがあるので、「そんな目で見られたくない!」と言われることもあります。むしろ「逆境的体験」とか「トラウマ」のほうが、本人の体験にもとづいた言葉でよいと思います。

ちなみにフランスでは、2007年の法改正により「虐待された(maltraité)児童」から「危険な状態にある(endanger)児童」へと用語を転換しています。

安定したアタッチメントの重要性

アタッチメント(愛着形成)とは、「子どもと養育者とのあいだに形成される情緒的な絆」のことです。不適切な養育を受けた子たちは、ここに課題をもっています。

赤ちゃんはひとりでは生きていけないので、特別な保護や愛情を与えてくれる人に対して、強い情緒的な結びつき(アタッチメント)を形成します。危機を感じたときには、そうしたアタッチメント対象にくっついて、自分のネガティブな感情を調整します。これは乳幼児だけでなく、成長してからも必要なことです。人は、成長とともにくっつく対象を変えながら、ネガティブな感情が生じたら安心できるアタッチメント対象に近づいて、自分を調整して安心し、またつぎのチャレンジへと向かうわけです。

私の師でもある児童精神科医の齊藤万比古さんが、アタッチメントを4つの水準に分けて説明していますです【図5】。第3水準までのアタッチメントは養育者との二者関係によって形成され、そこが身につくと、三者以上の複雑な関係をやっていける力が身についていきます。

もうひとつの図（次頁）は、嵐山学園における、アタッチメントに障害のある子どもへの働きかけを整理したものです【図6】。

虐待という「当たりまえの安全が脅かされる体験」をしてきた子たちは、入所の時点では「生活が安全である」と信じていません。ですので、まずは「心から安心できる生活」がなによりも必要なのですが、それまでひどい目に遭ってきた子どもたちが「心から安心する」ことは簡単ではないです。そこで大切なのは「自分と似ている仲間たちが安心していること」と

アタッチメントの4つの水準　齊藤万比古のスライドをもとに筆者作成　【図5】

	時期	分離-個体化過程	テーマ	
第1水準	出生〜9か月頃	分化期	自己を肯定し、他者を信じる心の獲得 ……▶	生きていてよい安心感の獲得
第2水準	9か月頃〜15か月頃	練習期	母親から離れられること。かならず居てくれる母親への信頼 ……▶	冒険する勇気と戻れる安心感の獲得
第3水準	15か月頃〜24か月頃	再接近期	アタッチメントが揺らぐ危機を抱えたまま、再安定に至るまでの時間を耐えることのできる能力 ……▶	我慢できる力の獲得
第4水準	24か月頃〜open ended	個体性の確立と情緒的対象恒常性の始まり期	多くの他者と共存する社会的存在へと脱皮していくことのできるスキルを獲得すること ……▶	多くの他者と折りあうスキルの獲得

「健康な関係性をもつ大人たち」です。周りの仲間がすっかり安心していると、「ここは安心できるかな」と思ってくれますし、大人たちの関係が健康であれば、それを見ていて「ここは家とは違う」と思ってくれます。そうやって安心してくると、彼らの自然な感情が出てくるわけです。

彼らが嵐山学園でアタッチメントを感じられるようになると、「アタッチメント関係に支えられながらチャレンジする」ようになります。このときに大切なのは、「彼らが苦しいときに支えること」です。このあたりの経過は、最初のところでお話ししました。忘れられがちなのが「第3水準のアタッチメント」の過程で、これは「それまでに培った信頼関係にもとづき、ネガティブな感情が生じる状況に耐える力を身につける」ことが目的です。そのなかには、暴力や自傷など、いわゆる問題行動と呼ばれることもたくさん含まれます。そういったことを職員に支えられながらともに乗り越えていくわけですが、そのためには、ここまでに培った職員や仲間と

アタッチメント障害を克服するために　【図6】

	子どもの状況	職員がおこなうこと	子どもに生じる変化
第1水準の障害	生きているだけで不安、危険を感じてしまう	子どもが心から安心できる生活。虐待のない生活	心から安心し、感情が出てくる（笑う、泣く）
第2水準の障害	エネルギーがもらえず冒険できない。もらえると信じられず挑戦できない	日常的に安定したケアを提供する	心のエネルギーをもらい、冒険に出かける。もらえると信じられる
第3水準の障害	不安に耐えられない、我慢できない	ネガティブな感情を共に耐える	怒りや不安に耐えられるようになる
第4水準の障害	二者関係に没頭したがる。対人関係が広がらない	第3水準までを克服したうえで、仲間関係を提供する	友だちとの葛藤を体験し克服する。対人関係を恐れなくなる

のアタッチメント関係が不可欠なのです。

こうやってアタッチメントが成熟していくと、大人が入らず仲間だけで支えあうことも可能になります。こうやって、多くの困難さを抱えて入所してきた子たちが、学園内でアタッチメントの成熟過程をやり直し、たくましく成長していく姿を見ていると、現在の子育て環境に対してさまざまな疑問を抱いてしまうわけです。

1962〜67年にアメリカでおこなわれた「ペリー就学前計画」という研究があります。日本の幼児教育無償化の根拠とされた研究ですが、低所得層のアフリカ系アメリカ人の3歳児で学校教育上の「リスクが高い」と判定された子ども（IQ70〜85）を対象に、幼児教育プログラム（平日午前に2・5時間の幼稚園への通園）などを2年間実施して、その後の彼らの生活状況を40歳になるまで追跡調査したものです。

その結果、高校卒業者は1・4倍に増え、年間所得2万ドル以上の人が1・5倍となり、生活保護の受給者は40％に減りました。子どもを持った男性の比率は1・9倍。犯罪歴も激減しました。幼児期にアタッチメント形成をしっかりやることで、その後の人生も変わっていったわけです。プログラムを受けた期間には、IQが上がっていたこともわかりました。

つまり、家庭ではきちんと対応してもらえなかった子に、安心感とつながりを安定して提供すると、顕著な効果があるということです。私は、「アタッチメントの提供」を公的に安定しておこなうべきと思っています。

子どもの力、子どもの声

うちのような施設は、「子どもたち全員につねに問題行動や症状があって、その対応に追われている」というイメージをもたれがちですが、そうではありません。入ってきたばかりの子、いままさに問題に向きあっている最中の子、よくなったので卒園をめざしている子……といったように、いろいろなステージの子がいます。ここに、子ども同士の学びあい、支えあいが生まれてきます。

たとえば、以前暴れていた子は、いま暴れている子に対して思いやりがあります。子どものころ暴れていたら、一生暴れつづけるというわけではありません。きちんと支援をすればよくなるし、成長します。まずは「大人が子どもを信じる」ことがスタートですが、やがては「よくなった子たち」が、いまがんばっている子たちを助けてくれます。

毎年、卒園する子と入所する子が10人くらいいて、学園に残る子が30〜40人いる——というサイクルのなかで、新しく入所してきた子は、ほかの子が支えられているのを見て、「あ、ここでは助けてもらえるんだ」「問題をワーッと出しても見放されないんだ」と思える。こうしたものが〈施設の文化〉です。学園の開設当初は、そうした文化がまだありませんから大変でしたが。地域の養育の再生に時間がかかるのは、この「文化の再生」が簡単ではないからです。

私は医師なので、退所後の子どもたちと診察というかたちで会いつづけることが多いです。彼らは支えつづけられるとどんどん成長を続け、私たちが驚くような成長を遂げます。そのようすを見ていると、「どんな子たちも、支えられれば成長できるんだ」ということをあらためて感じます。そして、成長した子たちは、以前の自分を振り返り、さまざまなことを語ります。

成長した子たちが、過去を振り返って語る言葉は、深いものがあります。「自分は苦労したから、いま入所している子たちに伝えたいことがいっぱいある」「生きているのが大変なときがある。そんなときに相談に乗ってほしい。応援してほしい」「自分たちを無力な存在と見て、憐れむのはやめてほしい。自分たちにも誇りがある」……。近年は〈当事者主体〉〈子どもの声を聴く〉といったことがよく言われますが、私たちは当事者の声を本当に聴けているでしょうか。実際に社会的養護を体験した人たちの声を聴く機会が、もっと増えていってほしいと思っています。彼らの声を聴くさいには、「自分とちゃんと向きあってくれない人には、自分のことを語りたくない」ということを理解してほしいです。彼らは誤解されることが少なくないので、気持ちをきちんと理解しようとしない人には、こわくて語れなくなってしまうと思います。

擬似家族的な存在の必要性

思春期の子どもたちには、活動していてうまくいかないことがしばしば起こります。そのときに生じるネガティブな感情は、ひとりで耐えるのはなかなか難しいので、ともに耐えてくれる存在が必要です。もちろん仲間は大切ですが、思春期の仲間関係は安定しているとは限らないので、やはり大人が必要だと思います。

ですので、思春期においては〈疑似家族的な存在〉がひじょうに重要です。思春期は、親に依存したままではいられないけれど、ひとりで自立する力はまだない。仲間関係も不安定。だから、親や仲間以外の支えを保障する必要があります。児童福祉施設や少年院、児童精神科病棟などが仕事としてそうした役割を担っていて、親戚や友だちの親、近所の大人、スポーツ少年団の指導者、塾の先生などは無報酬でその役割を果たしてきたと思います。最近では、地域で居場所を提供するNPO、子ども食堂などもそうした存在になりえます。

疑似家族には「子どもに対して悪質なもの」もあります。居場所がない子にとっては、新宿歌舞伎町も居場所です。非行集団や反社会的な組織、援助交際のシステム、カルト集団、過激な政治思想集団なども、擬似家族となりやすいものです。社会が「思春期を支える疑似家族的存在」を準備しなければ、子どもたちは悪いほうへ引っぱられていきます。地域で思春期支援をしていくうえで、

「親離れが自然にできるための安全な居場所と関係性が、当たりまえに身近にある環境をつくること」が、もっとも重要な取り組みだと考えています。

一方、成人の年代に近づき、施設などの社会的養護を離れる若者たちの自立支援も、大きな課題です。社会的養護の自立支援のためにアメリカで始まった、ある活動があります。「パーマネンシー・パクト」、直訳すると「恒久的な約束」というものです。金銭的な支援、住居のサポート、大学の支援、法的なサポート、精神的なサポート、子育ての支援……といった支援項目のなかから「このサポートならできる」という大人が、若者と契約を結びます。専門家があいだをとりもってマッチングし、何人かの大人でひとりの若者を支えていくという仕組みです。

私は、こういった「子どもを支えること」が「家庭的である」と考えています。しかし現在の社会的養護においては、「施設を小規模化すると家庭的である」とされていて、中身よりも形式論になっています。しかし、本当に「小規模にすれば、家庭的になる」のでしょうか?

嵐山学園は小規模化していない施設ですが、退所後に「嵐山学園は家庭みたいだ」と話す子が少なからずいます。退所後に学園に来ることを「里帰り」と呼ぶ子もいます。入所中に厳しい状態となり、入院を経験した子たちのなかには、「あの病院って、家庭みたいだよね」と話す子もいました。

彼らにとって「家庭的」とは規模の大小ではなく、「本当に困ったときに助けてもらえた」「苦しんでいるときに親身になってサポートしてくれた」場なのだと思います。「困ったときに助けてもらえる」という信頼関係は、先ほど説明した「アタッチメント関係」そのものです。つまり、家庭的とはアタッチメントのことなのです。困っているときに見捨てる場を、家庭的とは呼びません。血縁を意味する「家族」と「家庭的」がイコールとも限らない。核家族で虐待が起きる一方で、温かい大家族もあるのと同じように、規模の大小と家庭的かどうかは別の問題でしょう。

人間には助けてくれる存在が必要で、「困ったときには助けてもらえる」という体験の積み重ねから、信頼が生まれます。そのような信頼関係＝アタッチメント関係を基盤として、子どもたちは情緒的な安定を得ていく。先ほどアタッチメントの説明で述べたように、その基盤があるからチャレンジができる、自立しようと思える、苦しいことを耐えようと思えるんです。このような過程を経て、子どもたちのアタッチメントは強くたくましくなっていきます。先ほども述べましたが、「困ったときには助けてもらえるという安心感＝アタッチメント」を、公的に保障していくことはできないでしょうか。

希望とは「行動によって何かを実現しようとする気持ち」です。ところが、虐待体験や発達障害、不適応を支援されず、失敗をくり返したり、困難からの回避、逃避による依存をくり返すと、希望をもてなくなっていきます。希望を回復するためには「支えられて困難を克服する体験」が必要です。お金やモノをただ与えるのではなく、「子どもに寄り添って、いっしょに困難を克服してくれる人たち」が必要なのです。

早川洋（はやかわ・ひろし）……児童精神科医、こどもの心のケアハウス嵐山学園施設長。東京学芸大学非常勤講師。全国退所児童等支援事業会議委員、全国児童心理治療施設協議会調査研究委員、埼玉県児童福祉審議会委員。おもな著書に『「医者になる」とは――医学を学ぶ一人として』（ゆみる出版）、『性的虐待を受けた子どもの施設ケア』（共著、明石書店）、『児童精神科入院治療の実際』（共著、金剛出版）など。

コロナ禍以降のひとり親家庭

赤石千衣子
しんぐるまざあず・ふぉーらむ
理事長

しんぐるまざあず・ふぉーらむの活動

子どもの貧困というとひとり親家庭がかなり中心にいますが、さらにふたり親世帯でも、やはり貧困は起こっています。コロナ禍で私どもが支援してきた方たちは、厳しい状況が続いていました。まず、しんぐるまざあず・ふぉーらむは「シングルマザーと子どもたちが生き生き暮らせる社会を実現するため」に活動しています。当事者中心の支援団体で、全国で約1万人がメルマガ会員として登録しており、現在、食料支援として毎月、約2600世帯に食べものをお送りしています。2023年3月に新たに登録を呼びかけたところ、4300世帯が登録してくださって、もうその多さに絶句しています。毎月、2か月に1回、3か月に1回など、収入とお子さんの人数によって頻度を決めて、お送りしています。発送は2000個、4000個という単位なので、物流会社さんに梱包から発送までをお願いしています。

扱うお米も大量で、毎月13トンにもなります。物流センターにお米がダーッと並んでいるような感じです。東北の生産者さんからは冷凍野菜・肉を数か月にいちど送っていただきましたが、支援先が多く、ご寄付物資もまとまった数にならないといけないので、なかなか大変です。

また、シングルマザーのための就労支援として、オフィスワーク就労プログラムを実施しています。「明日に花咲く」というキャリア支援プログラムをオンラインでおこなっており、先日は「ひろがれ未来塾」というのが終わったところです。19人のコース参加者のうち16人が、エクセルのMOS試験に合格し、就職紹介をしているところです。

それから、ひとり親のための情報サイト「イーヨ」を運営しています。さまざまな情報とともに、そのままのあなたでいいよ、あなたらしくていいよ、ときには休んでいいよ、といったメッセージが出てきます。また、ひとり親家庭では子どもの体験不足の問題もあるので、野外などでの親子イベントを毎月のように実施しています。昨日も、千葉のアスレチックコースで遊ぶ企画がありました。

ひとり親世帯の暮らしの現状

ひとり親世帯の現状についてまとめておきます。国が5年に1回実施している、全国ひとり親世帯等調査結果（令和3年度）の概要から抜粋してお伝えします。

全体的な傾向からいうと、40年間で母子世帯数は1・5倍の増加傾向にありましたが、いまは人口減少社会で未婚率も上がっているので、若干の減少傾向にあります。世帯数としては約120万世帯です。父子世帯は約15万世帯。同居者がありと答えている方が、母子世帯で35％、父子世帯で55％になっています。実際のところは祖父母と暮らしていない方のほうが多いと思います。

ひとり親になった理由は、40年間で変化をしていて、以前は死別が圧倒的でしたが、いまは離婚が8割、そのつぎが未婚の母で10％くらい、死別は5・3％に減っています。40年間で離婚が20ポイント増加し、死別と逆転しました。もうひとつの特徴は日本特有なのですが、就業率がすごく高い。日本の母子世帯のお母さんの86・3％が就業しています。父子家庭は88・1％。世界のなかで比較すると、ひとり親家庭の就業率は、アメリカが66・4％、イギリスが52・7％で、日本はOECD各国のなかでダントツ1位です。

しかし、就業率が高いにもかかわらず、貧困です。年間就労収入が低く、母子世帯の母の平均就労収入は236万円。これで子ども1人、あるいは2人を育てています。独身でもこの金額で暮らしていくのはひじょうに厳しいと思います。父子世帯の父の就労収入は４９６万円ですが、仕事と子育ての両立がすごく大変です。世帯収入では母子世帯が３７３万円、父子世帯が６０６万円で、子どものいる全世帯の平均が８１３万円ですので、母子世帯はその46％、父子世帯は74・５％しかありません。

とくに、パート・アルバイトで働いている母子世帯のお母さんの年収は１５０万円で、私たちが支援の現場でお会いする方の多くは、こういう方です。だいたいがパートで、月収12～13万円。フルタイムのパート、あるいは１日６時間で月20日間働いても、このくらいにしかなりません。その収入のほかに、児童扶養手当、児童手当などで暮らしています。正社員の場合は平均３４３万円の収入がありますが、世の中の平均から見たらすごく低いということがわかります。お父さんのほうはもう少し、正社員比率も高くなっています。

離婚したら養育費を受けとれると思われがちですが、養育費をもらっている母子世帯は28％。養育費の取り決めをした人は46・７％あるのですが、日本は養育費を取り立てる制度がほとんど機能していません。子どもを実際に育てている親は、半分は元配偶者と養育費を取り決めているのですが、なかなか払ってくれずに、未払いのあるケースがあり、その場合、強制執行するしかありません。

泉房穂さんが市長だった兵庫県の明石市では、養育費の立替払制度をつくっていました。私も検討委員会の委員でしたが、自治体がやるのは絶対必要かなと思います。とはいえ、それで全員が救われるかというと、そうではありません。明石市が制度をつくっても、20〜30人が申し込んだ程度でした。国も動いてほしいと思います。

また、面会交流、親子交流がすごく話題になっていますけれども、面会交流をおこなっているのは3割です。

母子家庭の収入階層からみた、暮らしの図があります【図1】。100万円〜200万円台のところにボリュームゾーンがあって、そのあたりで暮らしている人がとても多いです。手当がなければ暮らしていけないのですが、児童扶養手当は子どもが18歳になった年度末までしか出ないので、その後の暮らしはとても厳しくなっています。

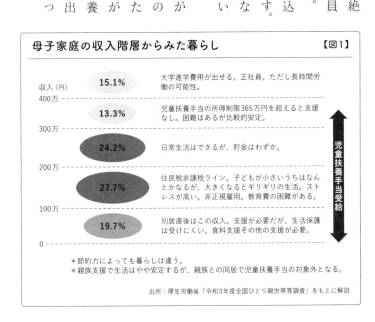

母子家庭の収入階層からみた暮らし 【図1】

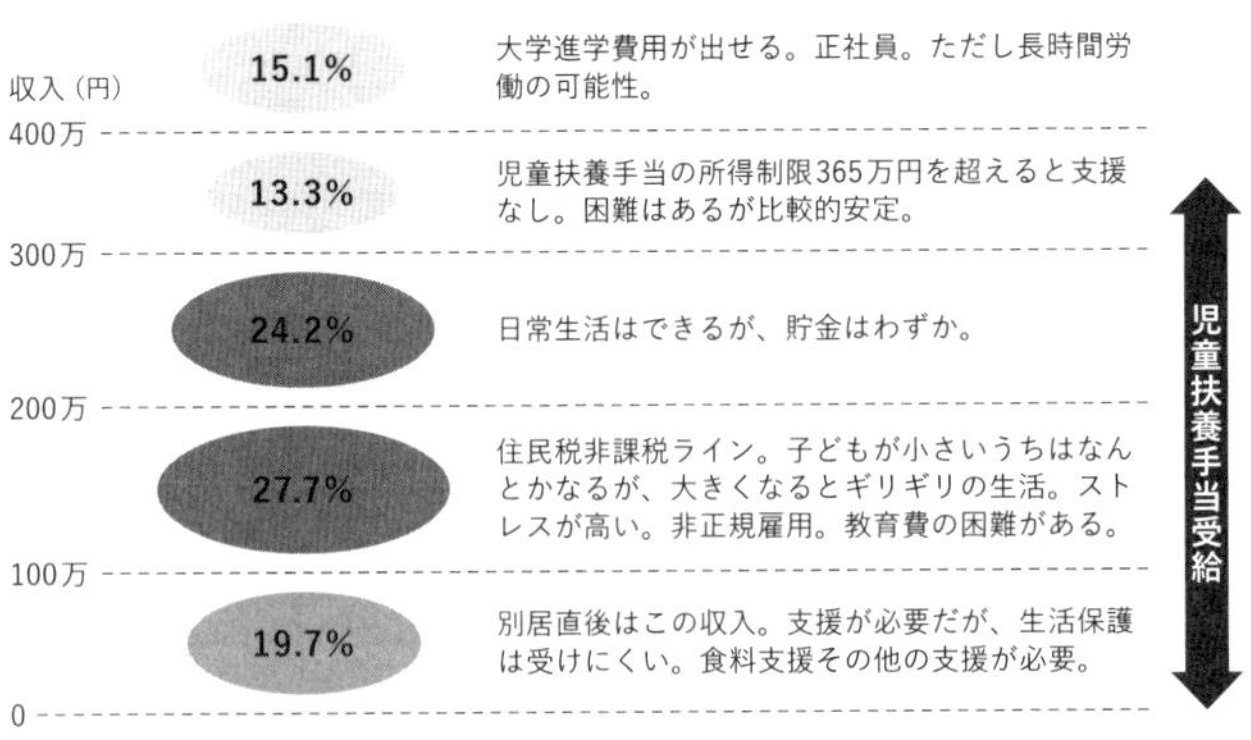
収入（円）
400万
300万
200万
100万
0
15.1%
大学進学費用が出せる。正社員。ただし長時間労働の可能性。
13.3%
児童扶養手当の所得制限365万円を超えると支援なし。困難はあるが比較的安定。
24.2%
日常生活はできるが、貯金はわずか。
27.7%
住民税非課税ライン。子どもが小さいうちはなんとかなるが、大きくなるとギリギリの生活。ストレスが高い。非正規雇用。教育費の困難がある。
19.7%
別居直後はこの収入。支援が必要だが、生活保護は受けにくい。食料支援その他の支援が必要。
児童扶養手当受給

＊節約力によっても暮らしは違う。
＊親族支援で生活はやや安定するが、親族との同居で児童扶養手当の対象外となる。

出所：厚生労働省「令和3年度全国ひとり親世帯等調査」をもとに解説

収入が１００万円以下の人たちもけっこういます。離婚したての方などで、とても厳しいと思います。婚姻関係事件の申立動機には、やはりＤＶが多いです。離婚後に貧困になるんだったら、離婚するのはやめようという方が実際には出てきますが、その実情を私たちは伝えざるをえないでおります。

ひとり親世帯と教育の選択肢

子どもが義務教育を終えて高校に進むと、かなりお金もかかり、高校は無償化になるといいのですが、まだ完全には実現していません。加えて入学金、制服代、高校までの交通費など、なにからなにまでお金が要ります。私たちは入学の祝い金として小・中・高・大学等に進学する子どもに3万〜5万円を給付する事業をおこなっています。高校だと30万円くらいがあっという間に飛んでいく。ひとり親はもう青息吐息で、その先の大学進学の展望を見るのはなかなか難しいのが現状です。やはり５００万円くらいの年収がないと考えられないと思います。

子どもの大学進学でも格差が生じていて、母子世帯で66・5％と低いですが、とくに父子世帯のお子さんは57・9％と低い【図2】。いま、大学・短大・専修学校等に進学する全国平均は83・8％です。父子世帯・母子世帯の子どもは進学率が低いという結果が出ています。２０２０年からスタートした「高等教育の修学支援新制度」には、給付型の奨学金と授業料・入学金の減免が入っています。この制度を使っていくと、進学できる可能性が開かれる子どもたちも多いと思いますので、少し希望がもてるようになった感じです。

また、ひとり親の最終学歴は、中学校卒（高校中退を含む）が、母子世帯では11％。ふたり親世帯の親では5％ですので、明らかに高い比率です【図3】。中卒ですと職種が限られてしまい、収入が低くなっています。政府も高校卒業資格認定試験の援助制度を10年前につくりましたが、利用する方が少なくて、全国で年間50～60人です。利用者が少ないと制度がなくなるのではと心配していますが、政府は大事な施策だと考えて続けているようです。

私たちのNPOでも、毎年数人がこれを利用して、高卒認定を受ける人がいます。「学費が続かなかったので高校中退になり、それが負い目になっていたけれど、受験できてよかった。いままでは飲食接客業しかできなかったけれども、パソコンが打てるようになって、コールセンターに就職しました」という人も出てきています。

ひとり親家庭と進学率　【図2】

高校卒業後の進学率
（大学、短大、専修学校・各種学校）

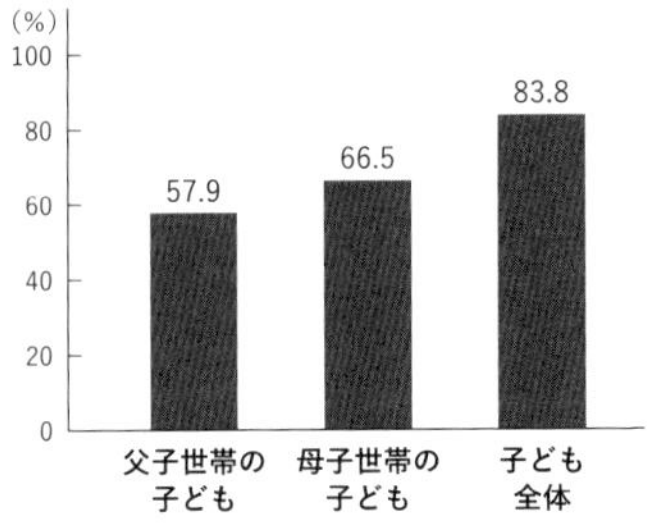

出所：「令和3年度全国ひとり親世帯等調査」、文部科学省「令和3年度学校基本調査」

コロナ期のシングルマザー

新型コロナウイルスは、社会的に脆弱な人たちに大きなインパクトを与えました。２０２０年３月からの一斉休校はなんの前触れもなく始まり、シングルマザーたちは、仕事に行けなくなると頭を抱えました。聞き取りをしたところ、みなさんから「収入が減って食料が足りない」という旨の回答が来ましたので、そこからお米を送りはじめたのです。送りはじめたら、うわさや報道で知った人がつぎつぎと助けを求めてきました。２０００人くらいの会員数でしたが、メールマガジンの登録者が飛躍的に増えていきました。

同年8月に「新型コロナウイルス　深刻化する母子世帯のくらし――１８００人の実態調査・速報」のアンケート調査をしたところ、「雇用・収入へ大きな影響があった」と答えた人は38・5%。「ある程度影響があった」も含め

ひとり親の最終学歴　【図3】

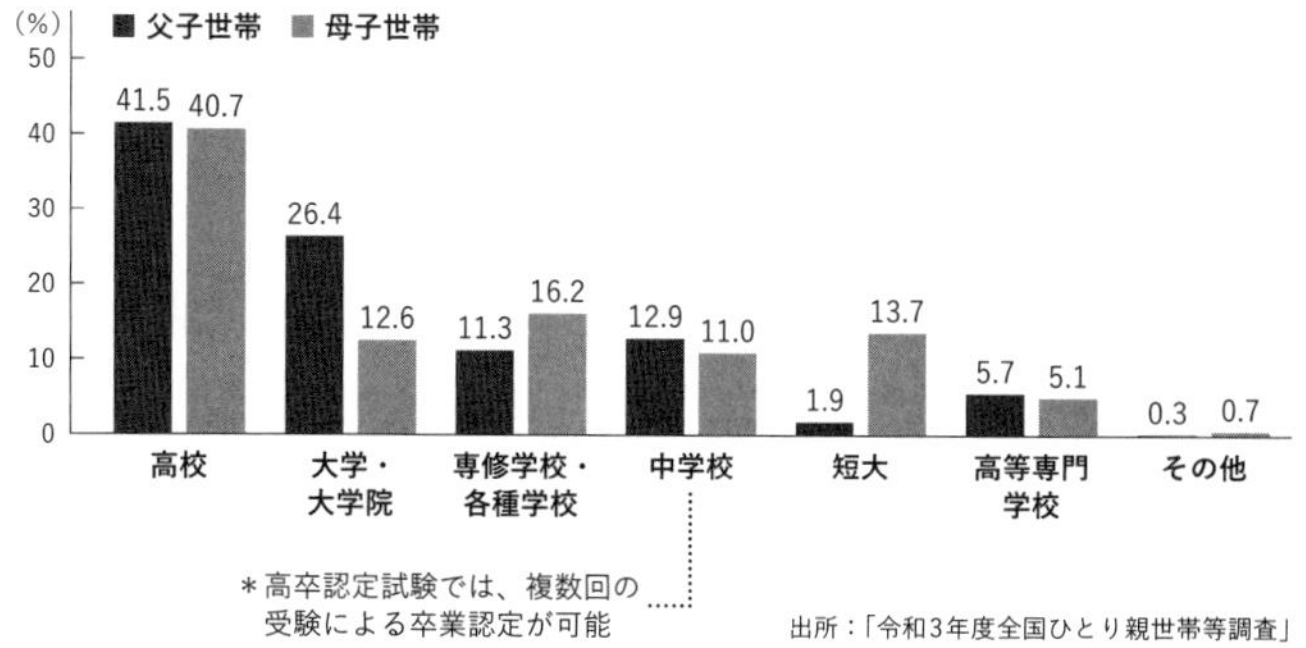

出所：「令和3年度全国ひとり親世帯等調査」

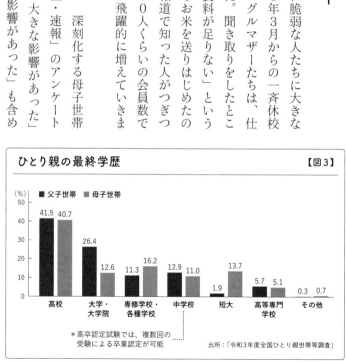

ると、7割の方が、影響があったと答えています。日本労働政策研究・研修機構の調査では、一般向けに同じ質問をしていますが、そこでは45%でした。とくに大きな影響があった職種は、サービス職、販売職、生産工程職という結果が出ました。

私たちに食料支援を求めてくる方たちの話を聞くと、緊急事態宣言が出たときに、働き先の飲食店の店長から電話がかかってきて、「明日からお店は閉じるから来なくていい」、それだけだったと言いました。仕事がなくなり収入の道が閉ざされ、保障もない。新型コロナ休業支援金の制度を使って、社員に賃金を保障した会社も多くありました。JALとかANAでは、支援金は出ているけれど、仕事がないのでほかのところに出向してお手伝いしてますという報道を見て、非正規で労働時間を減らされ保障がない人との差に腹が立ちました。非正規で働いている人には1銭も出なかった。休業補償は雇用主が手続きしてくれないとなかなか出せないので、結果的には出なかった方が多かったのです。

その結果、食事を減らすしかない。そのうえ休校になって給食がないことは、大きなダメージを与えた。子どもたちは給食で栄養を摂っていたのに、それがなくなり、大変な状況になりました。食費を減らすうえに、給食分も子どもたちに食べさせなければいけない。そのころは毎日毎日、相談のメールが相次ぎました。何十件もが「明日食べるお米がありません。助けてください」という内容です。何通も何通も、同じ内容でした。

そこでほかの支援団体にもお願いして、まず、緊急の食料支援をしました。さらに「生活保護を受けてはいかがですか」と聞きましたが、たいていの人が「私は生活保護は受けたくありません」と言いました。「緊急小口資金の特例貸付はどうですか」と勧めると、「そっちだったらいい」となり、社会福祉協議会への手続きを教えました。手続きがうまくいかない場合は、窓口と交渉しました。

さらに政府に対し、ひとり親世帯への給付金を出させようと国会などを駆けずりまわって、各方面に頭を下げて、数回にわたり緊急の給付金を出してもらいました。シングルマザーは職場で、「あんたはいいわね、ひとり親だからカネ出てるんでしょ」と言われたりしたようです。

続いて、物価高騰の影響についてお話しします。

次頁の円グラフは、コロナ禍で物価高となった2022年10月のデータです【図4】。「米などの主食を買えないときがあった」と65％が答えています。「子どもの服や靴を買えないときがあった」は90％にもおよびました。自由記述の欄には、「サイズアウトした小さい靴を子どもに履かせていたら、爪が曲がって膿をもってきて、さすがにかわいそうだった」と書かれていました。

ある家庭では、高校生の子どもが遠距離を自転車で通学しており、物価高で弁当を持たせられないので、お弁当の時間になると、子どもはトイレに隠れていたといいます。食料支援を受けられるようになって、おにぎり1個を持たせられるようになったので教室にいられるようになりました。

夏休みはどこにも出かけるところがないのですが、電気代のかかるエアコンを使わず、暑いなかでゴロゴロしています。トイレを流すとお金がかかるので、何回か使ってから流します。こういった声も増えています。

助けてと言えない

自治体で相談してくださいとすすめても、素直に相談に行ける方は少ないです。児童扶養手当の窓口では、「男性と交際していないですか」「妊娠していないですか」と聞かれる。意地悪をしているわけではなく、ルール上聞かなければいけないことを聞いている

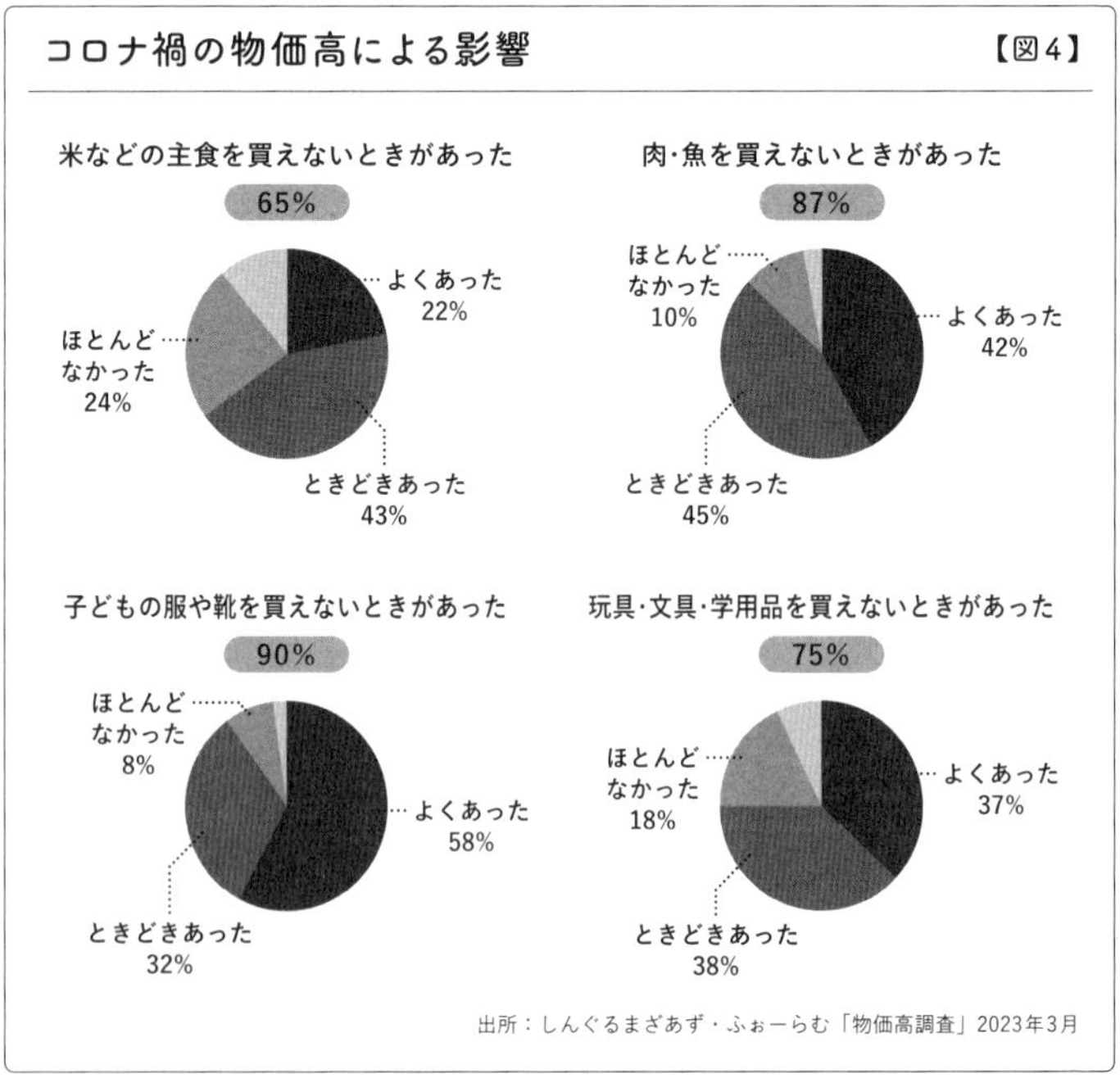

出所：しんぐるまざあず・ふぉーらむ「物価高調査」2023年3月

だけなのですが、母子家庭のお母さんにとっては窓口でハラスメントを受けているようで、行きたくないという方がとても多いのです。

また、離婚前のときは大変です。DVで逃れてきて、相手がなかなかうんと言わないとか離婚届を出せないという時期が、いちばん孤立し、苦しいと思います。離婚届が出ていないと、母子世帯・ひとり親世帯として認められないので、いろいろな援助がありません。DVが怖いので住所も秘匿して、住民票を移していないケースもあります。移していなければ、その地域の学校や保育園に行かせるときには、行政と掛けあわなければなりません。

住民票を開示しないDVの支援措置もありますが、行政が間違えて開示してしまった事件が毎年あるので、怖がって住民票を移さないで暮らしている方が多いように私は聞いています。

別居中というのは本当に大変なのですが、戸籍も変わっていませんし、相手が出ていった場合は、そのまま地域で暮らしている状態です。だから、だれも気づかないまま、学校の先生も給食費の払いが悪い家庭という感じでとらえています。

働きはじめたとしても、仕事と子育ての両立はとても大変です。一方で、しっかりお母さんとしてもやっていきたいと考えていて、よい母親にならなければいけないというプレッシャーが強いのです。子どもの教育費も準備しなければならないので、収入のよい正社員になりたいと思うのですが、母親業と正社員の仕事は、日本ではなかなか両立しないのです。大企業でずっと正社員できて、時短勤務が許されている方以外は、この両立は難しいのです。

中途採用のパート勤務の人も、仕事と子育ての両立が困難です。子どもが10歳くらいになるまでは、みなさんパートタイムや契約社員なので、前述のように収入はすごく低いのです。スキルアップ訓練などを受けて少しでも待遇のよい仕事に就かないと、子どもが中学生、高校生になったときに大変になります。もっと食べるようになり、いろんなことでお金がかかるようになるので、パートタイムのまま、夜も居酒屋などで働く生活になりがちです。そうなると、子どもとの時間はもっと失われていくことになります。お母さんと連絡を取りたくても取れない。お金がない、時間もないで、親も子どもも孤立しがちです。お金がないとサービスは買えず、時間がない人は平日の昼間に相談することは難しくなります。

「助けて」と言うのは何かいけないことだと思っているお母さんが多いです。ひとりでがんばろうとして困りごとが起きているときに、ひとりで解決するのは難しい。追いつめられても、助けてほしいのに「離婚を選んだのは私なんだから、ひとりでがんばらなければ」ともがいてしまいます。間違った信念だと思いますが、一生懸命がんばってしまった結果、もう本当に土壇場で、体を壊すまでひとりでやってしまうところがあります。

私たちが就労支援プログラムを実施するときは、まずは「受援力」（助けを受ける力）をアップできるよう、自己肯定感を上げてエンパワーメントできるように働きかけていきます。そうすると、みなさん本当に表情が変わって、いろんなところで助けを呼んでもいいんだと思ってくださるようになります。

また、コロナで変わったことはやはり、子どもの不登校と行き渋りです。ひとり親家庭には以前から多かったのですが、体感としてさらに増えました。学校に行ってくれないと親は働けないので、それだけでも生活に困ってしまいます。子どもが学校に行かないのもいいやと腹をくくれる状況ならいいのですが、行ったり行かなかったり、親が送って行かなければならないとなると、就労に大きな影響があります。

経済的な困窮は子どもにも影響を与えます。親のストレスが虐待やネグレクトにまでつながるかもしれませんし、文化的な資源の不足、体験の機会の減少も起こってくるのです。たとえば友だちからディズニーランドに行こうと誘われても、行けないので、だんだん孤立していってしまいます。

子どもたちにとって楽しいはずの季節が、ひとり親の子どもたちにとってはつらい季節です。クリスマス、お正月、夏休みなど、みんなと同じことがしてあげられないのでつらい季節になります。ホールケーキを見たことがない、本を買ってもらったことがない子どももいますし、クリスマスが来なければいいと思っている親は、ひとり親のなかでは半分くらいいます。

ひとり親家庭が利用できる支援

ひとり親支援施策は、これまで厚労省子ども家庭局の家庭福祉課というところでやっていたのが、こども家庭庁ができて、その支援局の家庭福祉課が担当になりました。児童扶養手当などもこども家庭庁が扱います。

ひとり親家庭の自立支援施策は、厚労省がつくった体系では「子育て・生活支援策」「就業支援」「養育費確保支援」「経済的支援」という4つの柱です【図5】。「経済的支援」のなかの児童扶養手当は、やはり最強のセーフティネットになっていると思います。低所得の7割以上のひとり親が、この手当を受けてなんとか生活をつないでいます。他の困窮世帯は、困窮したら生活保護ですが、ひとり親の場合にはこの児童扶養手当があるので、生活保護に至るまえの歯止めになって

ひとり親家庭等の自立支援策の体系　【図5】

子育て・生活支援	・母子・父子自立支援員による相談支援 ・ヘルパー派遣、保育所等の優先入所 ・子どもの生活・学習支援事業等による子どもへの支援 ・母子生活支援施設の機能拡充　など
就業支援	・母子・父子自立支援プログラムの策定やハローワーク等との連携による就業支援の推進 ・母子家庭等就業・自立支援センター事業の推進 ・能力開発等のための給付金の支給　など
養育費確保支援	・養育費等相談支援センター事業の推進 ・母子家庭等就業・自立支援センター等における養育費相談の推進 ・「養育費の手引き」やリーフレットの配布　など
経済的支援	・児童扶養手当の支給 ・母子父子寡婦福祉資金の貸付 ・就職のための技能習得や児童の修学など12種類の福祉資金を貸付　など

出典：厚労省子ども家庭局家庭福祉課「ひとり親家庭等の支援について」2022年

います。もし児童扶養手当がなかったら、60%超の人が貧困にあえぐだろうといわれています。

　児童扶養手当は2010年から、父子家庭にも支給されるようになりました。母子家庭の73・2%、父子家庭の45・9%が受給しています。ただし奇数月の支給で、出費の多い4月、8月、12月には児童手当の支給もありません。2か月分まとめての支給なので、きちんと半分残しておかなければならず、支給のない月は、ひとり親家庭にとってかなり厳しいです。

　これまで、しんぐるまざあず・ふぉーらむでも「児童扶養手当を毎月支給にしてください」と頼んできましたけれど、振込手数料などの関係で毎月にはならず、年3回の支給か

ひとり親家庭のおもな支援窓口（一般市の場合の例）　【図6】

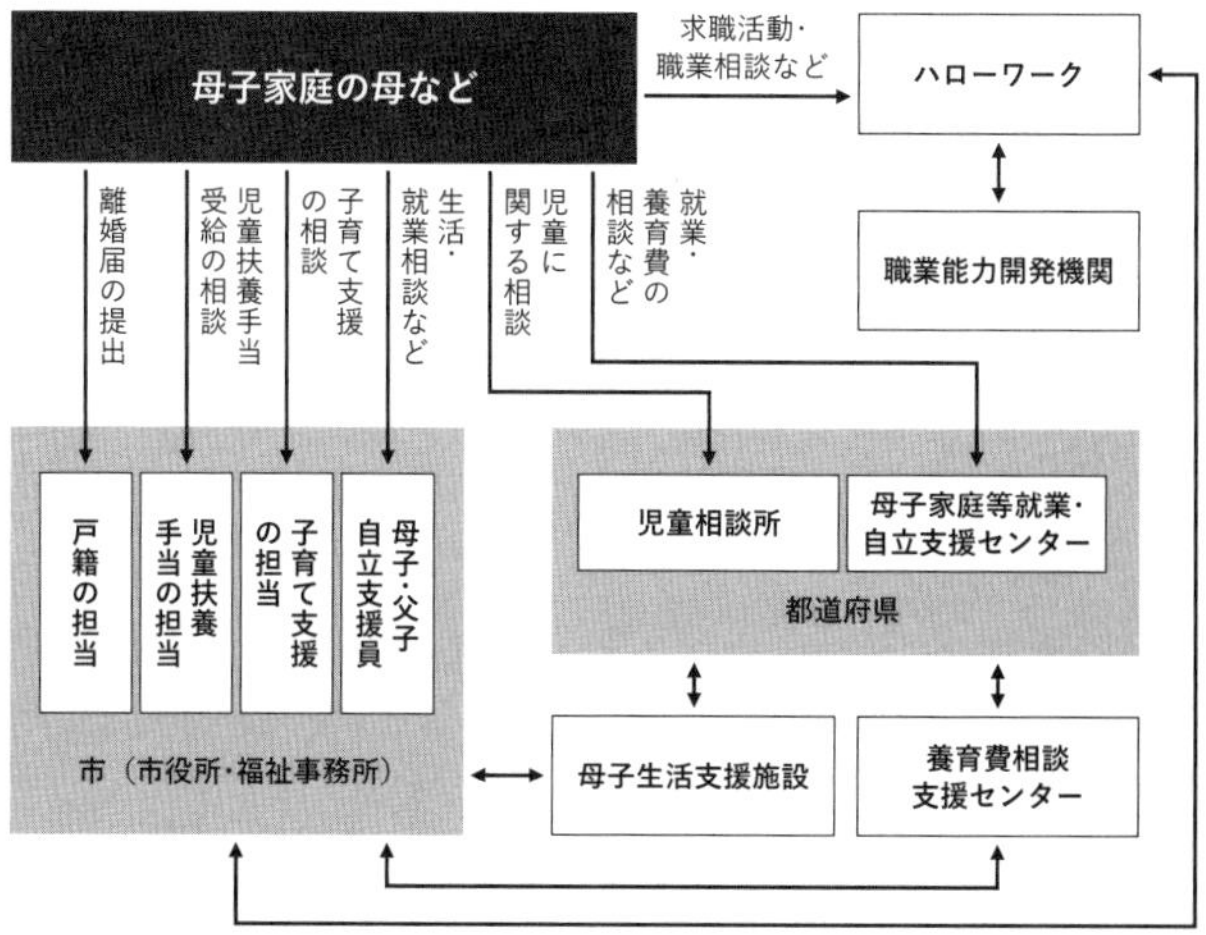

ら、年6回（2か月に1回）にやっとなりました。

ひとり親の困難を解決するための根本はつぎのとおりです。
①経済的な困難の解決（児童扶養手当の拡充と経済的支援、養育費の確保）
②就労支援
③DVや児童虐待への配慮
④共同親権制度導入は不可
2013年、子どもの貧困対策法ができてから、子供の貧困対策大綱ができました。2014年からは、ひとり親家庭施策も動きだしました。

多子加算額の倍増、全部支給の所得制限限度額の引き上げ、児童扶養手当の支払い回数の年3回から年6回への見直し、ひとり親の障害年金受給者についての併給調整の見直し、ひとり親公助の創設など、施策を働きかけ、実施されるようになりました。すべて、しんぐるまざあず・ふぉーらむおよび、シングルマザーサポート団体全国協議会の国会への働きかけが大きな力となったと思っています。

子どもの貧困対策法ができてからは、少なくともひとり親家庭の公的支援を削るということは、できなくなりました。これだけ相対的貧困率が高いグループとしてひとり親がいるということが認知されたので、ここの支援を削るような案は出しにくくなったということだと思います。少しずつですが、改善につながったと考えています。

こども家庭庁が創設されて、今後、貧困対策はどうなるのかという目で見ておられると思います。「こども・若者や子育て当事者のため」「こども施策を総合的に推進するため」の「こどもまんなか社会」実現に向けて定められたものです。少子化対策、子ども・若者育成支援、子どもの貧困対策をまとめたものになっています。それぞれのいいところを本当に活かせるのか。子どもの貧困対策というのが薄まるのではないかと強く懸念しています。不安はありますが、注意してみていきたいと思っています。

赤石千衣子（あかいし・ちえこ）……NPO法人しんぐるまざあず・ふぉーらむ理事長。ひとり親家庭サポート団体全国協議会代表。おもな著書に『ひとり親家庭』（岩波書店）、編著書に『母子家庭にカンパイ！』『シングルマザーに乾杯！』『シングルマザーのあなたに』（以上、現代書館）、『災害支援に女性の視点を！』（岩波書店）、『別居・離婚後の「共同親権」を考える』（明石書店）など。

多様化する子どもの困難とスクールソーシャルワーク

福島史子
鳥取県いじめ・不登校総合対策センター
スクールソーシャルワーカー・スーパーバイザー

鳥取県西部地区のスクールソーシャルワーク導入以前の状況

私は現在、鳥取県教育委員会でスクールソーシャルワーカー（以下、ＳＳＷ）スーパーバイザーをしています。所属は鳥取市にある鳥取県教育委員会事務局いじめ・不登校総合対策センターです。

２０２３年度、鳥取県では、市町村採用のＳＳＷが、17市町村に39名、中核市の鳥取市に８名います。県採用の高校担当のＳＳＷは拠点校に５名おり、県立高校24校と私立高校６校を担当しています。これは鳥取県独自の制度です。また特別支援学校の拠点校３校に３名がおり、９校を担当しています。私立の中学・高校２校は、自校担当のＳＳＷがいたほうがいいと、法人契約に移行しました。

特徴的なのは、この県立学校担当のＳＳＷの勤務時間です。鳥取の県立学校のＳＳＷは会計年度職員で、週30時間または35時間勤務で年間52週、１週間に4日～5日勤務しているのが現況です。

私が児童福祉にかかわるようになったのは１９９６年、米子市福祉事務所の家庭児童相談室（児童家庭相談、児童虐待対応の部署）に勤務したときからです。ご家族から直接相談をいただくこともありますし、妊娠届、乳幼児健診、保育所、学校、病院、地域、地域の機関そして市役所内部から、支援が必要な子どもやご家庭ではないかという連絡（通告・情報提供を含む）をいただき、関係機関や市役所内での情報収集をおこなってから、家庭訪問などの方法でかかわりを始めます。子どもやご家族の困り感をお尋ねし、困っていることについての解決の方法をいっしょに考える、という仕事です。

経済的な問題、家族関係（ＤＶ、やむなく起こってしまった子どもへの暴力、ネグレクト）の問題、就労の問題、家族の介護の問題、障害のある子どもや家族の問題、子ども自身の問題行動（非行・性格行動）、子どもの学校への不適応、保護者の生育歴から生じている学校や関係機関への不信感、関係機関や学校と保護者との関係性の悪化など。子どもの周りにはありとあらゆる環境の問題があることを知りました。

米子市の管内には当時、児童相談所、児童養護施設、乳児院、児童自立支援施設、大学病院、県立療育センター、公設公営の母子生活支援施設や知的障害児通園施設、警察署、家庭裁判所などの医療・福祉・司法の機関があり、福祉機関のネットワークはよく機能していた地域です。ただ、教育機関と福祉の連携には、おたがいの仕事内容をもっと理解しあうなどの調整が必要でした。

当時の学校は、児童・生徒の問題行動などで、困り感をたくさん抱えていました。一例をあげると、学校のガラスが割られる事件や、トイレにスリッパが詰まり使えなくなるといった事件がたて続けに起きて、学校現場が疲弊していたのです。子どもの問題行動の背景に児童虐待がある可能性もありました。２０００年に児童虐待防止法が成立し、２００２年には市が事務局となり児童虐待防止ネットワークをつくりました。

同じく２００２年、児童相談所職員と学校の先生の呼びかけで、学校の先生・保育士といっしょに有志で「子どものサポートシステムを支援する会」という勉強会を隔月で始めました。その勉強会のチラシでは、つぎのように呼びかけています。

「その子とそのまわりを守り、支えるために……
どこに相談にいったらいいかわからない……
どこかにケースを動かすヒントがないのだろうか……
いまの子どもの問題は、とても一人では抱えきれません。そこで……
『みんなでいっしょに学んだり、考えたりしてみませんか?･』」

いっしょに考えましょうと呼びかけたのです。会の目的については、こうです。

「保育・教育・福祉・医療現場などで見られる子どもにかかわる様々な課題、年ごとに増加している児童虐待の問題、学校や社会で見過ごすことのできないいじめ問題や不登校、ネットやメディア世界でおきるトラブル、発達障害が背景にある特性の課題。子どもたちが暮らす現代社会には、『暮らしにくさ』『生きにくさ』を感じさせる環境要因が多くあります。子どもたちの『暮らしにくさ』『生きにくさ』を少しでも解消し、子どもが『自分の居場所』を見つけ、安心して生きていけるようにするには、その子を取り巻く課題をきちんと見立て、しっかりサポートしていくことが必要です」

この会は、子どもの周りのさまざまな課題解消のために、子どもの背景にあるものをアセスメントすること、大人たちが連携し支えあう「システム」をつくる（ソーシャルワーク）こと、子どもと向きあう現場を周りの機関がエンパワーメントしていくこと、地域のみんなで考え、学びあうことを目的としたのです。「最前線で子どもを支えている学校」を支える「地域のシステム」をどのようにつくっていくか、そのことを学校の先生をはじめとする、関係機関のみんなで考えていこうとしたのです。

全国から会の趣旨に賛同してくださったいろいろな方に来ていただいて、勉強会を重ねました。

放課後も生徒指導や部活に追われる学校の先生方が、会が終わる10分前に駆けつけてこられるようすを見て、学校にどんな仕組みをつくったらいいんだろう、やはりソーシャルワークという考え方が早くに導入されることが、必要なのだと思いました。子どもたちに有効な最善の手立てを知りたい、手立てを実行するにあたり、先の見通しを立てたい、もっとよい方法はないだろうか、学校としてできることを子どもたちにしたい、という学校現場の声を聞き、討論を重ね、この会の活動はコロナ感染拡大のまえまで18年間続きました。

市役所の相談室としても、学校からの応援要請の声にすぐに応えること、学校からの相談や学校が困っているなということがあったら、すぐに学校に出向きいっしょに考える、足で稼ぐ信用構築にも努めました。学校の先生方がパワーレスになるということは、子どもたちにも影響がおよぶことだからです。最前線の支援者（機関）をチームで支えることが、困っている状況を抱えた子どもの発見や早期の効果的な学校での支援に反映される――勉強会をとおして学んだことです。

市町村が担う役割については、２００５年に児童福祉法が改正となり、市町村は児童家庭相談の第一義的な窓口となり、要保護児童対策地域協議会（子どもを守る地域ネットワーク／以下、要対協）を各市町村が設置することが努力義務となり、市町村は要対協が効果的に機能するように調整機関の役割を担うことになりました。子どもに関する機関が情報を共有し、連携して児童虐待などの問題に対応することが可能となった法定協議会である要対協の活用と、各機関も対応力を高めていく必要が出てきました。要対協の構成機関である学校の機能強化も同様に必要となってきました。

SSWとして学校へ

その3年後、2008年にSSW活用事業が調査研究事業として、全国の自治体に実施が呼びかけられることになったのです。鳥取県では西部地区の3市町と東部の1市が事業を開始、とくに西部地区においては、先ほどお話しした「子どものサポートシステムを支援する会」の活動に参加してきたメンバーの意見が事業設計に活かされました。勉強会115回、参加者のべ5700人、あらゆる子どもにかかわる職種の方々が、スクールソーシャルワークや他職種連携を考えてきた成果だと思います。

鳥取県には社会福祉士・精神保健福祉士を養成する大学や専門学校がありません。職能団体の日本社会福祉士会、鳥取県社会福祉士会、大阪府立大学、日本学校ソーシャルワーク学会との協働も必要でした。これも勉強会をとおして学んだことです。

私自身は2010年から週1日、市役所の勤務と兼務でしたが、西部地区の別の町の教育委員会に所属し、小学校・中学校を担当するSSWとなりました。2013年、県立高等学校担当のSSWの初めての募集があり、県内に2名が、拠点校に週29時間の非常勤職員として配置されました。担当する高校は県内全域です。そのうちのひとりが私です。市役所を退職し、市町村の小中学校・高等学校を同時に担当することで見えてきたのは、困難な背景を抱えている児童・生徒の情報の、校種をこえた引き継ぎ体制の整備でした。そのためには、地域の児童家庭相談の体制、要対協の体制の整備と充実に向けて、学校の側からも働きかけていくことが必要となったのです。

学校にソーシャルワークが導入された背景

ＳＳＷ活用事業にかかわる制度の歩みと教育の制度の歩みを、少し振り返って見ていきましょう。まず２０００年に、児童虐待防止に関する法律が施行されたのち、児童・生徒の虐待事件や学校が現場になる事件が起きたことで、ＳＳＷの導入が必要という声があがりました。

事件のひとつは、２００４年1月に大阪で起きた岸和田中学生虐待事件です。中学生が体重24キロという状態でブルーシートの上で見つかり、実の父親と継母が殺人未遂罪に問われました。２人は中学生の息子２人に暴行し、食事を数日間とらせないなどの虐待をくり返していて、次男は自力で逃げだしましたが、長男は衰弱しきった状態で発見されました。

学校や児童相談所などの機関は兄弟の存在を知りながら、なぜリスクを共有することができなかったのか、有識者による意見が発表されました。峯本耕治弁護士は『子どもの虐待とネグレクト』（6巻3号、２００４年）において、学校が取り組むべき課題とその克服のために必要なポイントを6つまとめています（特集２・岸和田事件「岸和田児童虐待事件が学校・教育委員会に問いかけたもの」）。

①学校現場でのアセスメント
②主体的なプランニング
③抱え込み防止とチーム対応
④コーディネーターの必要と校内ケース会議の活用
⑤通告とその後の連携
⑥スクールソーシャルワーカーの配置

学校が①～⑤のアクションをとるには、学校へのサポート体制が必要であると述べています。⑥にはまだまだ進展が見込めない、ならば、サポートシステム（気軽に相談できる専門職のネットワーク）を整備する必要がある、と述べられました。

また同じ特集の「岸和田事件をめぐって…学校関係者として」に、教員の立場で兼田智彦氏は、学校関係者（教師）の役割として、

①子どもの味方としての役割
②信頼できる大人としての役割
③子どもを救うための仕事の一部を遂行する役割
④ネットワークのかなめの役割

をあげながら、学校の教師は現実には、虐待対応マニュアルを読んではおらず、家庭とのトラブル

を敬遠しがちであり、児童相談所に通報しさえすればよいと考え、その後は児童相談所に任せきりになってしまいがち、また教員がひとりで抱え込んでしまいがち、それを防ぐには、子どもの最善の利益のために、関係者がネットワーク会議で真摯に話しあい、理解しあうことが必要であると述べられています。

岸和田事件を受けて調査研究をおこなった文部科学省は「学校等における児童虐待防止に向けた取組について」（２００６年）という調査研究報告書を出しましたが、そのなかに「スクールソーシャルワーカーの活用について」という章が盛り込まれました。

そこには、「問題解決は、児童生徒、あるいは保護者、学校関係者との協働によって図られる」「スクールソーシャルワーカーは、問題解決を代行する者ではなく、児童生徒の可能性を引き出し、自らの力によって解決できるような条件作りに参加するというスタンスをとる」と書かれています。また、「問題を個人の病理としてとらえるのではなく、人から社会システム、さらには自然までも含む『環境との不適合状態』としてとらえる」とも書かれています。

学校を基盤に、困難を抱える子どもを支える

ＳＳＷ導入のきっかけとなった、もうひとつの事件です。岸和田中学生虐待事件の翌年（２００

5年）、大阪の寝屋川市立中央小学校3人殺傷事件が起きます。17歳の卒業生が、小学校の教師2人と栄養士を殺傷した事件です。小学校時代にいじめを受けたけれどもだれにも助けてもらえなかった、と思っての犯行だったと供述しています。

この事件の1か月半後に大阪府はSSWを試行導入し、寝屋川市の小学校を中心に大阪府内の学校にSSWが配置されました。

この3年間の試行事業の効果があったということで、2008年にSSW活用事業の導入が全国の自治体に呼びかけられたのです。ただし、『スクールソーシャルワーカー実践活動事例集』という教科書となる事例集の提示はありましたが、多くの学校現場では、どこかにつなぐ人とか、不登校の児童・生徒の家に家庭訪問に行く人とか、限定的な役割を教員に代わってする専門職ととらえられてしまっていたようすが見受けられました。

そして1年目は調査研究事業だったので100％の国の財政支援がありましたが、翌年からは補助事業となり自治体負担が生じていたので、各自治体では予算確保が課題となってきました。

『実践活動事例集』による学校でのソーシャルワークのプロセスは、以下のとおりです【図1も参照】。

①人の行動には必ず理由（原因）があると考える。
②その理由を、個人と環境との関係の中で見出そうとする。
③理由を見出すために、情報を集め分析する。

④理由が見出せたら、それに対する最善の対応策を考える。
⑤その対応策を、関係者で分担して実施する。
⑥その実践した結果を振り返って、次の対応策を改善する。

いろいろな人材が専門家として学校に入っている、その人材と予算を効果的に生かすためには、さまざまな政策をダイナミックに連動させる機能と役割が必要で、その役割もＳＳＷには期待されました。

はじめの節でお話ししたように、２００５年には改正児童福祉法が施行され、市町村が児童相談所に代わって第一義の窓口となり、市町村に要対協の設置努力が義務づけられました。発達障害者支援法が施行されたのもこの年です。教育では２００６年に教育基本法の改正がおこなわれました。２００８年、ＳＳＷ活用事業が導入される年に、保護が必要な「要保護児童」に加えて、保護者の養育を支援することが必要な「要支援児童」も、要対協支援の対象になりました。２０１０年には文科省の『生徒指導提要』が改訂され、そこには、学校はＳＳＷを活用し、児童・生徒のさまざまな情報を整理・統合し、アセスメント、プランニングをしたうえで、教職員がチームで問題を抱えた児童・生徒の支援をすることが重要であり、さら

学校でのソーシャルワークのプロセス　【図1】

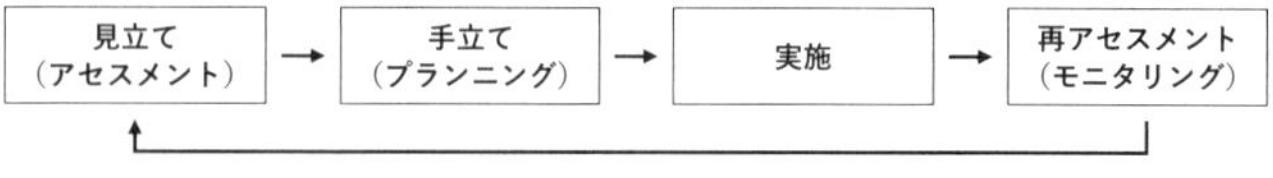

＊学校において、児童生徒・保護者と教師との営みをより効果的なものとする支援をおこなう

には教職員にもSSW的な視点や手法を獲得させ、それらを学校現場に定着させることも同様に重要と書かれています。

そして2014年、子どもの貧困対策の推進に対する関する法律が施行されました。2015年、「チームとしての学校構想」が中教審答申で出され、翌16年には児童福祉法が改正。子どもの権利条約に則ることが児童福祉法の第1条に位置づけられました。

SSWの職務内容については、事業開始当初から学校や関係機関に理解していただいていたかというと、地域や学校によってはかならずしもそうではなかったです。事業開始から9年後の2017年1月に、文科省から、「教育相談等に関する調査協力者会議」を受けた「児童生徒の教育相談の充実について（通知）」が発出され、そのなかに、SSWの専門職としての職務内容と役割が示されました。通知のなかで示された職務内容は、「児童の最善の利益を保証するため、学校等においてソーシャルワークを行う専門職」。SSWの活動は、児童・生徒という個人だけではなく、児童・生徒がおかれた環境に働きかけ、「一人一人の児童生徒のQOL（生活の質）の向上とそれを可能とする学校・地域を作る」という特徴があると示されました。

さらに、「学校教育法施行規則の一部を改正する省令の施行等について（通知）」のなかに、SSWの具体的な職務内容がつぎのように示されます。

「スクールソーシャルワーカーは、ソーシャルワークの価値・知識・技術を基盤とする福祉の専門性を有する者として、不登校、いじめや暴力行為等問題行動、子どもの貧困、児童虐待等の課題を抱える児童生徒の修学支援、健全育成、自己実現を図るため、ソーシャルワーク理論に基づき、児童生徒のニーズを把握し、関係機関との連携を通じた支援を展開するとともに、保護者への支援、学校への働きかけおよび、自治体の体制整備への働きかけに従事すること」

そしてSSWはソーシャルワークを学校を基盤としておこなう、ということが明示され、事業開始後9年目にして明確に示されたことで、SSWの職務を教育委員会、学校、地域の関係機関に理解していただきやすくなりました。

2022年には『生徒指導提要』が改訂され、生徒指導の定義は「児童生徒が、社会の中で自分らしく生きる存在へと、自発的・主体的に成長や発達する過程を支える教育活動のことである」と示されます。そして生徒指導の目的は、「児童生徒一人一人の個性の発見と良さや可能性の伸長と社会的資質・能力の発達を支えると同時に、自己の幸福追求と社会に受け入れられる自己実現を支えることを目的とする」と示されました。

生徒指導の理論・考え方、実際の指導方法を時代の変化に即して網羅的にまとめたものとなっています。児童・生徒の発達を支える発達支持的生徒指導について説明がされています。その第13章「多様な背景を持つ児童生徒への生徒指導」では、とくに行政が積極的に支援をおこなうものとして要保護児童・要支援児童の説明がなされ、「経済的困難を抱える場合」の項で「見えにくい子供の貧困」が説明されています。また、「児童生徒の家庭での過重な負担についての支援」の項ではヤングケアラーへの支援が明記されました。

『生徒指導提要』改訂のなかで注目したいところは、つぎにお話しするソーシャルワークの視座のひとつの、バイオ・サイコ・ソーシャル（ＢＰＳ）モデルで児童・生徒理解をしましょうと示されたところです。教育のなかではあまり用いられてこなかったアセスメントの方法です。

ソーシャルワークの視座

ソーシャルワークの基本的な考えとして、クライエントの抱える困難のとらえ方、困難な状況におかれているクライエントとその環境に対するかかわり方（介入・支援の仕方）には、実践の蓄積のなかで一定の枠組み・視座が示されています。スクールソーシャルワークは、その視座のうち、状況を理解する理論の相互作用モデルを先生方とアセスメントで発見・共有していく仕事ともいえます。

状況を理解する理論、相互作用モデルには、３つのモデルがあります。エコロジカル・モデル、システム理論、バイオ・サイコ・ソーシャル（ＢＰＳ）モデルです。

エコロジカル・モデルでは、「人と環境」の相互作用を重視することから問題を理解します。人間と環境の接触面に介入することで、人間の適応力を高めると同時に、環境の応答性を高めていくのです。

ＢＰＳモデルは、児童・生徒理解を深めることに役立ちます。たとえば不登校の子どもの場合、「生物学的要因」（発達特性や病気）、「心理学的要因」（認知、感情、信念、ストレス、パーソナリティなど）、「社会的要因」（家庭や学校の環境や人間関係など）から実態を把握すると同時に、子ども自身のよさ・長所・可能性などの自助資源と、課題解決に役立つ人や機関・団体などの支援資源を探ります。

つぎに、システム理論の説明をしましょう。「ひとつの問題への支援はいくつも考えられる」、これがシステム理論の考え方です。図は、システムの階層性・相互性を示しています【図2】。下から上へ、器官システム、個人システム、家族システム、コミュニティシステムと階層性があります。

たとえば、太郎くんが不登校の場合を考えていきましょう。太郎くんは個人システムです。太郎くんが学校に行けないと、太郎くんへの働きかけばかり考えてしまいがちになりますよね。太郎くん、お腹が痛いんだよね、頭が痛いんだよね、と消化器・神経系（器官システム）に原因があると見立てができると、治療から入ることでも、このシステムは動きだします。あるいは病院に行かなくても、学校システムが充実していくことでも、このシステムは大きく動きだします。学校の中の協議で、問題はここと１か所に決めてしまっていると、このシステムは動きださないんです。上層が動かなければ、下層からアプローチしても、効果はいっしょなのです。

システム理論では、原因と結果は循環しているとみます。この円環性は、つぎの支援の可能性を見つけられるということです。純粋な意味での原因も結果も存在しないととらえ、原因と同時に結果も重視します。子どもの問題行動や症状が、周囲の環境との相互作用のなかでどのように生じ、維持されているかに注目します。

次頁の図【図3】は、神戸学院大学の大塚美和子さんがつくった「子どもの問題悪化のメカニズム」の図をもとに作成したものです。問題を単純な因果関係ではなく、円環的にとらえ、ひとりの変化がシステム全体の変化を起こし、システム全体の変化がひとりの変化をもたらすという考え方です。環境

システムの階層性と相互性　【図2】

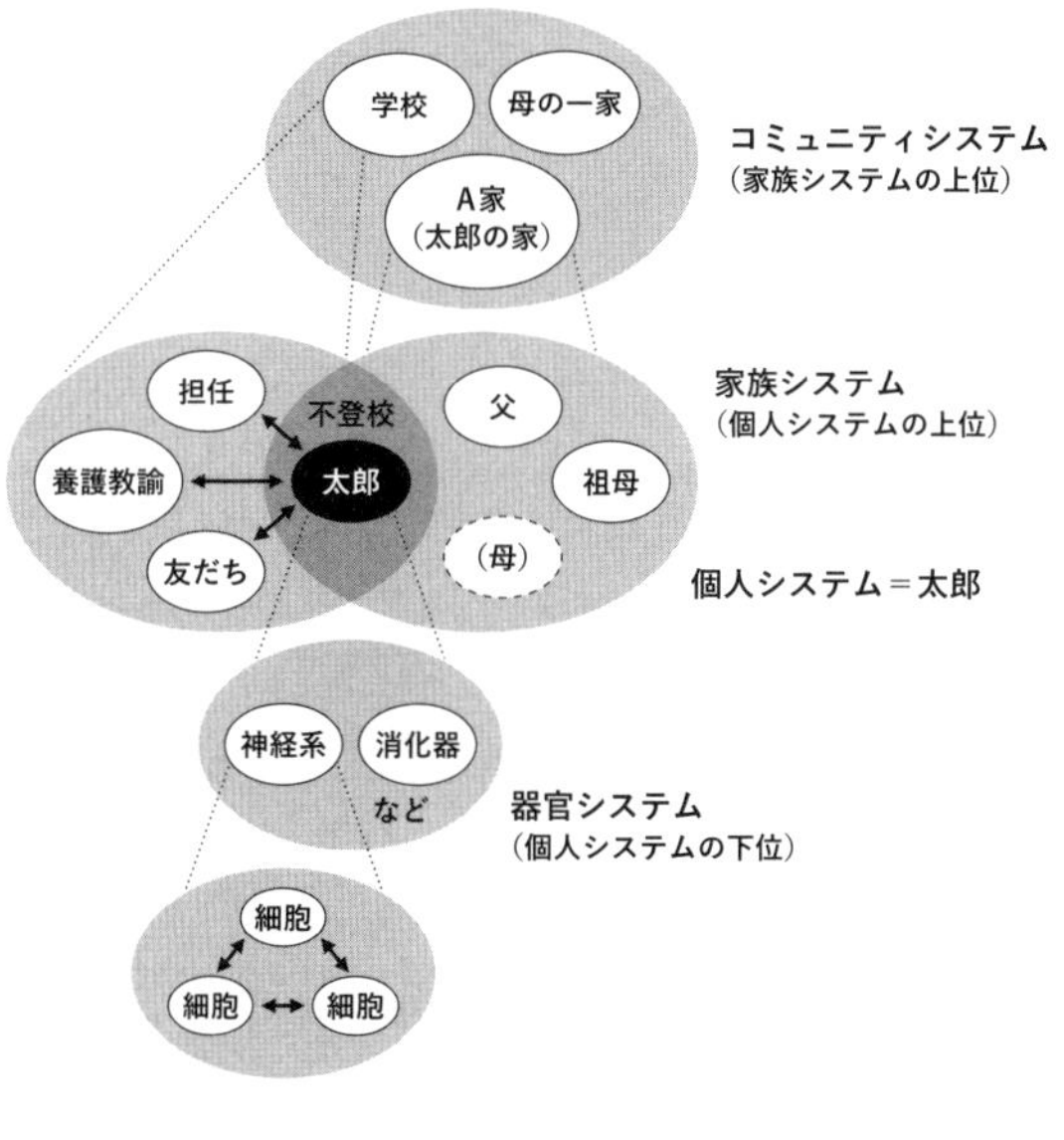

への不適応には、家庭や学校の悪循環も影響します。それを経済的困窮、家庭のストレス、社会的孤立が原因と決めつけてしまうと、支援の手立てが限られてしまいます。どこからかかわりを始めると悪循環が好循環に変わるのか、リスクを見立てたうえで、強みがあるところから介入（かかわり）を考えていくことができます。子どものウェルビーイングを第一に、システムが変容することをめざしていきます。

アセスメントはソーシャルワークの実践において、のちのちの展開を左右する重要な役割を果たします。日本では「事前評価」と訳されており、支援の対象となる人びとや地域の状況について把握し理解する過程であり、その結果にもとづいて、具体的な支援や働き

子どもの問題悪化のメカニズム 【図3】

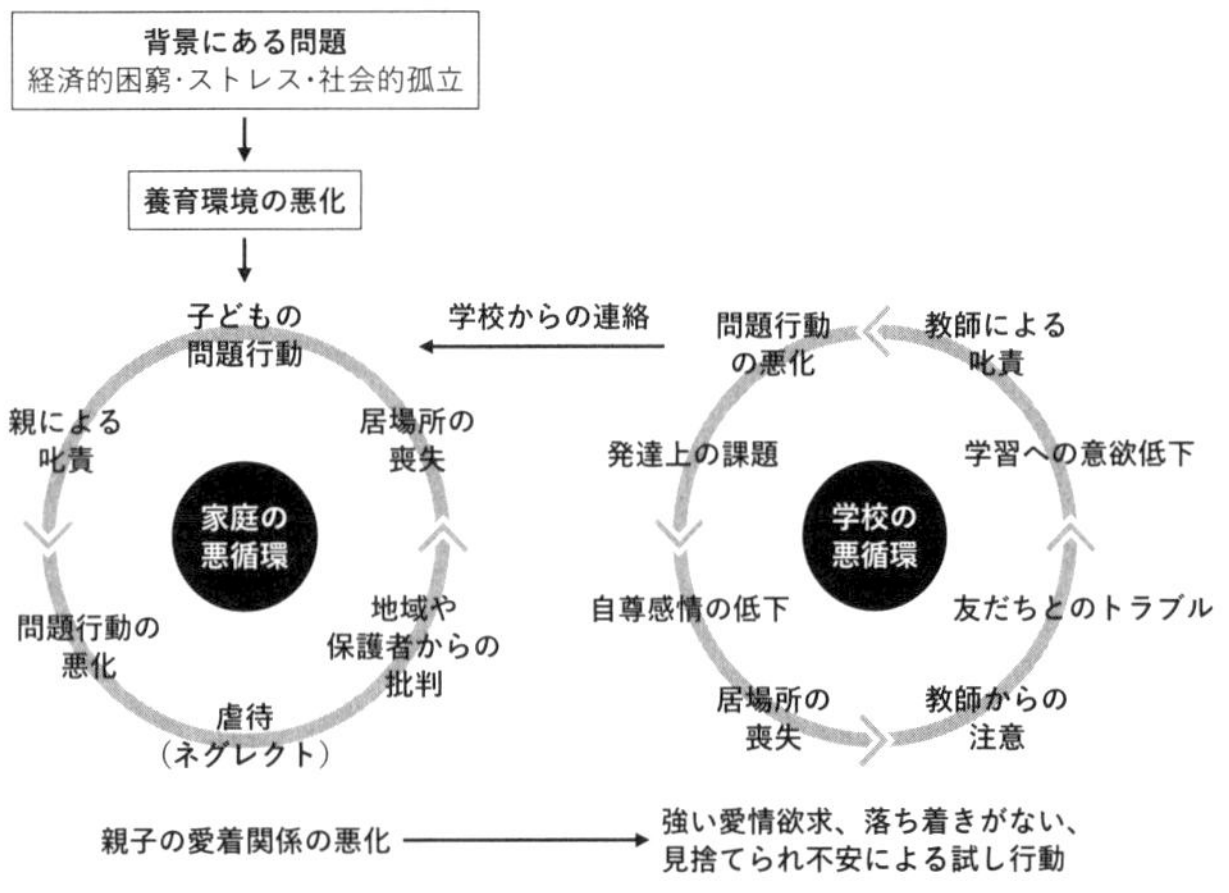

出典：大塚美和子（2011）「子どもの貧困とスクールソーシャルワーク」『ソーシャルワーク学会誌』21号、p.18

かけの方法が明らかになっていくのです。対象は、子ども個人、子どもの環境、家庭（保護者）、学校（教職員）、ＳＳＷ自身、地域（近隣の人びと）、教育委員会、制度、法律、文化などです。

ＳＳＷと教職員から見た子どもの行動の背景

つぎにお伝えするのは、２０１３年から県立高校担当のＳＳＷになって、先生方と見立てた生徒たちのようすです。

――生徒は高校に来るのに、授業に出ません。単位も取らない。なぜだろう。

――授業についていくことが難しいのか、寝ていたり、または授業妨害をする。教員に対して、これでもかというくらい反抗的な態度を見せる。でも学校に来る。なぜだろう。

――一方で、成績はよいし経済的にも困っていないのに、高３で急激な成績の落ち込みを見せる生徒もいました。生活困窮の生徒だけではないのです。なぜだろう。

生徒の背景には何があるんだろう。生きていくことに困難を抱えている生徒が、学校側には見えにくい。生徒たちも自分の困難に気がついていないのではないか。また助けを求める方法も知らないのかも。学校は、自己責任、怠けだと思ってきたけれど、そうなのだろうか。親に連絡してもつながらない、子どもに関心がないのか。学校でできることは限られている。背景に関する情報が、高校では小・中学校に比べて圧倒的に少なかったのです。

さまざまな背景――生徒個人の背景、子どもの貧困など社会の背景、学校現場に入らないこれらの情報を入れていくのがＳＳＷの仕事と思いました。

高校にしても、小・中学校にしても、学校の先生方には想像もつかない子どもたちの実態や背景が見えることがあります。そのとき、生徒の支援者である先生たちも力を奪われます。そのようすは、市の相談員をしていたときにも感じていたことです。

つぎは、先生たちの目の前に見えた生徒の姿と、アセスメントのうえ、学校だからこそできる支援をしようとされた例です。

●女の子です。髪がサラサラで清潔に見えました。真冬でも水道で洗髪をしていたそうです。下のきょうだいの通う学校から市に、自宅の電気や水道が止まっているという情報が入りました。支援は市にお願いし、生徒には部活で活躍できる場をつくりました。

●キセルの常習犯で何度注意しても、何度生徒指導をしても、くり返す生徒がいました。親がまとまった金額の定期を買えないので、きっぷを買うためのお金は渡されたけれど、おなかがすいたのでパンを買った。お金はなくなったけれど、キセルしてでも学校に行きたい。「学校は居場所だから。家には居場所がない」と生徒は言いました。学校から市に相談しました。

●だれかれ捕まえて嘘をつく女の子の話です。事実確認をするけれど、(話には)実態がない。クラスのトラブルメーカーになってしまいました。家庭の事情で転校が決まったとき、「父から叩かれた」と言いました。みな、信じません。しかし確認してみると、服で隠れている部分に内出血がありました。父からの暴力は小学生のときからだったと。それまでは、話してもだれも信じてくれなかった、と言いました。背景にあるのは経済的な困窮でした。生徒は児童相談所への相談を拒みました。いつでも相談できるよう転居先の相談機関の連絡先を教え、転校後も元の学校に相談してよいことを伝えました。

●学校に来なくなった女の子がいました。来ていたときは、教員に反抗的でした。学校から親に連絡すると電話はつながりましたが、実際には親は家にはいませんでした。きょうだいだけで1年以上も生活していたことがわかりました。本人は病気が悪化して登校できなくなっていたのです。(児童相談所へ学校が通告したことで、施設入所になる生徒もいます。施設に入り安心して落ち着くだろうと、先生方は考えます。けれども、さらに反抗的になる生徒もいます。これでよかったのだろうか、通告してよかったのだろうか、先生方の気持ちは大きく揺れます。その怒りや不安が、SSWに向くこともあります。)

●卒業まであと1年という生徒でした。ある日、ニコニコと、学校をやめると言ってきました。あれっと思った先生が事情を尋ねてくれました。親が病気になった、きょうだいには障害がある、学校に来ている場合じゃない、と淡々と話したそうです。使える制度を生徒に教え、生徒自身が手続きをしました。学校は、正職員での就労を生徒に勧め、支援しました。

●小学生のときに隣の友だちの鉛筆をとった子がいました。お母さんが再婚して別に住むようになり、祖父と暮らし、寂しい思いをしている子です。小学校から中学校に引き継ぎをしました。中学校では、よくケガをして保健室にやってくることが話題になり、ケガの回数が多いので先生方が心配し、アセスメントをしました。ケガをすると、病院にかかるためにお母さんが保険証を持ってきてくれます。「ケガをする→お母さんに会える」から、「ケガをしなくてもお母さんに会える」状況を学校がつくりました。

●授業料滞納の生徒がいました。就学支援金制度はありましたが、申請されないので授業料が徴収される生徒です。本人は出席停止になってしまいます。そのままでは退学になってしまいます。学校から市町村へ、支援が必要な家庭だと情報提供しました。申請のない理由は自営業の確定申告をしていなかったら、と市町村の調査でわかりました。家庭への支援は市町村にお願いしました。その後、生徒は学校を続けることができました。

ヤングケアラーとネグレクトの見きわめの難しさ

いま可視化されて課題にあがっているのが、17人に1人いるといわれる、ヤングケアラーの問題です。ヤングケアラーは、家族にケアを要する人がいる場合に、大人が担うようなケア、責任を引き受け、家事や家族の世話、介護、感情面のサポートなどをおこなっている、18歳未満の子どものことをいいます。

じつは虐待やネグレクトまでが、ヤングケアラーだととらえられてしまっている現状があります。本当は虐待で支援が必要なのに、ヤングケアラーにくくられてしまっているのです。理由は、いまはヤングケアラーの支援が大きく報道されているからだと思います。子どもの貧困についても虐待についても、どの状態も子どもを囲む環境にはあって、それぞれ対応が必要なのだということをくり返しくり返し、学校には周知しつづけることが必要なのだと思います。

文科省の『生徒指導提要』のなかにも、「要保護児童」「要支援児童「特定妊婦」については、とくに行政が積極的に支援をおこなうもの、児童福祉法により行政が積極的に介入することが求められる児童等の区分ですよ、と根拠法にもとづいて説明されています。こういう子どもたちを発見した場合には、行政への通告や情報提供もかならず必要です。それは国民の義務でもあり、私たち学校や関係機関も当然そうなんです。

ヤングケアラーも、支援すべき対象の子どもたちです。『生徒指導提要』には「多様な背景を持つ児童生徒への生徒指導」として、教職員はヤングケアラーの特徴や実情を正しく理解するため日ごろから支援にかかわる研修に参加することが重要、と書かれています。

ヤングケアラー当事者が、「ヤングケアラーだと思われたくない」と発言する場面をメディアで目にする機会が増え、状況を発見しても、生徒自身の意向を大事にしようとか、生徒自身が「近づいてほしくない」と言ったら近づかないようにするとか、そんな傾向があります。すごく遠巻きに見る感じです。その状態はとまどいから起きることと感じます。要保護児童・要支援児童は児童福祉法で保護・支援の対象になっているのに、発見が遅くなってしまうのではないかと思います。ネグレクトの状態で家の手伝いをがんばってしていて、ヤングケアラーとみられてしまう可能性もあるのです。

学校の中で共有すべきは、その子についての見立てです。ヤングケアラーとして見られているけれど、ネグレクトではないのか。またその逆も見立てをされていれば、見逃しが少なくなると思います。精神不安定なお母さんの話をずっと聞きつづけ、お母さんから離れると不安定になり、お母さんがリストカットするので、心配で不登校になってしまう子どももいます。お母さんを看てもらえる制度が必要ではないかなど、背景にあるものを見つめなければいけないと思います。

組織づくり・体制づくりについては、校内にスクリーニング会議や生徒指導等の定例の会議が必要です。スクールカウンセラー、ＳＳＷどちらかではなく、両方が加わっていることが望ましいです。

地域の関係機関との会議も、システムとして開催することが整備されているのが望ましいです。

家庭に入っていくアウトリーチは、だれのニーズにそって、だれがアウトリーチしていくのか、子ども・家族のそれぞれの立場に立ったアセスメントの上にプランを立てることが必要です。よかれと思っておこなうアセスメントのないアプローチは、子どもと家族を傷つけ、新たな対立構造をつくってしまう可能性があるからです。

ヤングケアラーのうち典型的なヤングケアラーとして、『生徒指導提要』に記載されている部分があり、「要保護児童」「要支援児童」の意味がわかりやすいと思うので紹介します。

「保護者や家族の精神疾患や精神的課題について、看病や見守り、通院付き添いなどをする子供がいます。このような場合、子供の養育が不適切であれば要保護児童、現実の問題は生じていないものの家族外からの支援が必要ならば要支援児童ということになり、それぞれ福祉につなぐ必要があります。また子供との関係だけでなく、保護者の精神疾患の程度が重い場合は、『精神保健及び精神障害者福祉に関する法律』の手立てを活用することについて検討することも必要になります。任意の相談という対応だけでは不十分な場合もあり、ＳＳＷなども参画した校内のケース会議でアセスメントとプランニングを実施し、支援を行うことが大切です」

ネグレクトの子どもに対する支援と、ヤングケアラーに対する支援がどう違うか、とよく聞かれるのですが、校内会議でＳＳＷもスクールカウンセラーも加わり、アセスメントをし、市町村へ通告ないしは情報提供を組織としておこなう、そのうえで、ネグレクトで「要保護児童」と市町村が認定した子どもについては、要対協の個別ケース検討会議に学校も機関として参画し、学校でできること、学校では難しい支援を、会議のなかで伝え、子どものためにどのような支援が必要か話し合うこととなります。

ネグレクトではないのだけれども放置すると心配だよねという子たち、ヤングケアラーを「要支援児童」として市町村が認定した子どもについては、要対協の個別ケース検討会議で支援策を話し合っていくことが可能になります。市町村によって要支援児童認定に違いがあることを感じることはあります。こども家庭庁の「ヤングケアラー支援体制強化事業」には、市町村の機能強化が盛り込まれているので、行政の支援がより必要な18歳までの子どもには要支援児童の枠をもっと広げるなど、制度を重ねてフォローアップしていくといいと思います。

ソーシャルワーカーに必要な専門性としては、情報収集力（状況を把握するための知識）、アセスメント力（包括的アセスメント力など）、コーディネート力（実践を言語化し、説明できる力）が挙げられます。ＳＳＷの仕事は、子どものウェルビーイングの実現を第一に、児童・生徒・家庭はもとより、子どもを応援する機関（学校・地域）が持てる力を発揮できるよう、だれもがエンパワーメントされていくことを、学校を基盤として調整していく仕事だと思います。

生徒自身に、選べる・使える制度を伝える

2015年に子どもの貧困がニュースになったとき、高校の先生方の衝撃は大きいものでした。スマホも持っている、一見困っているように見えない、けれども目の前の生徒は困窮のなかにいるのか。研修をしようという声もあがり、研修でお示しした資料に多くの先生方が反応してくださったことを覚えています。6人に1人というが、もっといるのではないか、ならば、子どもの貧困対策で導入される制度をすべての生徒に周知していくことが大切ではないか、学校でできることはたくさんある。そして学校は、貧困であるとかそうではないとかにかかわらず、すべての生徒に学びを提供できる場所――という話し合いが、学校のなかで頻繁におこなわれるようになりました。

同じ時期に、鳥取県では特別医療の適用年齢が18歳までに引き上げられたので、私が在籍していた拠点校では、該当の生徒全員に案内しようということになりました。虫歯の治療ができていない生徒も多かったからです。就学支援金の申請も全員に呼びかけ、手続きができていなければ、再々保護者に働きかけるということを意識しておこないました。諸費滞納などの家庭に限らず、生活困窮者自立支援事業が開始されたことを知らせるチラシを配布する、などもおこないました。

生徒自身に選べる・使える制度を案内できることは、学校にとってもたいへん勇気をいただけることでした。生活保護のアルバイト収入認定に関すること、部活の費用にかかわること、進学準備

給付金、そして検討されている新生活の立ち上げ費用としての一時金、など。制度は、支援する機関の励ましと希望にもなっていくのだと感じます。

いまでも変わらず残念なのは、２０１４年度（平成26年度）からうたわれた高校の授業料実質無償化です。就学支援金の申請が必要になったため、所得課税額がわからない、事情があって確定申告ができていない自営業の家庭については、いまでも授業料がかかってしまう仕組みが残っています。「実質無償化」から「無償」になることを強く求めていくことが必要だと思います。

先ほど何人かの生徒の姿をお伝えしましたが、困難が発見されれば、地域の支援につながることができます。ただ学齢期の子は、問題行動として出てきても背景がわからないため、学校も一面的に見てしまいがちです。子どもの貧困の情報もほとんど入りません。情報提供・研修は重要だと思います。多様な視点で見立てて、早期に支援が開始できる可能性につながります。

私から地域への要望があります。中学校から高校に進学すると、要対協がそれまで対応してきたケースが終了してしまうことが多いのが残念です。高校合格はうれしいことですが、生徒にとっては大きな環境の変化です。家庭の状況だけではなく、生徒自身が持っている力について引き継いでもらえると、学校の教育力も活かせると思います。たとえば、生徒の修学支援と自立への支援を、生徒とともに設計していくことが重要なポイントです。18歳の壁をこえる制度や、支援機関とつながっていくことも必要でしょう。連続性のある支援体制の構築の必要性、重層的につながり続けて、つぎの走者にかならずバトンを渡す体制があるといいです。生徒を中退させないようにしていただきたいです。

福島史子（ふくしま・ふみこ）……鳥取県教育委員会いじめ・不登校総合対策センター、スクールソーシャルワーカー・スーパーバイザー。大阪公立大学スクールソーシャルワーク評価支援研究所客員研究員。鳥取大学医学部非常勤講師。おもな著書に『よくわかるスクールソーシャルワーク』（共著、ミネルヴァ書房）、『すべての子どもたちを包括する支援システム』（共著、せせらぎ出版）など。

外国につながりのある子どもの貧困と孤立

磯田三津子
埼玉大学教授
教育学

多様化する在留外国人のいま

外国につながりのある子どもと若者をめぐる貧困と孤立というテーマで、とくに学校と地域をつないでどんなことができるのかを考えていくことにします。

私は京都に住んでいたことがあるのですが、京都駅の南側に東九条という地域があり、在日コリアンたちが多く住んでいます。そこでは年に一度、「東九条マダン」というまつりがおこなわれます。マダンは朝鮮語で「ひろば」という意味です。そのひろばで在日コリアンも日本人も、その他外国につながりのある人びとや障害のある人たちもいっしょになってまつりづくりをしています。

ここに住んでいる在日コリアンたちは、私の世代だと3世になります。おじいさん・おばあさんが戦前から戦後にかけて朝鮮半島からやってきて、2世のお父さん・お母さんがいて、そして、その子どもである3世がいる。保育園や小学校低学年だと、5世もいまでは誕生しているはずです。このように戦前・戦後の日本の植民地支配の歴史にもとづいて日本に渡ってきた韓国・朝鮮につながりのある人びとを、在日コリアンと呼びます。そして、在日コリアンの人びとは「オールドカマー」といわれます。

一方で、日本に帰化して生きていく選択をする人たちも多くなってきているそうです。しかし、こうしたまつりは、在日コリアンの人びとにとって、自分は何者なのか、おじいさん・おばあさんはどこから来たのかと、思いをめぐらせる機会になっているといいます。

いま私が住んでいる埼玉にも、たくさんの外国につながりのある子どもがいます。出入国在留管理庁の調べによれば、埼玉県の在留外国人は23万4698人です（2023年末）。全国で5番目に外国人が多い県で、オールドカマーだけではなく、1980年代以降に渡日した「ニューカマー」といわれる人も増えており、さまざまな課題が明らかになり、それについて考えていかなければいけない状況です。

1975年当時、日本全国でいちばん多い外国人は、韓国につながりのある人びと、すなわち在日コリアンでした。1990年代に入ると、中国につながる人びとがだんだん増えます。そしてブラジル、フィリピン、その他の国ぐにからきた人びとが日本で暮らすようになったのです。外国人の抱える問題の原点は、オールドカマーである在日コリアンの人びとをめぐる問題です。基本的にはそれらの人びとへの偏見や差別を排除し、どのように日本社会でともに暮らしていくかということでした。しかしながら、なかなか解決しないまま、現在に至っているという状況です。

在日コリアンの数は統計的に減少しています【図2】。帰化した人たちが多くなっていることをその理由としてあげることができます。たとえば、商売をやっている場合に日本人と言ったほうが関係をつくりやすいといった理由から、国籍を変えた人もいるそうです。しかし、自分の文化、ルーツを大切にしたいと、国籍と名前を守っている人もいます。日本人と変わらず生活されている方もいれば、民族の伝統や文化を重んじる方もいるでしょう。現在は、在日コリアンも多様化していると思います。

関西に注目すると、大阪の鶴橋にはコリアタウンがあ

在留外国人数の推移 1974-2023　【図1】

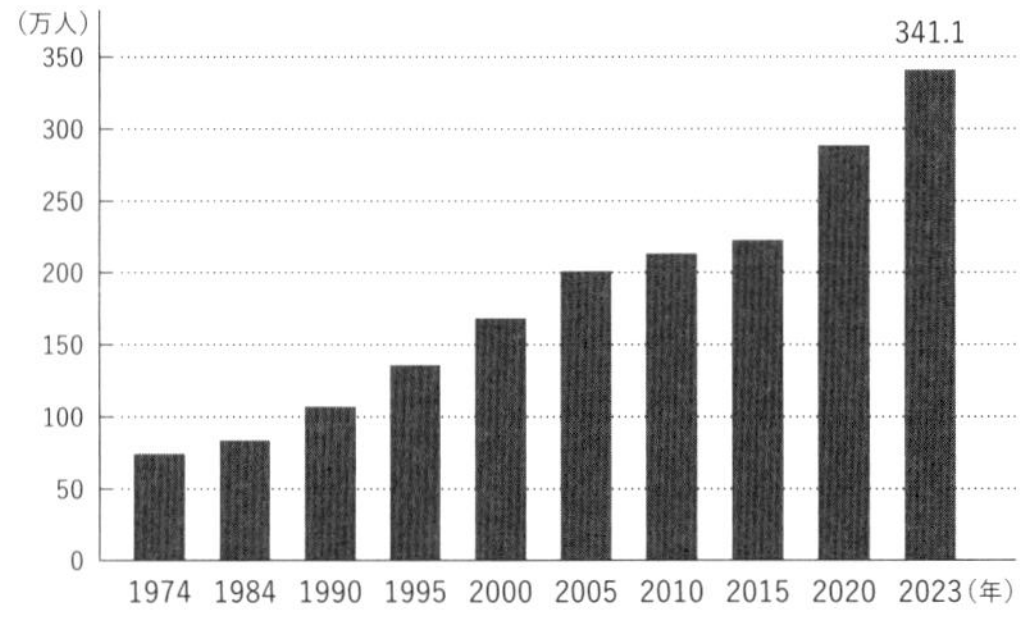

在留外国人数の多い都道府県（2023年）

① 東京都 663,362人
② 愛知県 310,845人
③ 大阪府 301,490人
④ 神奈川県 267,523人
⑤ 埼玉県 234,698人

出所：出入国在留管理庁

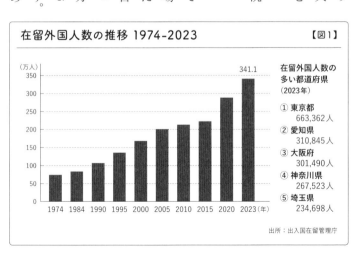

ります。また、大阪府内の小学校にはベトナム出身の子が多い地域があり、そこには放課後にベトナム出身の子どもたちがベトナム語やベトナムの文化を学ぶ活動をおこなっている学校があります。この活動には日本人の子どもたちも、希望があれば参加することができます。

神奈川県にもいろいろな国につながりのある方たちが暮らしていて、中国やベトナム出身者が多い。また、川崎には韓国の方たちの集住地域があります。同じ県や府内でも地域によって、外国につながりのある人びとが多い地域や少ない地域、そしてどこの国出身の人が多いのかなどさまざまです。

外国人人口に占める国籍別の割合 2000-2020　【図2】

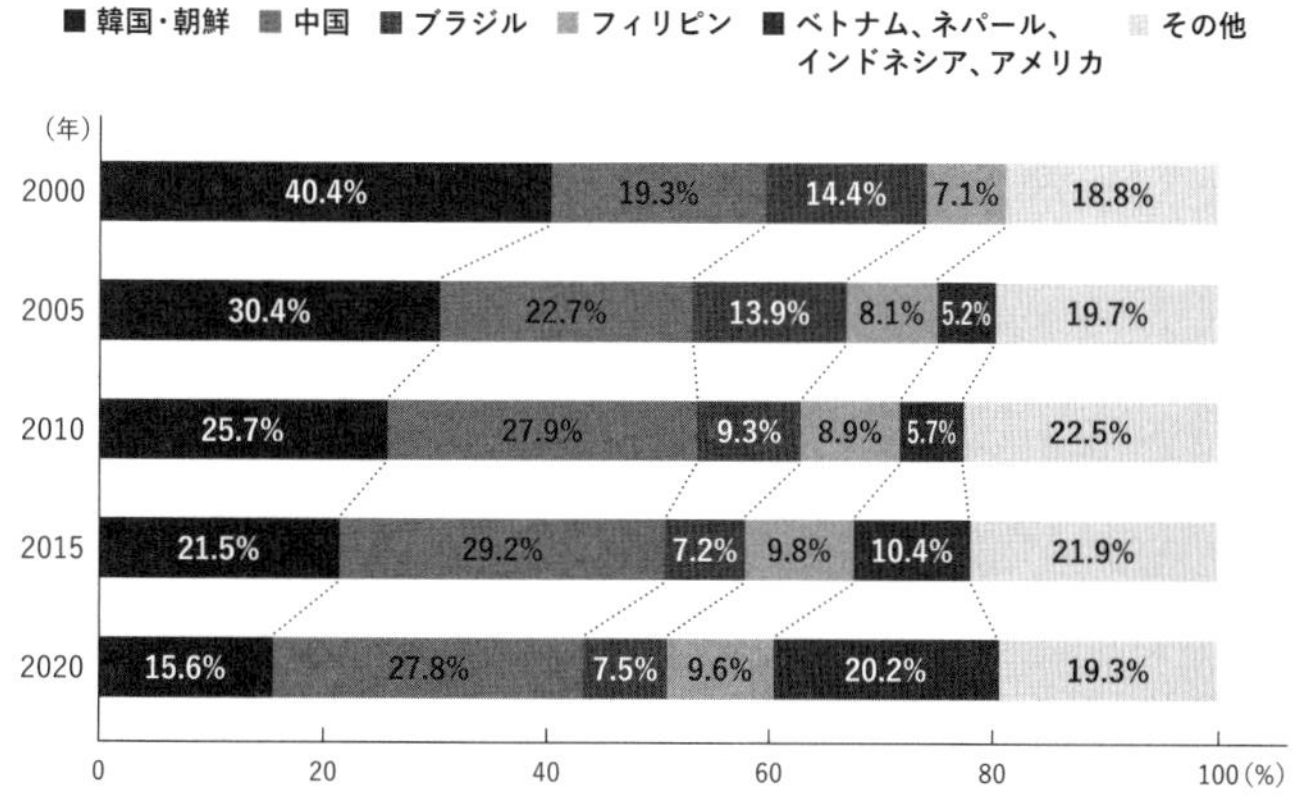

出所：総務省統計局「令和2年国勢調査──人口等基本集計結果からみる我が国の外国人人口の状況」より作成

外国につながりのある子どもの課題

外国につながりのある子は、日本語を十分に使いこなせることができないことによって、学校の勉強がわからない、友だちとのコミュニケーションが難しいといったことで学校に行かなくなる子どもたちもいます。それは深刻な問題です。私は、学生といっしょに、外国につながりのある子どもたちの日本語・学習支援のボランティアをおこなっています。こうした学習の会に参加すれば、外国につながりのある同じ状況の子どもたちとかかわりあうこともできます。せめてこうした学習の会だけでも来てくれればよいのです。しかし、学校に行かなくなって、こうした学習の会にも来なくなってしまう子どもが何人もいました。

以前、日本語支援の教室に来ていた、よくしゃべる明るい男子中学生がいました。高校進学のための面接の練習をしたのですが、「友だちがいますか」という質問に対して、彼は「友だちはいません」と答えました。友だちはいないけれど、学校にはなんとか行っている。びっくりしましたが、そういう寂しい状況が、少数在籍校（外国ルーツの子どもが少数のみ在籍する学校）にはあると思います。

もうひとつ、不就学の問題があります。２０１３年の文部科学省の調べによると、小・中学校に通う年齢なのに、どこにも就学していない可能性がある外国籍の子どもは８０００人以上います。

外国籍の子どもにとって日本の学校に行くことは義務教育ではありません。しかし、学校へ通うことは子どもの成長と発達のために必要なものです。一方、子どものなかには、通学はしたものの周囲とコミュニケートできず、しだいに不登校になってしまう子が多いのではないかと私は思っています。

不就学の外国人児童・生徒等を対象にした２００６年の文科省の調査では、「日中何をして過ごしているか」という質問に、「家で特に何もしていない」が36・5％。「仕事・アルバイトをしている」が20・2％、「兄弟姉妹の世話をしている」が13・5％と続きました。理由は、お金がないから、日本語がわからないから、すぐに母国に帰るからなど、多岐にわたります。母国の学校と生活や習慣が違うから、という回答もありました。

こういう問題は、最近になって出てきた問題ではないのです。１９６０～70年代から同じような問題がありました。１９７５年に出版された『九条思潮（二）』（労働運動研究会編）のなかの作文には、つぎのように書かれています。

〈子どものころぼくは、家が貧しいのでオモチャもなく、河原や公園でばかり遊んでいたことを覚えています。ぼくも新聞配達をしたりいろいろなアルバイトをやりました〉

前出のまつりをやっている東九条の若者が書いた作文です。この作文を書いたのは20歳ごろで、子どものころは貧しくて、ほとんど学校に行っていません。日本語を学び直したときに文字を覚えて、書く練習をして書いた作文です。学校に行かずにいる外国につながりのある子どもがいるということについては、50年ぐらいまえから、まったく変わらない現実があります。

また、1962年に中学校の先生が書いた記録には、こうあります。

〈欠席生徒の報告は、〃嫌学〃〃親の無理解〃〃貧困〃等でかたづけられてしまうところであるが、これ等の子供が学校にいかない生活の背景には、深い差別の根がある。（中略）差別の根を掘り起し、朝鮮人生徒としての自覚が生まれてこなければ、学校にきても、机の前で辛抱しているだけで又もとの状態になってしまうだろう〉（河合俊治「民族教育の視点——京都市陶化中学校の実践」）

外国ルーツの子たちは、将来の展望がなかなか持ちにくいのではないかと思います。ビザの問題もあり、あるいはもう親が国に帰ると決めていて、自分はどうなるんだろうと、宙ぶらりんのところにいて、未来が選択できない。国籍の問題も関係しているようです。たとえば在日コリアンに対する就職差別、現在においてはビザの種類によって就職が困難だったりするといったことです。そう思うと、不就学・不登校も含めて、昔からたくさんある外国につながりのある子どもをめぐる問題が、いまだ解決できていないのです。

私が支援をとおしてみた、外国から日本に来た子どもたちの抱える困難は、「日本語」「学校行事」と「母語」に分かれます。まず、日本語ができないので、日常のコミュニケーションができない。市の教育委員会の人に聞くと、「日常に困らない言葉を身につけるために一生懸命がんばっています。まずはそこからです」と言っていました。コミュニケーションがとれなければ、友だちもつくれません。

算数の授業で、「三角形、直角、辺」などと言われたら、なにがなんだかわからないと思います。歴史の授業で使われる言葉も同じです。容易に想像がつきます。それを考えると、各教科の学力の形成は、子どもにとってひじょうに困難なことがわかります。

つぎに、行事などの学校文化です。日本と母国ではその習慣が違います。ベトナム人の子どもを支援するスクールソーシャルワーカーから聞いたのは、学校行事の意味がわからないので、遠足にランドセルを背負ってきてしまった話でした。支援する大学生がそれを聞いて、本当にかわいそうだと言いました。運動会の日も普段着で来てしまう。赤白帽の意味もあまりわかっていなかったようです。

大阪の集住地域の学校のなかには、たとえば赤白帽とはこういうものだと、親の母語で説明できる資料などがあります。担当の先生が日本の習慣にもとづいた教育をていねいに説明するので、たいていはわかります。一方、少数在籍校の多い地域では、まだまだそこまでできていない状況です。

そしてもうひとつは、母語の問題です。家庭で親子のコミュニケーションがだんだんできなくなる可能性があります。子どものほうが親よりも早く日本語を覚えてしまい、逆に親の言葉、母語がわからなくなってしまうなど、言葉の問題は山積しています。その後、母国に帰るとしたら、言葉をどうするのか。日本に暮らしつづける場合でも、言葉はアイデンティティそのものなので、外国人なのに日本語しかしゃべれない自分とは何者なのかと、悩む現実もあると思います。

問題行動や不登校の根っこにある問題

中国につながりのある子ども、チェンさんの話です。彼は両親とともに中国から2000年代に入って日本にやってきて、子どものころから日本の文化になじみ、日本の保育園に通っていました。中国人が多く暮らす地域に住んで、保育園では日本人や中国語を話す友だちと遊び、家族とは中国語を話している、一見するとバイリンガルです。日常生活での日本語はまったく問題なく、友だちもたくさんいて、充実した生活を送っていたようです。

しかし、小学4年生になると、学校の勉強がだんだん難しくなってきました。日本人の子どもも勉強を理解している子とそうでない子の差がついてくる時期で、教育者ならそのようすを後ろで見ていてもわかるくらいです。

日本人か、外国につながりのある子どもかにかかわらず、国語や算数は、本当に差がつきます。チェンさんは、しだいに勉強についていけなくなりました。ついに教師は、日本語はできるのに勉強に遅れが目立つことから、「これは学習障害なんじゃないか」と思うようになります。落ち着きがなくなって多動になり、教師の疑いは増していきました。

結局、チェンさんの場合は、学習言語が未熟だったことがわかりました。それで教師が言葉の支援をすることで、だんだん落ち着いていきました。落ち着いてくると、勉強もわかるようになっていったといいます。

外国につながりのある子どもが、落ち着きがない、乱暴な行動をする、言うことをきかないというのは、よくいわれることですが、文化の違いでストレスが溜まり、問題行動が起きてくるのだと思うのです。最終的には学校に行きたくなくなるところまで行き着くのです。発達障害や学習障害などを調べるにしても、日本語の能力が発達していないと、検査すら困難です。

ある学校の先生から、外に一歩も出なくなってしまった子どものことで、相談の連絡がありました。アメリカ人の子で小学生のときに日本に来て、いまは中学生になっているそうです。

日本語はよくしゃべれているのだけれど、「学校に行きたくない」と言います。文化が違うからイヤだ、「アメリカに帰りたい、帰りたい」と訴え、ついに一歩も外に出なくなってしまったようです。親はおもちゃを買ってあげるからと誘い、なんとか外に連れ出そうとするけれど、行かない。それで私が学生とやっている日本語教室に参加することを勧めましたが、結局、訪ねてはきませんでした。

このように、学校にも日本語教室にも、まったく来なくなってしまった子どももたくさんいます。

先にお話ししたとおり、私は日本語教室を学生とおこなっています。その日本語教室がせめて居場所になればいいと願って、電話をしてくる学校の先生もいます。日本語教室が点在しているような地域では、子どもたちが各学校で孤立しないように、あるいは地域で貧困に陥ったりしないように見ていく必要があります。

学校に行かなくなれば基礎学力も身につきませんし、友だちとコミュニケーションすればこそ日本語も身について、日本の社会で生きていけるような力も身についてくるのです。けれども、日本語ができないと働くこともできない。一方で、母語を忘れてしまって、国に帰っても母語をうまく使えないとしたら、大変な窮状に陥ることは予想できます。

大学生ボランティアによる日本語・学習支援のようす

ある日本語学習の現場から

この国で暮らし、貧困に陥らないためにも日本語の学習は必要です。さいたま市を例にとると、少数在籍校であっても、子どもが通いはじめてから1年間は日本語指導員がついて、日常生活に困らない程度の日本語の学習を支援していく方針です。

また、埼玉県川口市の多数在籍校では、日本語の担当教員がいて、年度の4月から3月まで継続して学校で手厚く学習をサポートします。教材は市販のものや日本語指導員が作成するオリジナル教材を使っているところが多いようです。中国出身の子どもが多数在籍する川口市の小学校で「取り出し指導」（別室での個別指導）の授業を見学したさいには、中国人の先生ひとりと、ふたりの日本人の先生が、日本語を指導していました。

私は数年前、埼玉県内にある外国人集住地域の小学校の日本語学習（取り出し指導）を参観しました。国語や社会などの時間に、日本語学習が必要な子たちだけ、別室で日本語の勉強をするわけです。その学習の流れとしては、まず、一日（ついたち）、二日（ふつか）、五日（いつか）、二十日（はつか）など、日付の読み方を学んでいきます。「きょうは、十二月一日です」とか「十日です」を先生といっしょに発音練習します。

取り出し日本語授業（埼玉県内の小学校）

学習の流れ

① 「昨日」「今日」「明日」の日付を読む。
「一日」「二日」など日付の読み方を確認する。

② 今日の給食の献立を日本語で読む。
（行事があるときには、日本語で行事について説明する）

③ 絵本を読み聞かせする。

④ 形容詞について学習する。
（新しい、古い、難しい、などについて）

⑤ 国語の教科書を音読する。内容を確認する。

⑥ 文法「～で（by）」の使い方について学習する。
（鉛筆「で」書きますなど）

⑦ 食べ物カードで、食べ物の写真を見て名称を答える。

2つ目の勉強は、給食の献立を日本語で読むことです。行事があるときは日本語で行事について説明し、その後は絵本に向かい、くり返し読みます。

見学に行った日は、「新しい」「古い」などの形容詞を勉強していて、そのあとには、国語の教科書を音読。6年生の子も、1年生の教科書に戻って読んで勉強していました。

文法を学び、それから食べ物カードで、食べ物の写真を見て名称を答えるクイズのようなことをおこないます。そのときは先生と1対1で、1時間びっしり学習は続きます。子どもは緊張していて、違う文化に何かなじめない状況で、なんだか顔が沈んでいる感じがしました。

昨年、同じ小学校の日本語学習の参観に行ったのですが、教室には子どもの数が増えてきて、ひとりの教師から3、4名の子どもがいっしょに学んでいました。そうなると、仲間ができたからなのか、子どもたちは元気いっぱいで明るくなりました。こういうようすを見ていると、日本語学習も同じ背景のある子ども同士がつながりあえるよう、グループでやるのがいいと感じます。

日本語教室の掲示物は、学校によって違います。階段の1段1段に「ハロー」「ニーハオ」「シンチャオ」のように、いろいろな国の言語であいさつが書いてある学校もあります。しかし一方で、日本語教室が日本の文化一色のところもあります。何かひとつぐらい、子どもたちの母国の文化を取り入れてもいいのにと感じるのですが。日本にいるのだから、なじむためにも日本語一辺倒にしようという方針なのでしょうか。

私が日本語学習を参観した小学校の先生は、「外国の子どものなかには、がんばって日本の子どもに負けないぐらいの力をつけている子どももいます」「外国の子どもだからといって特別扱いはしない」と言っていました。それはそうなのですが、外国の子どもの文化もまた大切にして、肯定的なアイデンティティを形成することも大事です。それに、外国の子どもだから、むしろ日常や学習のさまざまな場面で特別扱いしてケアしなければいけないのではないかと私は思いました。

平等な教育、公正な教育

その子にとって適切な教育とは何なのだろう。そこを考えていくことが、外国にルーツのある子どもの教育の重要な点だと思います。

平等と公正は違います。たとえば平等なら、アメをひとつずつ平等にあげるということですから、みんなを同じように机に座らせて、同じように教科書を与えて勉強することが平等ということになります。

たとえば、アメリカの多文化教育や教育における正義をテーマにした本には、「公正な教育をしましょう」とは書いてあります。公正な教育では、いろいろな子どもに、その子に沿った対応をするということです。英語ができない子もいれば、障害のある子もいたりします。あるいは貧困の子もいるかもしれない。子どももそれぞれにいろいろな状況があるので、その子に合った適切な教育を考えていき、どの子も同じように目標に到達できるように考えていくのが、公正だと言っているのです。

公正な教育を実現するのは大変なことですが、それぞれに専門家がいて、障害のある子の場合は障害をどうケアしたら公正になるのかを考え、外国につながりのある子の場合は、外国語を研究している人たちなどが対処します。「特別扱い」は、子どもたちのために本当はしたほうが公正なのではないかという気がします。

埼玉県の在留外国人とその子どもたち

私がいまいる埼玉県について見ていきたいと思います。

埼玉県の在留外国人は増加していて、いちばん多いのは中国出身、続いてベトナム、フィリピン、クルド系の人たち、韓国、ネパールなど、多様です。

近年、京浜東北線沿線の川口市や蕨市には、チャイナタウンのような場所ができています。埼玉大学の学生による日本語支援の教室に来るのは、中国の子どもが圧倒的に多いです。その地域の小学校では、前述したような「取り出し指導」としての日本語教室のほか、放課後クラスで日本語支援をしているところもあります。一方で、少数在籍校は県内で８割近くにおよび、学校のなかで、あるきょうだいだけが外国にルーツがある子ども、というところも多くあります。

川口市には、クルド系の人びとも多く生活しています。２０２４年４月の川口市と同市教育委員会によると、川口市の住民登録における外国人人口のうち、トルコ国籍の人びとは約１２００人（外国人人口の３％）であり、そのなかの子どもの人口は約20％で、約４００名の小・中学生が暮らしています（産経新聞２０２４年5月24日 https://www.sankei.com/article/20240516-3RXDN3JSTBJF3FP2JWVQRDO7CA/）。この数には、住民登録されていない仮放免（在留資格をもたない状態）のクルド系の子どもたちも含まれています。仮放免のトルコ国籍の人たちは、川口市に７００人近くいると推定されています。近年では、川口市でトルコ国籍の人びとが住宅を簡単に借りることができず、たとえばさいたま市、草加市などの近隣の市にも居住が広がってきています。

蕨市には、温井立央さんが代表をつとめる「在日クルド人と共に」という団体があります。この団体のＨＰには、「外国籍の人・外国にルーツのある人、そのなかでも在日クルド人との交流・支援を通じて、多民族・多文化の社会を共に創ろうと考えています。お互いの関わりを通じて新たな文化や価値観を創造していくことが活動の目的です」とあります。このように「在日クルド人と共に」は、地域で暮らす日本人がクルド系の人びととの交流をとおしておたがいを理解し、共生することをめざしています（「在日クルド人と共に」https://kurd-tomoni.com/）。

温井さんがこの団体を立ち上げたのは、ご家族が平日の昼間、公園で遊んでいるクルド系の子どもと出会ったことがきっかけだといいます。温井さんは教育委員会に掛けあい、公園で出会った子どもは学校に通うことができました。しかし、こうした不就学の子どもたちについて、すべてを把握することは行政もできていないという現状があります。

仮放免の子どもたちは就労資格がないため、進学しても卒業後、就職することができません。大学まで進んでも、仕事に就くことができないのです。温井さんによると、子どもたちが在留資格を得るには、裁判しか方法がなかったとのことです。しかし、これは大学や専門学校に通っている子どもの場合です。中学、高校を卒業しても、その先の仕事の見通しはありません。そうしたことから学校に行ってもしかたないというようになってしまうこともあります。

さらに深刻なのは、仮放免の家庭には健康保険がないことです。病気で入院をして、数十万～数百万円の請求がきたという例があります。そのため、けがをしないよう、子どもに体育の授業を受けさせないという家庭もあるそうです。子どもの権利条約にもとづき、外国籍の子どもも日本の学校に通えます。しかし、体育の例にもあるとおり、学校以外のさまざまな課題が、子どもたちが学ぶ機会を失う要因となっているのです。

クルド系の子どもたちにも、言葉の問題があります。先にお話ししたように、小学校では取り出しの日本語学習がありますが、中学校にはそういった支援がありません。温井さんによると、そういったことから中学校をやめてしまう子もいるとのことです。また逆に、子どもは日本語を話せるけれど、保護者は日本語ができないことによる問題もあります。その場合、学校から保護者への連絡は子どもを介して伝えることになり、子どもは都合の悪いことは伝えませんし、伝達がうまくいくとはかぎらないので、学校と家庭とのコミュニケーションがうまくいかないことが出てきます。家族が病院にかかるときには、日本語を話せる子どもが医療通訳を担わなくてはならず、やはりそれはときに間違うこともあるといいます。

子ども同士のトラブルのなかで「トルコに帰れ」と言われたり、仮放免の親が入管に収容されたら「犯罪者の子ども」と言われたりと、つらい思いをすることもあるようです。

仮放免の子どもが16歳になると、定期的に、入管にひとりで面談を受けに行くことになります。ある子どもは、入管の職員から「いくら勉強しても無駄だから、（国に）帰って」と言われ、何もやる気がなくなってしまったそうです。でも、いい成績をとれば認めてくれるかと思ってまたがんばり、後日、入管の職員に成績を見せたのですが、反応は同じでした。

クルドの人たちのなかには、在留資格があって商売がうまくいって経済的に豊かな人たちもいます。一方で、困窮している家族もいます。ひとつの家族のなかに、在留資格のある人とない人がいることもあります。クルド系の人たちといっても、じつに多様です。しかし、親の都合で言葉の通じない日本に来た子どもも多いはずです。勉強すれば仕事の道が開けてくるかといえば、自助努力ではどうにもできない困難を抱える子どもは多いのです。こうした子どもが将来を見据えて、いまをポジティブな気持ちで生活するために乗り越えなければならない課題はあまりにも多いと感じます。

子どもの母文化とアイデンティティ

子どもたちと文化について考えてみます。日本語と日本文化を学び、そこに適応することと、母語と母文化を大切にすることは、両方とも大切なことです。しかし教師は、勉強について行かせなければならないと焦るあまり、日本語や日本のことばかりを教えてしまうのです。しかし、その子が外国につながりがあるのは、確かなこと。その文化の豊かさを大切にすることも、これから日本のなかで生きていくためにも必要です。

日本にいるのに、なぜ母語や母文化を大切にすることが大事なのかを、いま一度考えなければいけないと思います。

外国にルーツのある子が日本語をしゃべることは、日本にいる以上、親よりも有利なわけです。日本語を話せるようになりたい一方で、人前で母語をしゃべる親に対しては、「しゃべらないで」とネガティブに思うようになってしまうことがあります。母語でしゃべりかけないでと言うのは、自分の親を否定することにつながり、結局は自分自身に対しても、引け目や負い目を感じるようになってしまう。そう警告する人もいます（太田晴雄「日本的モノカルチュラリズムと学習困難」『外国人の子どもと日本の教育』宮島喬・太田晴雄編、２００５年、東京大学出版会、62―63頁）。

肯定的なアイデンティティが大切だという、ひとつの事例を紹介したいと思います。

かつてアメリカでは、あらゆるところで黒人と白人が分けられて生活をしていました。水飲み口にもわざわざ「カラード」と書かれて白人用と黒人用が区別され、電車の同じ車両にも乗れませんでした。

そういう状況が続いていたのですが、１９５４年、「ブラウン対教育委員会裁判」の判決が出ます。アメリカの最高裁が、人種による公立小学校の分離は違憲であると下した判決です。オリバー・ブラウンの娘、リンダは黒人であるために、わずか7ブロック先にある小学校には通えず、１・５キロ離れた別の小学校に通うことを余儀なくされていました。バスもなかなか来ずに、寒いときには早く家を出て学校に通います。雪が降るときはとくに早めに出て、門の前で30分も待っていたそうです。彼女は、そんなふうにつらい思いをするのは人種のせいだからと思っていました。そうすると、自分の人種は劣っているのではないかと劣等感をもってしまいます。どうせ自分はだめなんだ、勉強してもこの社会で活躍することはできないなどと、とらえてしまい、将来を選択するための基本的な部分が揺らいでしまうということになります。

在日コリアンの人たちも同じようなことを語っていて、たとえば2世である李さんは、40歳ごろまで出自を隠し、在日の人たちのグループを避けるように振る舞っていたと言います。民族衣装も着ないし、音楽を専攻していましたが、演奏したことのある伝統楽器を「経験がない」と言っていたそうです。とにかく日本の文化がいちばん優れているという意識があり、コリアンは日本人より一段劣っているという教育を受けてきたためではないかと話していました。

一方で、3世の崔さんは、自分を否定しないでほしいと話しています。「私のおばあちゃんは韓国人だ」と周囲の人に胸を張って言える人になってほしいと。崔さんは、大阪府の小学校で民族教育をしている講師です。自分が何者かということを感じられるのはひじょうに大事なことだと話していました。伝統楽器を演奏するとき、リズムの魅力を感じ、自分が韓国につながりがあってよかったと思える瞬間だと言っていて、こういう経験することが大切だと思います。

自分を肯定できれば、失敗をしたときにも、つぎにパッと切り替えられると思うのです。ストレスを和らげることができます。自分の将来を前向きに選択していくためにも、やはり安定したアイデンティティはその基盤になると思うわけです。

大阪・ミナミの繁華街にある中学校の校長先生もまた、こう話していました。「やっぱりこのアイデンティティが基盤です。何をするにも基盤なので、これを大切にしなければだめです」。アイデンティティは学力形成の基礎にもなる可能性があるということです。自分のルーツを肯定していく最初の入り口として、伝統楽器や伝統的な遊びがあり、体験しながらいろいろ考えていく材料にしていると、大阪や京都の教師たちが話していました。

教師の言動はアイデンティティに影響するといわれています。認められ、承認されることで、子どもは安定したアイデンティティを形成するのです。鉄棒ができるとか、算数や国語ができるといった能力で認められることも、とりあえずアイデンティティを形成するのには重要ですが、それだけではなく、就職や結婚や、さまざまな局面で、国籍やルーツに向きあうことがあります。そういうときに自分のことを嫌いになって隠すことになってしまうと、自己否定につながり、アイデンティティが揺らいでしまう。これだけは避けなければいけないことです。

地域でこそできること

そういうことを考えているときに、大阪市の国際クラブの発表会に行き、外国の子どもたちが自分たちの文化を発表するようすを見てきました。大阪府内には、韓国、ベトナム、中国など外国の文化を学べる放課後の活動があります。そのクラスを担当している先生がはじめにあいさつし、いろいろな国の出身の子たちが遊びを披露したり、楽器の演奏を披露したりしました。大阪府内の、外国につながりのある子どものいろいろな文化を学ぶ放課後の活動には、日本の子も入っていいよというところもあります。京都市では、日本と韓国の太鼓のコラボの発表会もありました。こういうことを通じて、外国につながりのある子どもたちは自分のルーツを学び、アイデンティティを形成していくことができます。同時に、多文化共生教育の取り組みとしても意味があります。

私は、学校と地域の枠をこえて、外国につながりのある子ども同士がつながれるような居場所があったらいいと思っています。それを見守る日本の子どもたちも出てくるはずです。そこでわいわいやっていると、外国につながりのある子どもたちもうれしいし、外国につながりのある友だちがいると、異なる文化を大切にすることもできます。

外国につながりのある子どもの視点から、教師は何ができるのかを考えることも必要となってきます。日本の文化を教えるだけではなく、その子の視点に立ってその国の文化を大切するために、どのような立場に立つか。そういうことに何か影響を与えるようなことも、地域ができるのではないかと思っています。

また親の価値観は子どもに影響しますから、日本人の保護者が、家で子どもにどういう発言をしているかも問われるところです。保護者が地域の文化とどうかかわり、地域の活動とつながっていけるか。地域が、外国の文化を楽しめる大人を育てていく。そんなこともできるのではないかと思いました。

地域には、学校でできないこともできる、さまざまな可能性があると思います。子どもたちがいろいろな文化に出会い、その豊かさを知ることなど、外国につながる子どもの豊かな未来に向けて地域ができることがあるのではないかと考えています。

磯田三津子（いそだ・みつこ）……埼玉大学教育学部教授。専門は、教育学、在日外国人教育。おもな著書に『京都市の在日外国人児童生徒教育と多文化共生――在日コリアンの子どもたちをめぐる教育実践』『ヒップホップ・ラップの授業づくり――「わたし」と「社会」を表現し伝えるために』（ともに明石書店）、『音楽教育と多文化主義――アメリカ合衆国における多文化音楽教育の成立』（三学出版）など。

学習支援とケア

——貧困対策としての学校の役割

柏木智子
教育学
立命館大学教授

子どものウェルビーイングと権利保障

今日は、貧困状態にある子ども、外国にルーツがある子ども、困難を抱える子ども、学校・地域づくり、ウェルビーイング。こんな言葉をキーワードに、話をしていきたいと思います。

私は現在、社会の分断を防ぎ、公正な民主主義社会を形成するための学校、地域づくりに関する研究を進めています。もともとは、子ども食堂や学習支援や居場所づくりのための活動組織が、いかに子どもをケアしていくのかについて、地域のつながり、学術用語で言えば、ソーシャルキャピタルの知見を用いて調査をしていました。ただ、困難を抱える子どもが多くの時間を過ごすのは、やはり学校です。もちろん、登校しているのかどうかにもよりますが、もし学校の中で疎外されているとしたら、どうしたらいいのか。このことも考えないといけないと思い、地域づくりに加えて、学校づくりにも目を向けるようになりました。

貧困状態にある子どもをはじめとして、さまざまな困難を抱える子どもをどう包摂していくか。いま、学校教育にかかわる議論では、多様な学びの促進がＩＣＴのコンテンツの活用を含めて考えられつつあります。そして、そのなかには、個別のニーズを満たす方法として、子どもがオンラインでつながりながら、自分に合う場所やペースでそれぞれに応じて個別に学習を進めていける環境をつくればいい、とする考え方もあります。もちろん、こうした基盤整備を進めて、多様な学びのあり方が可能になる環境を整える必要はあります。しかし、困難を抱える子どもが個別に勉強して個別に過ごすことを望んでいるかというと、かならずしもそうではありません。みんなとかかわって、わいわい楽しみたいし、いっしょに学びたいし、ともに過ごしたと考えています。この視点が抜け落ちないように、困難を抱える子どもの状態に加えて、教育活動のなかで何を大切にしていくべきなのかについて説明をしていきます。

２０２３年、こども基本法が施行されました。そこで何がいちばん求められ、この日本社会の子ども行政の何が変わったかというと、子どもの権利を総合的に保障することが明確に打ち出されたということになります。日本は、国連の子どもの権利条約を批准して、子ども行政における人権意識を徐々に培ってきましたが、それでもまだ、子どもの権利を守ることには関心が希薄だといわれてきました。そこをどうやって進めていくのかをメインターゲットとして、子どもの権利をしっかりと保障することを打ち出したところ、しかも教育や医療だけではなく、トータルでと、総合行政をめざしたところは素晴らしいと思います。

施策の理念のなかで私が重要だと思う文言は、「子どもは愛されるべき存在だ」というものです。子どもの権利について考える場面では、子どもがなにかしら意見表明する、参加する、アクションを起こすなど、主体的に何かをなしうる権利を保障するところに重きがおかれやすくなっています。ただし、子どもが主体的に社会に働きかける存在になる前提として、子どもは愛される存在であり、あたたかな関係性を基盤にしてようやくそうした行為ができるようになるという、順序に関する認識も一方で必要なように思われます。諸外国の研究者は、愛やあたたかな関係性についてケア論を用いて論じることが多く、ケア＝愛、ケア＝愛情と書いています。ここで、愛とは何かと言われると、ひじょうに深い哲学になってしまうので、研究の知見としてはなかなか出しにくいのが実際ですが、重要なことは、子どもが多くの人からたくさんの愛情を受けて、社会といろいろなかかわりをもちながら育まれる結果として、ウェルビーイングが保障されるという視点です。

そもそもウェルビーイングとは「つながり」を基盤とする概念です。ソーシャルキャピタルの研究では、つながりがたくさんあるほど――しかも階統的で凝縮されたボンディングなつながりよりも、水平的で開放的なブリッジング（橋渡し）なつながりが多くあればあるほど――、人びとのウエルビーイングが高まるとされています。子どもについても、たくさんのつながりがあればいいという量的な側面と、水平的で開放的で、さらにいえば寛容的なつながりがあればいいという質的な側面の両方から、ウェルビーイングをいかに担保するのかを考える必要があります。

先ほど順序と申し上げましたが、この観点から子どもの権利保障の構造について少し説明をしたいと思います。

子どもの権利は、子どもの身体の安全をまず保障し、かつ、気持ちの安心を保障する。それが両輪になると思います。この2つは双方向的なもので、身体の安全を保障しないと、気持ちの安心も保障できないのです。また逆に、親や周囲から身体的虐待をされていなかったとしても、ネグレクトを受けていたり、暴言を吐かれていたりしたら、やはり脳は萎縮してきます。この2つの安心と安全の保障を伴って、あるがままの存在の承認が得られると、その子の声が現れ、社会参加にいたると私は思っています。この声の現れには何段階かありますが、声の現れは、じつは「わたし」の現れなので、子どもの存在自身がたち現れるという流れになります。

困難を抱える子どもにとって、社会参加に至るまでの自分の声をあらわす作業は、とても難しいものになります。というのも、あるがままの存在として承認されていると思える、先ほど述べた、多くの人からたくさんの愛情を受けていると思える機会が少ない傾向にあるからです。つまり、声を押し殺して生きざるをえない状況や、声を出しても叶えられずに声を見失っている状況などでは、声を出すのは困難だからです。なかには、そもそも声の出し方がわからない、声とはどういう状態で何なのかが、わからなくなっていることすらあります。

そのため、子どもが声を出すためにはまず、愛されていると思える空間、すなわち、子どもにとって安心と安全を保障され、存在の承認を得られ、愛情をもらえる居場所、守ってくれる砦《とりで》が必要になります。学習支援がそうした場になると、子どもたちは他者を、あるいは社会を信頼できるようになっていきます。そして声をあらわし、社会参加にいたることが可能になります。子どもの人権の保障は、こうした流れによってなしうると考えています。ひいてはそれが、社会の分断を抑制する意味をもつのだというふうに私は考えています。

困難を抱える子どもの実態

まずは、困難を抱える子どもの実態について、子どもの貧困からみていきたいと思います。

２０２１年に国民生活基礎調査がおこなわれ、子どもの貧困率は11・５%まで下がりました。ただ、下がったといっても、貧困状態にある子どもは８~９人に１人程度いるという実態に目を向けることが重要です。

また、グラフ【図1】を見てみると、調査が始まった１９８５年時点で、子どもの貧困率はすでに

10%を超えていたことにも着目することが大切です。当時は出生数も多く、たとえば１９８８年時点の貧困状態にある子どもの実数は、いまよりずっと多い。ただ、そのころはまだ人権という概念も希薄で、保障も対策も、あまりありませんでした。貧困状態にある子どもが何の対策も打たれないまま育ってきて、いま、保護者世代になっているのです。

そのため、貧困家庭の保護者のなかには、自身が困っていたときに手を差し伸べてもらう経験をできず、子どもをどう育てたらいいのかわからない状態におかれている人たちがいます。たとえば、子どもの学校の準備をいっしょにするとか、宿題を横で見るとか、朝起こして登校させるということをすれば子どもが学校でうまくやっていけるのではないかという考えが浮かびにくいのです。もちろん、そうすることのできる経済的余裕も時間的余裕もないという場合が多くあります。そうした状況に加

貧困率の状況 1985-2021 【図1】

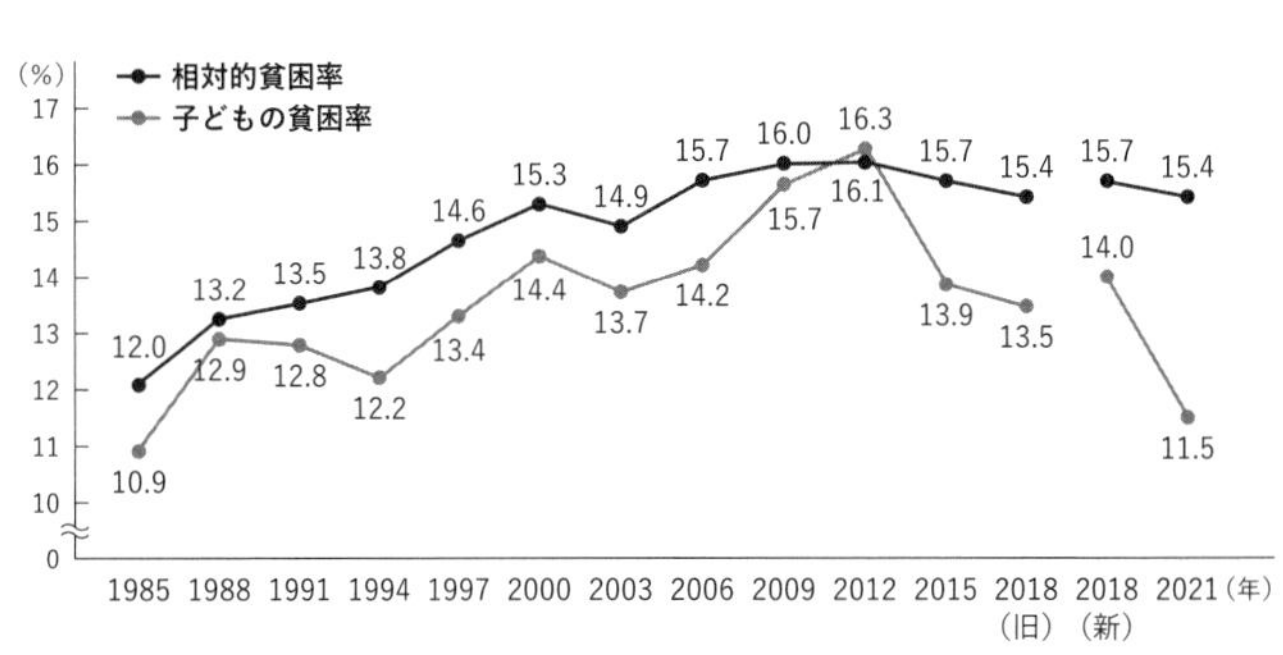

出所：厚生労働省（2022）『2021年国民生活基礎調査結果の概況』

えて、ということです。それは自身も経験してこなかったためです。

子どもの貧困連鎖の理由は、そういうところから続いていくと私は思っています。そのため、いまの子どもの貧困が起きる原因は、これまでの教育政策、あるいは福祉政策にもあると考えています。では、そのようななかで育たざるをえなかった貧困状態にある子どもの学校生活はどうなるのか。３つの概念にもとづいて説明していきます。

貧困状態にある子どもの学校生活

１つ目は、物質的剥奪状態です。学校での学習や生活に必要なものをそろえられなくなります。ノート、鉛筆から、細かいところで言うと、絵の具などです。そうした子どもは、絵の具を少しだけつけて画用紙にかすれた絵を描いていたり、体操服を準備できずに見学していたりします。

また、教科書は毎時間使うものですが、教科書を持ってこられないことがあります。たとえば、ある子どもが、教科書をずっと持ってこなかった。先生が、つぎはかならず持ってくるように言うのですが、持ってこない。先生が「その教科書はどこにあるの」と聞くと、「まえの家」と答えました。まえの家とは、お母さんがパートナーといっしょに住んでいた家で、パートナーからお母さんが暴力を受けて、あわてて逃げてでた家です。教科書は確かにあるけれど、そんなところに取りに行けるわけがなく、でも子どもはそれもよくわからないようで、結局、教科書のないまま授業を受けることとなります。こんなふうに物質的剥奪状態におかれています。

２つ目は、文化的剥奪状態です。遅刻をしない、忘れ物をしない、宿題をする、という学校のルールへの適応が難しい状態です。もちろん、ルールへの適応はしなくてもよいのではないかという意見もあると思います。それは、適応を同化や抑圧とみなす考え方から見出される意見です。しかし、この考え方は、遅刻をしない、忘れ物をしない、宿題をすることができる状態にあり、そのうえであえてそうしたことはしないという選択をできる場合に用いることのできるものです。貧困状態にある子どもは、みなと同じように振る舞えない場合に恥辱を感じる傾向にあり、尊厳を毀損《きそん》されることが、諸外国の研究から明らかにされています。諸外国の研究からというところで、日本は同調圧力の高い社会だから、子どもがそう感じるんだという見解が妥当ではないことを意味しています。

そのため、第一に、すべての子どもがみなと同じように学べるように個別のニーズを充足させる機会保障をおこなうことが重要であり、そのうえで第二に、みなと同じように学ぼうとするのかどうかの選択を子どもに委ねることが大切になります。適応の是非を問うのは、第二の段階です。したがって、困難を抱えている子どもの困っている状態に対して、同化や抑圧はよくないという考えのもとで見かけ上は人権を守るかのように言いながら、実際には何も支援しないで子どもを困らせつづける事態は、バウマンの言葉を借りると、多様性の尊重という名の下の放置という問題につながります。機会保障と同化や抑圧を、分けずに混同してはならないのです。

話を戻しますと、先ほどの物質的剥奪が、たとえば忘れ物をせざるをえないという文化的剥奪へとつながっていることはすぐにおわかりになると思います。ここでは、その他の場面もつけ加えながら、その経緯をもう少し具体的に見ていきたいと思います。

たとえば、「ノートがない→つぎの日に持ってくるように先生に言われる→お母さんが帰ってくるのは夜中→疲れて帰ってくるお母さんに言えない→ノートがないので宿題ができない→しかたないのでそのまま学校に行く→宿題を提出できない→ノートを持って来てないの？と先生に聞かれる→友だちに怪訝な顔で見られる→ノートの代わりに紙を先生にもらう→紙を家に持って帰る→家の中が片付けられていなくて紙がどこかにまぎれてしまう→その紙もノートも持たずに学校に行く→先生にまた聞かれる→友だちにも、また？という顔で見られる→グループ学習のなかで昨日書いた内容にもとづき話し合う場面で、自分だけ昨日書いた内容がない→話し合いに参加できない→友だちの話についていけない→休み時間も気後れする→自分だけうまくいっていないような感じがしてなんだかつらい→勉強にもついていけなくなる→友だちからも認められない→家に帰ってもひとり」という状況があります。

こうなると、忘れ物をしてくる、宿題をしてこない、グループワークには参加しない状況になり、周りからは怠けているとしか見えなくなったりします。そして、自分でもなんだかだめなやつだなと思いながら過ごし、落ち着いて授業を受けたり、積極的に発言をしたり、友だちと気兼ねなく遊んだり、安心して活動に参加したりすることができなくなっていきます。

これは、3つ目の、関係的剥奪状態にあたります。物質的にも文化的にも剥奪されていくと、関係的にも剥奪されていく。子どもの貧困はこれら3つの連続する視点からとらえる必要があります。

この流れは、ほかの例として、ご飯を食べられないという物質的剥奪からも生じます。ご飯を食べられないとお腹がすいて、朝も起きられなくなりますし、授業中も机に突っ伏してしまいます。休み時間に遊ぶ元気もなくなります。こうした状態をなんとかしようと、朝ごはんを月に数回提供している学校の先生に話をうかがったところ、「朝の子ども食堂があるときは遅刻をする子どもが減りますし、休み時間も友だちと遊びに運動場に行くんです」と言います。「大事なのは自分の授業をちゃんと聞くようになったことではなく、休み時間に遊んでくれるようになったこと」と報告される先生もいました。

お話しした3つからなる剥奪状態におかれているために、貧困状態にある子どもの学校生活は、つぎのようになります。まず、子ども自身が「みんなと同じようにしたい」との思いをもちながらも、それができない積み重ねの場となり、つらいとか恥ずかしいとか、自己肯定感を低下させていくところとなります。

そして、この状態はなんだかしんどいけれど、しかたがない、自分が悪いんだろうなと思ってしまい、ＳＯＳを出せずに気持ちを抑制してしまうものとなります。自分が悪いと思うのはなぜかと申しますと、家の中はブラックボックスだからです。子どもは、ほかの子どもが家の中でどのように育てられているのかわかりません。そのため、みんな同じように育てられているなかで、自分だけちゃんとできないのは自分が悪いからだろうな、と思ってしまうのです。そして、がんばろうと思っても続かないし、何かを欲したりこうしたいと願ってもそれが叶えられることはほとんどなく、「どうせ無理、こんなことをしても無駄だし」と思うようになります。そして、望みや将来をあきらめ、意欲と希望を失って無力化していきます。

この結果として、「なんで生まれてきたんだろう」とか「消えたい」という気持ちになっていきます。私は「なんで生まれてきたんだろう」という言葉をよく聞きました。また、子どもの支援をされている方は、「消えたい」「死にたい」という声をよく聞くと言います。結局、生きる術も意味も見出せずに、人権が否定されている状況にあるのです。

子どもの貧困が大きな社会問題になるのは、このように、経済的困窮から、低学力・低学歴・不健康・低い自己肯定感・低い意欲・低い希望・疎外感などの複合的困難が生じてくるからです。お金がないことだけが問題ではないのです。もちろんそれも重大な問題ですが、そこに端を発して、複合的に問題が積み重なるところに、子どもの大変なつらさを見てとれます。結局、学校における子どもの貧困とは、子どもが所属する社会で当然とみなされている活動をするための資源を欠いて、モノや文化を剥奪され、それゆえに学校でくり広げられるさまざまな活動への十全なる参加をなしえずに、周縁化され、人間としての権利や尊厳、ウェルビーイングを奪われつつある状態といえます。

ヤングケアラーをひとくくりにはできない

つぎに、ヤングケアラーと多様な困難を抱える子どもの支援についてふれたいと思います。ヤングケアラーは、「家族にケアを要する人がいる場合に、大人が担うようなケアの責任を引き受け、家事や家族の世話、介護、感情面のサポートなどを行っている18歳未満の子ども」と定義されています。

日本総研の「ヤングケアラーの実態に関する調査研究」【図2】により実態が明らかになっていますが、私が問題だと思うのは、「世話をしているためにやりたいけれどできないこと」は「特にない」という回答が63・9％もあることです。また世話の大変さを聞くと、「特に大変さは感じていない」が57・4％です。これらの回答を見ると、ヤングケアラーが問題だと騒いでいるのは大人だけなのかと思ってしまいがちですが、この背景のひとつには、前述の貧困状態におかれた子どもと同じように、自己のおかれている状況認識のしづらさがあります。ただ、それだけではなく、たとえば愛情深い母親に育てられ、その母親が病気である場合に、子どもは世話をしたいと願っている場合があるのです。

そのため、たとえば、貧困状態の子ども、外国ルーツの子ども、ヤングケアラーの支援を考える場合、それらがどう重なっているのかによって、その方法は異なってきます【図3】。

まず、貧困は絶対に脱却すべき問題です。

ヤングケアラーの実態調査から　【図2】

対象：小学6年生

世話をしている家族がいる：**6.5%**

→うち **71%** がきょうだいの世話

→うち **52.9%** がほぼ毎日

平均1日あたりの世話に費やす時間

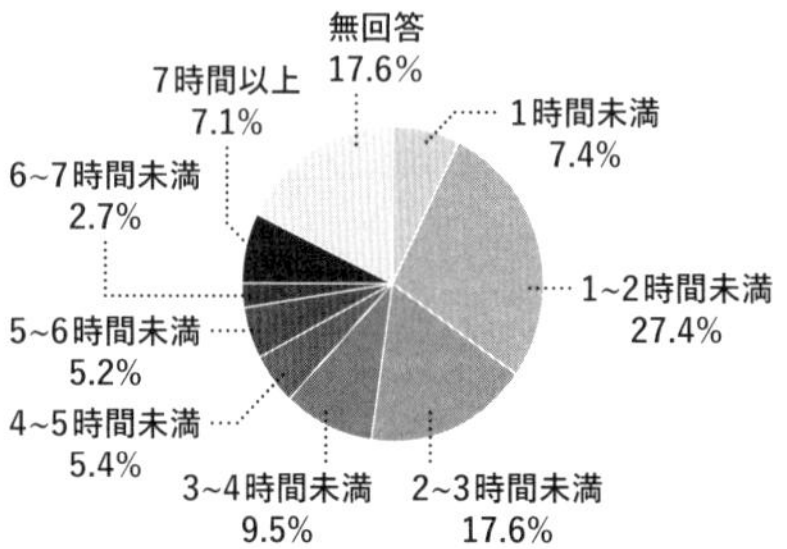

n = 631

出所：日本総研「ヤングケアラーの実態に関する調査研究」2022年

しかしながらヤングケアラーの問題は、ひとくくりにして脱却すべき問題ではないのです。先ほども申し上げたように、ヤングケアラーのなかには、ケアをしたいという子どもがたくさんいます。そのため、「あなたはヤングケアラーだから、世話するのはもうやめましょう」と言うと、子どもはすごく怒ります。私はお母さんの世話をしたい、お母さんとずっといっしょにいたいのだと。でもつらくなるときがあるから、話だけ聞いてほしいという子どもがいます。ですから、支援を考えるときに、脱却させる度合いを考えることが必要な場合もあるのです。周囲から見たら、そこまでケアに時間を割いているのであれば脱却させたいのですが、簡単に判断することはできません。これは、子どもの声をどう汲みとるのかという子どもの意見表明の権利と、子どもの遊ぶ権利や学ぶ権利をどう保障するのかのせめぎ合いなのです。

ここに外国ルーツの状況がさらに重なると、支援のあり方はもっと複雑になります。外国ルーツの子どもさんのなかには、家族に貢献することがいちばんの誇りであり、自分の存在意義だという文化をもつ人びとがいます。その場合に、家族の世話をしなくていいと提案しようものなら、母文化を全否定されていることになり、アイデンティティを根こそぎ奪われることにもなりかねません。こうしたことから、何を支援していくのかといったときに、私としては、定番の考え方とスキルは提示できません。ただ、どのような問題に対しても、めざす先は変わりません。それは、冒頭にお話ししましたように、子どもの安心安全を守って、愛されていると思えるような環境を整え、「声」をあらわせるようにすることです。

これにより、先ほど述べた個々の問題の解決の方向が見え

困難を抱える子どもの相違を考える　【図3】

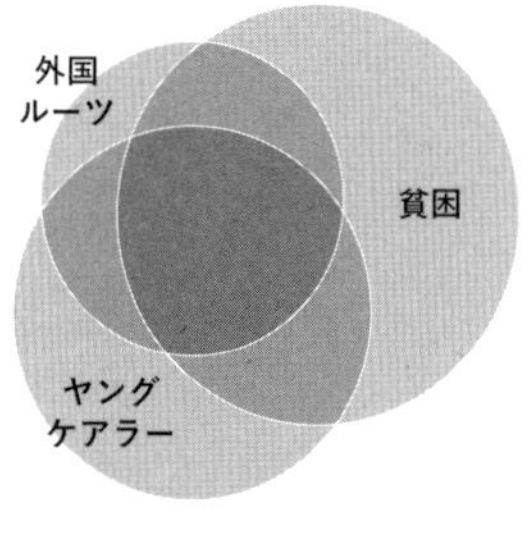

てくるとともに、子どもの貧困に端的に示される社会問題の改善の糸口が見つかるかもしれません。それは、学力や学歴、健康、意欲などの格差が、子どもの権利や尊厳、さらにウェルビーイングの保障の格差につながって、そこから社会の分断が生まれる事態を抑制するものになると思われます。そして、子どもが、そして人びとがなんらかの岐路に立たされたときに、もう一度社会を信じてみようと、生きてみようと思える、社会に希望を見出して一歩を踏みだすための力になるかもしれません。

子どもの貧困対策としての学校——平等観の転換へ

子どもの貧困問題が社会問題として可視化され、その対策として、２０１４年に貧困対策法と大綱ができました。そのなかで、学校は地域のプラットフォームとして位置づけられ、子どもの生と学びを保障し、支援をする拠点になることが規定されました。そのためにも、学習支援活動等の地域の支援活動団体と連携することが求められました。同時に、２０１９年に改正された生活困窮者自立支援法においても、子どもの「学習・生活支援事業」の推進が、任意事業ではありますが要請されました。

ここで重要なのは、子どもの学びだけではなく、生活や生を保障するという考え方です。つまり、学びを保障するためには、生活が保障され、尊厳が守られている状態が前提ではないかという見解が示されたということです。お腹がすいたなかで勉強をしろと言ってもできません。生活に大きな不安を抱えるなかで、学びにだけ集中しなさいと言われても、そんな心境にならないのは大人でもよくわかる状況だと思います。

ただ、学校という場で、子どもの生活や生を保障するとなると、「学校ではどの子も平等に扱わなければいけないのに、どうやってそんな個別の支援までするんですか」と聞かれることがよくあります。しかしながら、昨今では教育政策全般で、形式的な平等観から公正な平等観に変えましょうという流れが起きています。学校はいままで、形式的な平等観をもち、みんな同じにという画一的な対応をしてきました。そのなかで、みんなが同じようにしなければいけないという同調圧力が生まれました。しかし、困難を抱える子どもは、みんなと同じようにはできない。だからこそ、周縁化されていき、できないというレッテルを貼られて排除されていき、どんどん消えたくなっていったと考えられます。

そのため、一人ひとりの子どものニーズに応じることを大切にする公正な平等観に移りましょうということです。この公正な平等観は、個別のニーズに応じるために、資源を分配することで、機会の保障をしましょうという考え方の基底になるものです。適応のところで述べた機会保障の基盤となるものともいえます。この平等観にもとづくと、学習支援だけでなく、学校でも困っている子どもにより多くの時間や労力をさいて寄り添ってもいい、すべての子どものそれぞれの状態に応じて違った対応をしてもいいということになります。さらに、この対応の前提として、ありのままの子どもの承認があります。

ここで少し、分配する資源についてお話ししたいと思います。教育現場で分配する資源とは、「モノ」「時間」「労力」「愛情」「能力」がおもなものになります。分配というとお金やモノがすぐに思い浮かびますが、ここまで述べてきておわかりのように、困難を抱える子どもは、これまで十分に寄り添ってもらった時間や労力や愛情が少ない状況にあります。声をあらわすためには愛情が必要となることを考えても、分配される資源には、時間や労力や愛情も含まれます。それは、大人が分配するだけではなく、困っている子どもにほかの子どもが寄り添って、自分の時間や労力や愛情を渡す子ども間の分配も意味します。そして、子ども同士の学びあい・教えあいのなかで自分の能力も共有していく、つまり、自分のわかっていることを仲間に伝え、みんなで力を高めあっていくことも、分配の考え方のなかに位置づけられます。

この資源分配の考え方も含めて、ここまで述べてきた人権保障の2

ケアする学校づくりの理論　【図4】

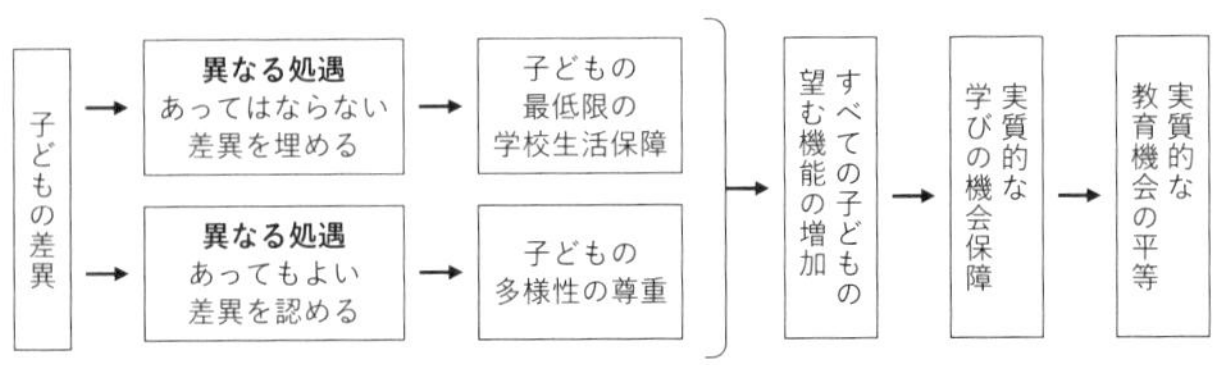

つのポイントについて説明をします。まず、みんなと同じようにできない状態は人権侵害になり、みんなと同じようにできるようにするのが人権保障となります。ですから、同じようにできるために個別に資源を分配して支援します。つぎに、みんなと同じように振る舞えと言われるのは、人権侵害でもあります。外国ルーツの子どもによくあてはまる人権侵害で、宗教や文化的な慣習であるピアスを外せなどという例があてはまります。みんなと同じようにしなくてもいいようにするための個別の資源分配も、人権保障になります。これは、くり返しになりますが、適応のところで述べた二段階の考え方と同じです。このことをぜひ覚えていてほしいです。

学校で求められる支援と「ケアする能力」の育成

つぎに、学校で先ほどの二段階の人権保障をするためにどうすればいいのかについて、お話をさせていただきます。１つ目に、子どもの学習用品はすべて貸し出しをすることができるようにする仕組みの構築が必要となります。学校の中に貸し出しをするための場所と手続き方法を整えれば可能となります。これは、忘れ物をせざるをえない子どもの学びの参加の機会を保障するものです。これを取り入れると、学校全体で忘れ物が増えるのではないかと思われる方もいるかもしれませんが、増えなかったという報告があります。ちなみに、諸外国ではほとんど何も持たずに学校に行ける国も多くありますし、忘れ物をして学べないという状況をつくりだすシステム自体が特異であるという考え方もできます。また、体操服を洗うための洗濯機をおいている学校もあります。というのも、家で洗濯をすることができず、体操服を忘れつづけるか、汚れたまま着つづけるかのどちらかしか選択肢をもてない子どもがいたからです。

2つ目に、宿題をしたり登校をうながしたりする仕組みをつくることが大切になります。これについては、学習支援事業と連携して可能になる場合も多くあります。

3つ目に、子ども自身が公正を遂行する、つまり公正な社会を形成する主体となるために、「ケアする能力」を身につけるカリキュラムが必要となります。ケアとは、「自他に関心と共感をもって、自他のニーズに気づき、それに応えようとする応答的活動」といえます。これは、先ほどの公正な平等観にもとづいて、みんなが資源を分配しあい、助けあう公正な社会を築くための具体的行為になります。ケアのためにはケアする能力が必要になります。そのケアする能力には、ケアを受け入れる力と、ケアを与える力があります。このケアする能力を育むのが教師だと、アメリカの教育者、ノディングスは言っていますが、私はすべての大人が育むべきだと考えています。

これにもとづいて困難を抱える子どもの学びのあり方を考えてみると、まず、ケアを受け入れる力を育む必要があります。なぜケアを受け入れる力なのかと申しますと、困難を抱える子どもは、それほど簡単に他者からのケアを受け入れない場合が多くあるからです。恥ずかしいから、どうせまた裏切られるだけだから、もしまた裏切られたときにもっと傷つくのが嫌だから、とそう簡単には受け入れてくれません。そして、ケアを与える力もそれほど簡単に身につくものではありません。なぜそうした力が必要なのかという理解を深める必要があります。

そのためには、人間ってみんな弱い生き物なんだよ、だから、じつはみんながだれかに支えられて、みんながだれかを支えてるんだよ、支えられているだけの人もいないし、支えているだけの人もいないんだよ、と人間の脆弱性と社会の相互依存関係をまず子どもに伝えることが大切になります。そして、支えられることはみんなにとって大事なことで、人間が生きるための大事な権利で、それが人権っていうんだよ、だから、助けてもらうことは人間にある当たりまえの権利で、恥ずかしいって思う必要はないんだよ、この社会のなかでいちばん大事にされているのが人間の権利を守ることなんだよと知ってもらう必要があります。

さらに、助けてもらっている人がさぼっていたり、何か悪かったりするんじゃなくて、困っている人を生みだす社会の仕組みが問題なんだよと、困難を抱える人びとの問題を自己責任にせず、社会構造に問題を見出す批判的思考を養うことが重要になります。だから、しんどかったりつらかったりするのは、あなたが悪いんじゃなくて、社会にその問題があって、社会がその責任をとってあなたを助けることがとても大事なんだよと、そして、自分が助けてもらったら、今度は助ける側になるのもいいことなんだよ、それがあたたかい社会なんだよと、くり返し伝える作業が必要になります。この最後の段階までくると、ケアを与える力をもって社会参加する行為につながります。

こうしたことを口で伝えるだけではなく、ケアをおこなっているさまざまな人と子どもを出会わせて、「あれ？　こんな活動している人がいるんだ」と子どもが認識する機会をつくり、社会のなかに人権を守るためにいろいろな活動をしている人たちがいて、その人たちによって人権を守られている人たちがいて、でもそれは恥ずかしいことではなくて、人間としての当たりまえのことで、逆に人権を守られている人たちもほかの人の人権を守っていたりして、そうしたケアのしあいがある関係ってあたたかいな、と思える学びの活動を構築するのも大切です。学習支援は、まさにそのケアをおこなっている活動ですので、そのなかでケアを受けるあたたかさを感じてもらいながら、その意味を第三者から子どもに伝えてもらったりするのもいいかもしれません。そのあたたかさは、声をあらわすための愛情と言い換えられます。

子ども同士のケアしあう力

このようなケアする能力は、困難を抱える子どもだけが身につければいいというわけではもちろんありません。学校が包摂的な場になるためには、教員をはじめとして大人が子どもをケアするだけではなく、先ほど述べたように、子ども同士で資源を分配しあい、ケアしあうことが重要です。

困難を抱えている子どもが、自身ではいかんともしがたい状態におかれているために、先生からケアをされている状況に対して、周りの子どもが「ずるい」と言うようでは、困難を抱える子どもは、やはりケアを受け入れることができません。周りの子どもたちのケアする能力を高めることが必要になります。そのためには、先ほど述べた人間の脆弱性と社会の相互依存関係から始まる一連の考え方を学ぶことで、競争を無価値化し、ケアする関係性に意味を見出せるカリキュラムを実施することが大切です。

カリキュラムを通じて、子どもたちが、みんな弱くていいんだ、ほかの人に頼っていいんだ、それが人権なんだ、と弱者の存在を、弱さを、悪いことではないと肯定的にとらえなおせるようになると、弱い他者に対して偏見をもっていたり、差別したりしていた自身の価値観をアンラーニングしていきます。そして、だれかの困りごとに気づいて、それに対して助けることが社会の重要な価値だということがわかると、優劣の競争をすることよりも、助け合うことに目を向けるようになります。

そうしたクラスでは、だれか困っていないかと仲間をよく見ることに子どもたちが集中し、だれかが困っていそうだとなると、われ先にと助けにいく雰囲気になります。今度は、助け合いの競争をしはじめます。そうした競争のなかでは、困っている側も「いや、いまは少しそっとしておいてほしい」など、ニーズの汲みとり方と応答の仕方に対して、仲間に要望を出せるようになります。

その状態がしばらく続くと、困った人にもそれぞれの想いや願いがあって、しかも同じ人でも今日はこうだけど明日はそっちかもしれないと、ひとりのなかにも多様なニーズがそのときどきに生まれることを知っていきます。そうすると、子どもたちのなかには聞き合いが生まれます。「いま、どう思っているの?」「本当にそう思っているの?」と、授業のなかでも対話が生まれます。そして、たくさんのことを問われ、対話すると、自分も仲間もおたがいの言葉によって考えが変わっていく。そうするとさらに、「いま、あなたはこう言ったけれど、それはどういうことなの?」と、どんどん聞き、子どもが声を出せるようになっていきます。そうなると、「いまはその子はそっとしておこう」「いまはこっちの子はしれっと助けよう」「いまは話しかけよう」と、仲間へのケアの仕方も、大人もできないほどの配慮と行動力からなるものになります。

これは、子どもが子ども同士でケアしあい、声をあらわせるようになるメカニズムです。ここまでに至らなくても、先生から助けられている仲間がいたら、「当然だよね」「手伝おう!」「何ができるかな」と考えられるようになることが重要だと思います。最近、学校では主体的で対話的で深い学びがめざされています。それは、話し合ってくださいという教員の働きかけから始まるというよりも、ケアから始まるものだと私は考えています。そこでは、人間の多様性は人びとのあいだにあるだけではなく、その人自身のなかにもあることを子どもが知り、だからこそ対話が必要で、多様性を認めることの価値を学ぶことが大切になります。そのうえで、ニーズを汲みとり応答するという行為によって公正を遂行することが、民主的な社会の基本的なあり方だと認識できるカリキュラムが求められます。

学習支援の意義とアプローチ

現在、子どもたちは学校で、ひとり1台のICT端末を使っています。そのタブレットを「お守り」だと言う外国ルーツの子どもがいます。これを使うと、翻訳してくれて、しかも自分の言葉を日本語にきれいに直し、思いや考えをあらわせるようになったので、声を出せるようになったと言います。これは外国ルーツの子どもだけではなく、貧困状態にある子どもにも当てはまります。困っている子どものなかには、字を書くのが苦手な子どもが多くいます。でもタブレットなら、タップするとか、あるいはペンを持ってなぐり書きするだけでも、それを変換してくれます。自分の思いや考えを言うことができます。

すると、いままで学校の授業で難しくてもういいやとなっていた課題などを、やってみよう、もうちょっと考えてみようというように、子どもの気持ちが変化するそうです。学習支援でもいろいろなツールを使うことはとても面白いと、私は思っています。

学習支援の意味は、冒頭で述べた人権保障をおこない、子ども自身が社会参加できるようにうながすところにありますが、一方でケアをとおして子どものケアする能力を育み、かれらの声をまずは親密圏のなかで現れるようにうながし、事業者が公共空間に流通させるところにもあります。それにより、支援者、行政、自治体のケアする力を引き出すことが可能になると思っています。つまり、学習支援は、資源を分配しあえる社会をつくる拠点にも媒体にもなりうると考えています。

そして、最終的に、学習支援は「向き合ってもらえる場」になるといいなと思っています。それは、子ども一人ひとりの愛情のコップにいろんな人からの愛情の水が少しずつ溜まる場です。それがいっぱいになれば、子どもは自分から動きだします。また、学習支援といった活動を含めて、大きな意味での教育の意義は、すべての人びとが他者を信頼し、希望をもてる、安心して生きられる社会をつくることで、分断を是正し、公正な民主主義社会を形成することにあるのだと考えています。

柏木智子（かしわぎ・ともこ）……立命館大学産業社会学部教授。専門は、教育学、教育経営学、地域教育学。おもな著書に『子どもの貧困と「ケアする学校」づくり――カリキュラム・学習環境・地域との連携から考える』（明石書店）、編著書に『子どもの思考を深めるICT活用』『「探究学習」とはいうけれど』『貧困・外国人世帯の子どもへの包括的支援』（以上、晃洋書房）、『子どもの貧困・不利・困難を越える学校』（学事出版）など。

どん真中にあるべきは、ひとりの子どもの命と権利

荘保共子 こどもの里 理事長 × 青砥 恭 さいたまユースサポートネット 代表理事

釜ヶ崎という町で

青砥　全国的にコロナ禍では大変だったと思いますが、荘保さんが活動をしておられる大阪・西成の釜ヶ崎ではどうでしたか。

荘保　子どもたちはやはり学校でウイルスをもらってきたりして、大変でした。この釜ヶ崎という地域は本当に大変になるだろうと私は思っていました。というのも、路上生活者や日雇い労働者の多い地域ですから、クラスターが発生するだろうと。しかしこうやって2年経ってみると、釜ヶ崎ではクラスターが発生していないのです。つまりそれは何かというと、本当におじさんたちが孤立しながら生きておられるっていうことで、それが顕在化したということです。

いま、日本では孤独死がすごく増えていますけれども、釜ヶ崎にもたくさんの高齢の人たちがいて、並んだドヤのなかにその人たちがいるんですけど、おたがいに語り合うことがない。本当にそうやって孤独に生きている人たちがいる町なんだなと、あらためて教えられました。

青砥　釜ヶ崎でいま孤独死されている方々は、高度経済成長期から日本の社会を支えて、一生懸命に現場で働いてきた労働者だと認識をしています。ぼくらとほぼ同年配で、そういう方々ががんばってきたのに、孤立をしてひとりで死んでいかなければいけない。そういう社会のなかで、荘保さんはいま、どんな活動が中心になっておられますか。

荘保　日雇い労働者、いわば派遣労働者の集まる元祖のような町なんですけれど、その町のなかにも子どもたちがいて、家族もあって……。その子どもたちと日々つきあっています。

あべのハルカスという高い建物の下、西のほうにあるのが日雇い労働者の街、通称・釜ヶ崎です。じつは釜ヶ崎は、西成区のたった11分の1の面積、０・６７平米しかありません。西成区というとぜんぶ釜ヶ崎だと思われがちなんですが、そのなかの11分の1しかないのですよ。１９６０年代、日本の高度成長期には三大寄せ場がありました。東京の山谷、横浜の寿町、そして、大阪の釜ヶ崎です。ピーク時には、釜ヶ崎に4万人がおられたそうです。

そんな町のど真ん中に、私たちの「こどもの里」があります。０歳から、就学前の子どもも小・中学生も、18歳以上の子もやってきます。どの年齢の子どもたちも集まって遊んでいる居場所です。

ここで学童保育や子どものための事業など、いろんなことをやっています。

青砥　最近は経済成長も終わり、この人たちの働く場がなくなり、長期不況が続いていますので、寄せ場としての機能は失われています。高齢化したり失業に陥ったり、住民の大半は、中高年の男性、地縁や血縁から断絶した人が多く住んでいるということで、身寄りがなく無縁仏になる人もあとを絶たないと聞いています。西成の４分の１の人が生活保護を受給していて、日本でもっとも受給率が高い行政区です。

「ここにはだれが来てもいいよ」

青砥　荘保さんが長い人生のほとんどを捧げてこられた釜ヶ崎。この大変な地域に、大学を出てすぐに入られた。なぜ、釜ヶ崎を選ばれたのですか。

荘保　私が釜ヶ崎と出会ったのは、１９７０年のことです。いまは全国に広がっている学習支援ですが、そういう支援が釜ヶ崎では、すでに50年前からありました。西成市民館で、子どもたちに勉強を教えるという土曜学校があり、私はクリスチャンですので教会の青年会のボランティア活動として、そこに参加したのがきっかけです。その市民館で出会った子どもたちがあまりにすごくて、カルチャーショックを受けました。何がすごいかというと、釜ヶ崎の子どもたちが元気で、ひじょうにたくましい。その目の輝きにカルチャーショックを受けたのです。当時、私は西宮（兵庫）の幼児生活団で指導員をしていたのですが、その子どもたちと、釜ヶ崎の子どもたちの目の輝きが違うのです。なんでそんなにきれいな目をしてるんだろうと、そのまま居ついて、気がついたら50年経っていました（笑い）。

青砥　最初にお仕事として入られたのはいつですか？

荘保　同じ1970年に、石井十次さんがつくられた社会福祉法人のわかくさ保育園に保育士として就職をさせていただきました。釜ヶ崎で働いていると、子どもたちが大変な生活を送っていることはわかるのですが、保育園のなかだけでは、生活がなかなか見えてきません。それでもっと子どもたちの普段の生活とともにいたい、知りたい、と思っていました。

そのころ釜ヶ崎には、ルーテル派とかキリスト教団、カソリックなど、たくさんのキリスト教系の団体が、エキュメニカルな活動をしていました。そのなかのひとつ、聖フランシスコ会にドイツ人の神父さんがいて、高齢労働者のための居場所をつくられました。そのとき私に声をかけてくださったのですが、「私は高齢労働者よりも子どものことがしたい」と言うと了承してくれ、1977年に「ふるさとの家」の2階の小さな部屋で、子どもの居場所を始めた。それが、こどもの里の始まりです。1980年にいまの場所に移りました。

青砥　最初から荘保さんが代表、リーダーですか。

荘保　そうですね。ただ、応援してくれる人がたくさんいました。ボランティアでシスターたちが応援してくれ、いまの場所は、スペインに本部がある「守護の天使の姉妹修道会」が、狭い場所に子どもたちが50人、60人と集まっていたので、思いきり体が動かせるようにと、1980年、土地を購入し建物をたて、運営主体となってくれました。2000年に修道会が撤退されたので、私たちが買いとって現在まで続けています。いろいろな方が応援しつづけてくださっています。

青砥　50年近く運営してこられて、だんだん課題が見えてきたと思うのですが、しんどかったことも含めてお聞かせください。

荘保　1977年に始めたときから、私たちは何もわからなかったので、子どもたちにいつでも聞くようにしてきました。

炊き出しをよくする、釜のおじさんたちが集まる三角

釜ヶ崎、こどもの里、子どもの権利条約

1970年	「あいりん労働福祉センター・社会医療センター・市営住宅」開設 石井十次愛染園「わかくさ保育園」開園
1977年	「こどもの里」の始まり。聖フランシスコ会「ふるさとの家」の一室にて
1980年	現在の場所に「こどもの里」を移設
1984年	あいりん小･中学校（1962～）が閉校（学校ケースワーカーは存続）
1989年	国連「子どもの権利条約」を採択 「児童に関するすべての措置をとるに当たっては、公的・私的ないずれの機関によって行われるものであっても、児童の最善の利益が主として考慮されるものとする」（第３条より）
1994年	日本が同条約を批准（世界の国で158番目）
1995年	あいりん子ども連絡会発足
2000年	わが町にしなり子育てネット発足

公園で、子どもたちはおじさんたちのあいだを縫うようにして遊んでいました。そこで「子どもたちだけで遊べる場所があるよ」と声をかけていきました。こどもの里は学童保育というかたちでしか補助金がなかったので、まず、小学校3年生以下の子たちが来た（当時、学童保育の対象は小1～3）。

その子どもたちが来るときに、右手に弟、左手に妹を連れてきたのです。4年生くらいのお姉ちゃんが来たときには、背中に赤ちゃんをおんぶして、「こんなとこあるんや」と言ってました。どの家もきょうだいが多かったのです。彼女が何をするかといったら、部屋の隅っこに赤ちゃんを下ろして、寝かせ、オシメを替える、ミルクを飲ませる。そうして、わーっと遊ぶ。

私はそのようすを見ていて、「この場所は学童保育で1年生から3年生までしかダメよ」とは、よう言わなかった。そんなこと言ったら、彼女は来られない。だって、ヤングケアラーなんですから。なので、「この里にはだれが来てもいいよ」と、まずそこからスタートしました。

もうひとつ大きかったのは、その子どもたちのほとんどは、もちろん親御さんが日雇いの生活をしてますから、日払いアパートに住んでます。お父さんたちが仕事に行くと、帰りが遅くなったりもします。あるいは飯場の仕事があると、かならず泊まりがある。そんなときに子どもたちだけで夜を過ごすわけなのです。ほとんどの場合、小さな子どもたちは児童相談所に保護されるような状態で、子どもをすぐには帰してくれません。お父さんは「日雇いなんてやめて、まともな仕事につけよ」と言われていました。そうこうしているうちに、仲良くなったお父さんから、「今度、飯場の仕事があるんだけど、ちょっと下の子どもだけでも面倒みてくれへんか」と言われたのです。私は「いいよ」と言ったんです。それが緊急一時保護事業の始まりです。

最初からいまのようなかたちにしようと思ってやったわけではなく、すべて「なんとかしてくれ」ということに応えていたら、いまのようなかたちになった。こどもの里の活動がどんどん広がっていくようになったのです。

青砥　町で暮らす子どもや家族の、いまふうに言うとニーズですが、駆け込み寺とでもいいますか。親たちが子どもを抱えて生きていくためにどうしても欠かせない場を、子どもたちの状況を見ながら一つひとつ、つくっていったという感じですよね。

荘保　だから、子どもたちにぜんぶ教えてもらったんです。

遊び場、虐待防止、里親、シェルター

青砥　運営していくには、大変なご苦労があったと思います。制度的にも法律的にも。

荘保　運営といってもシスターたちといっしょにやってますから、とりあえず私は、食べられたら安い給料でもいいよ、という感じです。それが不思議なことに、いろんなかたちで人に助けてもら

いました。自然に、必要なときには必要なお金が集まってきたのです。

青砥　それは行政からお金が来たということ？

荘保　そうではないですね。学童保育の補助金はありましたけれど、年間１００万円ほど。

青砥　それじゃ、とうていできない。

荘保　そこから私の給料を出しました。

青砥　つくりあげていくなかで、しんどかったのはどういうことでしたか。

荘保　こんなことがありました。こどもの里は、子どもさんがいれば遅くまでやっていて、とくに初めのほうは、夜8時、9時までになりました。お父さんが日雇いから帰ってくるのが遅いのです。そのときに学校の先生から言われたんです。「子どもがそんなに遅くまで、そこにいるのはおかしいから、6時になったら閉めてください」と。でも、6時に閉めたら子どもたちはどこに行くかといったら、コンビニの前で待っているんです。先生たちが現実の生活を知らないので、伝わらないのです。教頭がわざわざ来て「あんたたち、なんでこんな遅くまで開けてるんですか」と言われたときは、本当にしんどかったですね。

青砥　そうでしたか。その後、１９９５年になると、「あいりん子ども連絡会」をつくられた。

荘保　私がつくったのではなくて、先のわかくさ保育園の当時の園長が中心になってつくりました。というのも、１９９４年に日本は子どもの権利条約を批准しましたが、私たちはこの環境のなかでいつもほったらかしにされている、法制度のなかにも入ってこない、このあいりんの子どもたちにこそ、子どもの権利条約を届けようと、その翌年に連絡会を立ち上げたのです。

青砥　これがその後、要保護児童対策地域協議会、いま全国で「要対協」という名前で呼ばれている、虐待防止の機関に発展していくわけですよね。

荘保　ひな型となりました。

青砥　つまりは虐待防止の活動の原点をつくってこられたっていうことなんですけども。西成ではすべての中学校区に要対協がつくられて、そのひとつは荘保さんが代表をしておられます。こうした仕組みには、どういう意味がありますか。

荘保　いちばん大きなことは、虐待防止だということだと思います。

虐待が起こるとき、何ができるかを考えました。私たちは顔の見える関係のなかで話をしないと、だれに何をして、どうしたらいいかわからない。顔の見える関係のなかでこそいろいろな話し合いができるし、その支援ができる。本当は小学校単位がいいんですけれど、小学校単位だとあまりにも小さいということで、中学校単位になった。区内の小学生はみんなそれらの中学校に行くわけですから、どこのだれだれさんとわかります。学校の先生だけではなく、地域の民生委員さん、病院の先生、私たちのような民間の居場所もそうだし、顔が見える関係のなかで虐待防止をしていくのがいちばん大切なことだということで、中学校区でやろうということになりました。

青砥　日ごろの子どもの活動もありますが、虐待が発生したときに対応するのではなく、発生を防ぐ、なくすということですよね。

荘保　防止のために子育て支援をするということです。まずは子どもたちの遊び場をつくり、その遊び場のなかからいろいろな支援が発生しました。お父さんから「子どもを泊めてほしい」と頼まれるとか、あるいは子どもが「今日はお父ちゃんが酒飲んで暴れてる」とか、いろんなSOSがあって、それに応えるかたちで広がっていきました。

２０００年には里親も始めました。というのは、児童相談所に行ってしまう子どもたち、施設に行ってしまう子どもたち、つまり社会的養護の子どもたちが地域から離れていってしまう。そうではなく、この地域のなかで子どもたちをみんなで見ていこう、育てていこうということで、私たち自身が里親になったわけです。こどもの里のなかで社会的養護をやっています。

ですので、まず、子どもの遊び場のなかでいろんなことを発見する第一次防止。それから、何かあったら保護をするという第二次防止。そして、これはちょっと大変だから社会的養護にしましょうという第三次防止です。それが活動のなかにできたということです。これを私たちこどもの里だけでやってるのではなくて、地域の本当に顔の見える関係のなかで、子どもにかかわる人たち全員が集まって、家族をバラバラにしないでこの地域で育てていくためには何ができるのかを話し合う。それがネットワークですね。

青砥　ぼくたちもここでね、たくさんの地域の子どもたちが集まってきて、その子たちにどういう課題があるのかっていうのを見つける、まずその場をつくっていこうとしています。

荘保　その場で大切なのは、ＳＯＳをキャッチする、キャッチするアンテナを張るということが重要だと思うんです。

青砥　こどもの里では、子どもたちにとどまらず、18歳以上の女性のためのシェルターをつくったと聞きました。そこを教えてください。ふつう法律上は、児童福祉法もそうですけれども、保護の対象は18歳未満ということになっています。18歳を超えてしまうと、法の保護が行きわたらないんですね。

荘保　２０２２年から18歳成人になりましたけれど、ちょうど18歳で児童相談所の保護措置が切れるのに、20歳からしか成人として扱われない。この2年間がこれまで落とし穴だったのです。2年間にいろんなことが起きると、たとえば虐待を受けて家出などしたら、行き場所がなかった。それに加えて、こどもの里の社会的養護を出ていく子どもたちも含め、家に帰れない子どもがいます。その子たちをなんとかする居場所をつくりました。「ステップハウスとも」です。ここでずっと生活するわけではなく、ここをステップとして、自分の居場所をつくってほしいと思ったのです。

子どもの声を聴く

青砥　どうやって地域の子どもたちのニーズに応えられるか。子どもたちがどういう活動を望んでいるのか。それをどういうふうに知り、実施されるのですか。

荘保　やっぱり日々のなかで、子どもの声を聴くっていうことだと思います。いま、子どもコミッショナー（子どもの権利や利益が守られているかを行政から独立した立場で監視し、提案や勧告をおこなう）が広がってきていますけれども、子どもの声を聴くのはすごく難しいんです。大人たちはつい、自分たちの思い描いていることに合わせていこうとしますが、子どもの声を聴くという姿勢を私たちがもつことっていうのは、すごく大事です。

自助とよくいわれます。新自由主義が広がって、自己責任でがんばりなさいと。そうしたら今度、地域のなかで助け合いなさい、となります。そのうえで公助があるようなかたちになっていますが、私は逆で、まず公助があるべきだと思っています。生まれたすべての子どもたちが平等であるという意味で。公助が先にあって、そのうえでおたがいに協力しあいながら生きて、はじめて自助、つまり自分が歩いていける。そうなるのだと思います。その発想が必要です。

もうひとつ心配なのが、子どもの遊ぶ権利が日本では本当に認められていないことです。子どもにとって、遊ぶことは生きることそのものです。遊びのなかで自分がやりたいことをやって、それを力として、栄養としていくのです。なかなかその時間がなくて、やりたいことをやる時間よりも、やらねばならない時間のほうがたくさんある。まず朝から学校に行って、終わってからまた塾に行って。自分の時間を自由に使う、やりたいことに使えている子どもたちが本当に少ないと思うのです。そのことを大人がもう一度考えなおさなければいけないと思います。

青砥　なるほど。文科省のデータによると、小・中学校で、不登校の子どもが約30万人になりました。長期欠席の子どもを入れると46万人、高校を含めると58万人の子どもが学校に行けなくなり、行かなくなっているという現状があります。そういう子どもたちの声を、大人たちや学校は本当に聴けているのか。

子どもを育てるのは親の責任でという社会、自助・共助・公助という概念もそうですけれど、子どもの遊ぶ権利、子どもが遊びの体験のなかでいろんな力をつけていくのは当然なのに、そこをまだ議論しなければいけないというこの社会は、いったいどうなっているのかと思います。それをこどもの里では、第一義的な価値として実践しているのですね。

荘保　はい、そうです。子どもの命をど真ん中においています。子どものやりたいことを応援しています。

青砥　こどもの里では、道路に絵を描いて遊んでいます。ちょっと昭和の時代を感じます。

荘保　昔は路地で遊びましたからね。いまはなかなかできないことですが、釜ではやっています。

青砥　遊ぶ場所をどうやって保障していくか。そんなこともちょっと考えたりしました。

荘保　いまは公園に行っても禁止だらけ。ボール遊び禁止とか、禁止事項ばかりなので、子どもたちが本当に自由に遊べない。

青砥　大事なことは、子どもたちの声をどう受けとめるかということ。そして、社会として国家として、子どもたちをどう育てるかということだと思います。学校においては、先生たちが子どもの声を受けとめられるゆとりを、どうやってつくっていくのか。それをこどもの里の活動から学んでいきたいと思っているのです。

荘保　厚労省は、「こどもまんなか」に子どもの政策をつくる庁を立ち上げると言い、それなら「子どもの権利」を基盤に据えた「こども庁」の誕生を願っていましたが、結果、「こども家庭庁」となりました。子どもの育ちを守る責務として、「まず、家庭が」という前提のもとにこの庁がつくられたことが残念です。子どもを一家庭のなかでなく、みんなで守る社会、子どもの育ちを守るのは国家の責務だという憲法のベースが反映されませんでした。個々の家庭がまず守る「法」でなく、国家がまず守る「法」でなければ、子どもの声は反映されないと思います。

紐《ひも》を引っぱるようにネットワークをつくる

青砥　10年以上活動を続けてきて、自治体との連携、協力は必要だと思いました。ぼくらはさいたま市といろいろな議論をしながら、たくさんの事業をつくり上げてきたんですけれども、荘保さんは大阪市との関係についてはどうでしょうか。

荘保　難しいですね。話し合いをしたことないんですよ。

青砥　それもまた大変ですね。

荘保　要対協ではいっしょに動いてますけど、ほかはないですね。

青砥　ぼくたちは、行政とタッグを組まないと子ども支援はできないかもしれないと思いました。行政と、学校と、地域の自治会をはじめとする地域のみなさんと協働して、どうやってこの地をつくっていけるかを考えています。荘保さんの活動を見ていて、地域の方々とどういうふうにネットワークや協働というものをつくってこられたのか、それを教えていただければありがたいです。

荘保　出発点というか、中心は子どもなんです。ひとりの子どもの命です。そのために私たちはおたがいに連絡を取りあい、そしてその命を守る。命が生きていけるように、自分が生まれてきてよかったと思ってもらえるようにするために、私たちに何ができるかを話し合います。

そのネットワークですが、紐を引っぱるように相手先をたくさんつくっていくことです。こどもの里と、社会福祉法人だったり、社協であったり、ほかのＮＰＯであるとか、学校、保育園の紐を引っぱるわけです。みんながそうやっておたがいに連絡しあい、網の目ができるわけです。その網の目が深まって細かくなればなるほど、落ちこぼれる子どもたちはいなくなる。そんなイメージで行動しています。

だから、この地域のなかでネットワークをつくっていくのは、自分たちだけではなく、どうやって協力していけるか、なのです。西成では、「わが町にしなり子育てネット」という70団体が属する民間のネットワークをつくりました。そのネットワークには、行政ももちろん入っています。それが２０００年から続いていますので、私たちにとっては当たりまえなのですが、ほかではなかなか難しいという話は聞きます。

だからぜひ、ネットワークをそれぞれの地域でつくっていただければ、かかわる大人もしんどいときには「ちょっと助けて」と言えます。自分たちができないことを、できる人にお願いする、そういう関係性をたくさんつくっていくことがとても大切だと思います。

青砥　このネットは、一人ひとりの子どもの命をどう大切にするかの実践だということですね。

荘保　そうですよね。子どもの命をど真ん中に置いてる。

青砥　70団体というのは大変なものだと思いますが、積み重ねでできたということですか。

荘保　もともと、あいりん子ども連絡会であるとか、隣の同和地区には学校教育会議がありましたし、民間の団体として子どもを支える人たち、子どもといっしょに歩む人たちが、自分たちの地域だけ——釜ヶ崎だけとか、隣の地区だけではなくて、西成区全体でやろうとした結果、できました。西成じゅうにある保育園や学校、団体に声をかけていったのです。

青砥 いまのお話でいうとね、全国の方からたいてい質問が来ると思います。「学校や行政には、どうやったら参加してもらえますか」と。

荘保 学校には、私たちのほうから呼びかけます。そして、個別ケース会議をよくします。同時に、家族会議というのを私たちはやっています。その会議に学校を呼びます。当事者を中心にして、支援者だけがしゃべるのではなく、この家族にはこういう家族の望みがあるということをそこで知り、どう応援したらいいのかを私たちが知ることができる。そしてケース会議をするときに、支援する行政の人を呼んで調整してもらうことにしています。こちらから振っているのです。

青砥 学校は、個人情報だからと情報を出してくれないのではありませんか。

荘保 たとえば、ある子どものお母さんが迎えに来ないというケースがあります。毎日、夜7時とか8時とかまで、子どもはほったらかしになっている。私たちは起こっていることの情報を出して、「学校のようすはどうですか」と聞きます。たぶん宿題もしてこないだろうし。「この子どもを守るために、こどもの里と学校が、何か協力してできませんか。おたがいに見あいましょう」と提案します。本当にそこからなのです。個人情報が何かというと、この子どもが生きていくための個人情報ですから。私たちももちろん説明し、法的なことをクリアしながら情報公開してもらいます。そこは大丈夫です。

自分は生きていていいんだと思える場

青砥　地域での映像を見ると、労働組合の夏祭りに参加する子どもたちが、三角公園で日雇い労働者たちと運動会をおこなっていますね。

荘保　「日雇いのおっちゃんの1日」ゲームを種目にして、手押し一輪車で泥を運び、おっちゃんたちと綱引きもします。だれでも参加ＯＫな地域の大イベントです。こどもの里は日雇い労働者の町の中にあるので、私たちはこのかたちで触れあっています。ここにはここの地域の課題があるので、それを子どもたちとともに話して解決していければいいと考えています。

それと重要なことは、子どもたちは自分が安心で安全な場所にいるとわかると、自分の気持ちを出してくれます。泣いたり話したり。「しんどいときはしんどいって言っていいよ。そしてあなたがしんどいのは、あなたが悪いわけじゃないよ」ということをきちんと伝える。そう大人が言わないと、自分を弱い人間だと思い、自己肯定感が低くなるのです。

また、専門家に来てもらって、エンパワメントの会をしています。すぐに手が出る男の子たちもいるので、男の子だけで話し合う場（男の子かたろう会）もつくっています。指導しているのは、暴力をふるってしまう父親の回復プログラムにたずさわる専門家で、元・日雇い労働者の方です。こうした、私たちが心理教育と呼んでいるプログラムを実施し、子どものあなたが悪いわけじゃないという話をしていく。トラウマを抱えている子どもたちのトラウマには意味がある、その裏にあるものは何なのかということを大人たちが知って、かかわっていくことはすごく重要になってくると思います。

青砥　なるほど。こどもの里にはいろんな人材がおられますよね。

荘保　そうですね。本当に豊かです。釜ヶ崎自体、そもそもいろんな人たち、世の中から外れた人たちが集まってきます。ここだから生きられる人もたくさんいるのです。さいたまユースのあるこのへんで、だれかが路上で寝てたら、すぐ警察が来るでしょう？

青砥　当然です。

荘保　そうじゃないんですよ、釜は。一応寝ててもいいや、って。だから本当にどんな人も生きられる町なんですよ。多様性がすごく豊かですね。だからこそ子どもたちも豊かになるし、自分も生きてていいと思える。画一的じゃなく、違っていていいんです。違っていたらハミゴにするんじゃないんです。釜ヶ崎は、再生の町といわれる。もう一度やり直しができる町だと、私たちも思っています。こんな豊かな町だからこそ、子どもたちもまた元気に生きていけると思います。

青砥　子どもたちが「日雇い労働者の1日」を運動会のテーマにしてしまう発想は、すごいなと思います。

荘保　「おっちゃんの1日」がテーマで、子どもが知っていることの追体験をしているということです。毎日仕事がしたいのに毎日仕事があるとはかぎらず、仕事にあぶれたおっちゃん、働いているおっちゃん、雨が降って仕事がなくても明日生きていくおっちゃん、ぜんぶ子どもたちは視ています。

こどもの里では、寒い冬のあいだ野宿をするおっちゃんを訪問する「子ども夜回り」を1986年から実施していますが、外で寝ているおっちゃんを見て、子どもは瞬時に理解します。この体験のなかで、子どもが持てるレジリエンスを柔軟に発揮して、子どもは自分を培っています。いろんな人たちがいて、その人たちに子どもたちが培われるっていうことは、すごく豊かなことです。弱さを抱えた人たち、いちばん弱いとされる人たちがこうやってつながっていくことによって、だれひとり取り残さない世界が生まれてくると思うのです。

青砥　言葉を選ばずに言うと、弱さも多様性のひとつということなんでしょうね。弱さが見える化され、人権として認めながら、地域の生活のなかに入り込んでもらう。これがやはり、ひとつの社会の目標なのだと思います。

大人がヤングケアラーと出会うために

青砥　話は変わりますが、荘保さんのところには、ヤングケアラーと呼ばれる子どもたちは来ますか。

荘保　西成でいいますと、大変な数になります。大阪市では中学生に対して調査をおこない、だいたい10人に1人がヤングケアラーだという結果が出ています。私たちは西成区の小学生を対象にこれから調査をしようと動いているのですが、小学生もそうですし、なかには保育園児ですでにケアラーの子どももいます。私たちのところに来ている子どもたちは、3人に1人くらいが家族のケアをしていると思われます。

ただ、ヤングケアラーと気づく大人が少ないように思っています。ヤングケアラーはその家庭の問題、親の問題ととらえられてしまい、自己責任論にされかねないのが現状です。小学生のころは周りの大人の見方に気づかずケアしているけど、だんだん大きくなって中学生になると、周りの大人たちの自分たち家庭への見方に気づき、親のことを隠したくなります。だって、子どもは親が大好き。だから、親をかばうために黙るんです。

子どもたちは隠すのが上手です。親の病気や障害や貧乏とか、親が子どもらだけにして夜でかけるとか、そういうことを恥として隠しているし、人に知られたくないと思っています。本人がそう思っているだけでなく、支援者や学校の先生たちも保育者も、親を非難する。要対協や個別ケース会議においても、「あんな親だから」というのを耳にします。その大人たちの自分の親への見方を、子どもたちはビシバシ感じる。子どもは絶対に自分の親を否定されたくないし、非難されたくない。だから「いや、そんなことない」といってかばう。ですから、目に見えないようになっていると考えます。

そのように子どもたちが感じているのに、家庭の問題だという入り方で入っていくと、子どもたちは、大人には信頼できる人とできない人がいるというふうに思い、その入り方をする大人を避けると思います。むしろ、その子どもの年齢であっても親をかばえる、自分の家族だからと、きょうだいの面倒をみたりして自分の力を発揮できることは、「その子のレジリエンス・力」なのだと見てほしいのです。子どもが本来することではないのに押しつけられている「かわいそうな子たち」といったような見方をする人は、ヤングケアラーを発見できないと思います。その子たちが「力をもっている人たちだ」と、尊敬する目線でいないと出会えないと思います。

ケアラーたちが抱えさせられる課題は、ケアラーとしての役割を引き受けることによって、その子自身が自分の人生を生きられなくなること。親や家族を守ることで費やされて、その子本人の将来の可能性を縮小していくということ。あきらめるというより、将来自分の人生があるってこともわからなくなるということが、今後の人生でひじょうに制約を受けることにつながるということです。そこまで子どもは選んでないわけだから、もう少し違った目線で見える支援者が「もっと可能性があるよ」と言ってあげること、そういう大人がいることが重要なのです。「問題」という迫り方でなく、その子と話をすることで関心を拡げていくというのが、支援者の役割になってくると思います。

青砥　埼玉県やさいたま市でも調査をしていますが、おっしゃるとおりで、ヤングケアラーがただいけないということだけではないと思います。この問題は歴史的な、戦前からある問題だと思います。貧困問題とかならず確実にリンクしていますし、やはり家族制度の問題です。家族のなかでぜんぶそれを解決させようという、自助の問題です。

荘保さんも先ほどいわれていましたが、自助という考え方で今後も進めば進むほど、ケア問題は深刻になります。子どもたちにとって何が問題なのかということの議論が必要ですね。ケアラーという概念は広がりましたが、何が問題なのかをもう少し社会で明確にする必要があるかもしれません。私たちの団体にも、親に障害があり、子どもが3人いて、上のお姉ちゃんがきょうだいと親のケアをぜんぶしている家庭の子が来ていました。彼女はケアで学校に行けなくなりました。

家族への支援は、こどもの里ではどのようにおこなっていらっしゃいますか。

荘保　家族によって違います。お母さんが精神疾患を抱えている子どもの場合には、お母さんからSOSが来たら、私たちは子どもを預かります。あるいはそのお母さんが、もう今日は動けないというときには、その家庭に行って、子どもを保育園に届けたり、学校に届けたりしています。どの程度っていうのは、もう家族それぞれです。そういった家族が何軒もあります。

いま、大阪市で「こどもの見守り強化事業」というのが始まりました。私たちはこれまで、そういうことをずっと何の報酬もなしにやってきたんですけれども、見守り強化事業によって、１回訪問したら１０００円払うという制度ができたのです。だからその制度にエントリーしました。少しずついろいろなものが制度になっていってると思うし、進んでるような気もします。私たちは必要なことをやるだけです。制度の問題と、個別の「この子」の問題とを両輪で進めていかねばと思います。

これからのＮＰＯができること

青砥　荘保さんのお話を聞いて、これからの社会のあり方もすごく考えました。こどもの里のような、おじさんたちと子どもたちの運動会のようなわけにはまだいきませんけど、小さい小さい取り組みをしてつながっていくことが大事ですね。

荘保　来る人を拒まないというのが基本だと思います。釜ヶ崎には本当に大変な人もいますけれど、その人が抱えてきた問題が見えてくると思うし、どんなふうにしてつながっていくかはまた課題があると思うんですけれど。さいたまユースは素晴らしい場をもっていますし、どんどん活動していってほしいです。

青砥　何かちょっとしたアドバイスをいただけますか。

荘保　そうですね。ふたつあって、ひとつは子どもたちといっしょに、子どもの権利のことを学んでいってほしいです。子どもたち自身が子どもの権利を知る機会が、たくさんあればいい。子どもが意見を言っていいと思えるかどうかが、すごく大きなことなんです。子どもはどんな権利があるということを知らないので、知ることによって生きていける。

私たちは、「子どものけんり　なんでやねん！すごろく」を作りました。子どもの権利条約関西ネットワークで販売しているのですが、子どもたちとこれで遊びながら学んでいます。子どもに「なんでもいいから言って」と言っても、子どもは何を言っていいかわからないし、こんなこと言ったらどう思われるだろうか、そんなこと言ったらダメだと、ほとんどの子が思っています。まず、権利を知ることです。日本はあまりにも、学校で子どもの権利を教えなさすぎるし、大学でも教えない。学校の先生になろうとする人が、子どもの権利を知らない状況なので、まずそこからやらないかんのちがうかなと思いますね。

もうひとつは、今後、就労支援のように、労働についていろいろなことが決められていくと思うのですが、学校に行かない子どもたちも、どんなかたちであっても仕事ができるような仕組みをN

POでつくっていってほしいです。それがひとつの生き方として、進路の選択肢としてできていくのは、居場所のあり方を広めていくことになると思うので。そういうことが、さいたまユースだったらできると思います。釜にも、労働者の町なのでいろいろ労働の仕方はありますが、なかなか一般的ではないので。

まずは、いまある場所を使って、子どもの遊びを保障するような空間をぜひつくっていただけたら。子どもがしたいことができる場所を用意することが、きっと団体の運営になっていくと思います。

荘保共子（しょうほ・ともこ）……認定NPO法人こどもの里館長・理事長。子どもの権利条約関西ネットワーク共同代表。わが町にしなり子育てネット代表。おもな著書に『みんなの貧困問題――つながりのなかで子育てをするために』（共著、ジャパンマシニスト社）、こどもの里を描いたドキュメンタリー映画に「さとにきたらええやん」（監督：重江良樹）がある。

終章

子どもの貧困とローカル・コモンズ
——分断と市場化を超えて

青砥 恭

社会を覆う諦めと孤立からの再生

日本における貧困問題の最大の課題は、地域社会と隣人の貧困を見えなくしてきたこと、さらに支援に必要な人材・組織を行政が適切に把握し育成してこなかったことである。結果的に、貧困を家族と当事者のなかに閉じ込めることになった。すなわち、孤立化と分断である。

これは社会全体の問題でもある。多くの貧困の事例をみると、それは孤立と一体となって拡がっている。ヤングケアラーも多くの場合は、貧困とケアを家族のなかに閉じ込めたことから発生している。この現象は子ども、若者、高齢者といった世代に限定されない。日本社会の一部に貧困と孤立が「ひとごとではない」と考えられはじめたのにはそんな背景がある。

したがって、日本社会では多くの人びとが、いつ自分や家族が「転落」していくか、不安のなかに身をおいている。どこまで政治や社会に期待できるのか。多くの人びとはすでに期待をもたなくなっている。

核家族化と低迷する経済の下で、高度経済成長期までは曲がりなりにもコミュニティが存在していた地域・学校・職場でも、人がつながるためにできた多くの仕組みが1970年代以降、喪失している。日本社会で他者への関心をもたなくなった人びとが増えたこともその背景にある。

市民社会のすべてに市場原理が支配する体制、いわゆる新自由主義にどっぷり浸かり、日本社会を覆う自己責任論は人びとのなかに、自己の生存や利益をおびやかす身近な集団（階層など）にまず敵意をつくり、関心をもつ領域（関心領域）を狭めるなど、他者のために生きる（利他主義）という人間にとってもっとも大切な営みを阻害してきたのである。

本書に登場する宮本太郎さんは、そのような国民の意識を「介護や育児の負担に追われ続ける人々の日常が大きく変わらなければ、福祉や社会保障についての無力感、諦めの気持ちのみが膨み、人々の間の連帯感も高まらず、結果的に『磁力としての新自由主義』をさらに増幅させるであろう」（『貧困・介護・育児の政治』序より、朝日新聞出版）と、市場によって民主主義的な制度を代替させることができるとする新自由主義の危険性と日本社会の連帯感のなさを嘆く。

同じように教育学者の児美川孝一郎さんは、長く続いた新自由主義的な教育制度のなかで「日本社会は格差や貧困に慣らされた」とも言う。

私がさらにつけ加えると、戦後80年続いた保守政権下で、日本国民は安穏な空気に慣らされ、異議申し立てをすることを忘れてしまった。社会的な運動によって要求や権利を実現するという、民主主義国家であれば当たりまえの行動をしない・できない国民、つまり他者や社会・政治に対する関心をもたない国民になってしまったように見える。それは多くの民主主義国家が経験してきた民主主義的社会変革の成功体験が、この国に暮らす人びとにないことが大きい。では、国民を支配するそのような諦めを払拭し、世代や地域を超え、日本社会を覆う貧困と孤立からどのように人びとを解放するのか。私は、地域のコミュニティの再生にかけたい。

こども基本法・こども大綱は困難から子どもを守るか

1994年に批准された子どもの権利条約の精神をこども基本法として法制化し、さらに2023年12月、「少子化対策大綱」「子供・若者育成支援推進大綱」「子供の貧困対策に関する大綱」を一本化した「こども大綱」から、「こども政策」の検討が始まっている。気になるのは、子ども政策は全体として強化されているかどうかである。

不登校、虐待、ヤングケアラーなど子どもや若者たちの困難の背景にある「貧困」に関する大綱が一本化され、こども家庭庁もでき、政策課題の数は増えているが、国の政策課題としての貧困問題は薄らいでいるようにみえる。

子どもや若者たちの状況は深刻さを増している。２０２２年には約８００人の10歳から19歳の子ども・若者が自殺している。この国の10代の子どもの死因の最多は自殺である。内閣府の調査でも日本の子ども・若者の自己肯定感や幸福感は半数を下回り、先進国のなかでもっとも低い。国連児童基金の調査では38か国中、日本の子どもが身体的健康は1位だが、精神的幸福度は37位ともっとも下位になっている。国連子どもの権利委員会による「資源配分の十分性、有効性、公平性の監視に課題がある」という懸念や「富の再配分のシステムの改善、評価の具体的指標（目標数値）を策定すること」という勧告が改善されないまま放置されている。精神的幸福度の低さの背景には、学校でのいじめや、被差別部落出身、外国人・移住労働者の子、ＬＧＢＴＱ（性的マイノリティ）、障害のある子などへの差別もあるのではないか。

このようないまだ解決の緒についていない課題が、こども家庭庁の発足やこども基本法などの制度改革によって解決に進むのか。学校、学童クラブ、養護施設、医療機関、福祉施設、スポーツクラブ、子どもの居場所、子ども食堂など、子どもが利用するあらゆる場で、子どもの権利を前提に、子どもに情報を与える、子どもへの説明責任を果たす、子どもの声を聴くなど、「こどもまんなか」が実現されていない。

学校と教育は貧困や格差を解決できるか

1990年代後半から2000年代前半にかけて私がおこなった調査（『ドキュメント高校中退』に収録）では、中退した生徒やいわゆる教育困難校の生徒たちへの聞きとりから、DV・虐待・ネグレクト体験と小学校の低学年程度の低学力で崩壊世帯が目立ったが、ほとんど例外なく、背景に貧困があった。貧しさへのいらだちが子どもや女性など弱者への暴力、DVや虐待につながっていた。子どもへの虐待の8、9割は、実の父親か母親によるものである。

もし、地域のだれかとつながり、相談できるだれかがいれば、防げた虐待やネグレクトも多かっただろうが、多くの親たちは孤立していた。つまり、不登校、低学力、高校中退、ヤングケアラーなど学校経験の早期の中断や子どもの貧困の背景には、子どもを支える家族の貧困だけでなく、孤立が大きく影響している。

子供の貧困対策大綱では有効な対策として、福祉と教育にまたがる「学校のプラットフォーム化」が強く叫ばれていたが、それほど進んでいない。文科省が進める「チーム学校」も同様だ。新しい大綱で社会的養護が強調されているが、その基点になる学校は、子どもの貧困対策の地域の拠点になるだろうか。また、どういう状況がつくられれば、拠点となるか。長く、地域との協同の経験をもたなかった学校からは、「地域との連携は難しい」としか聞こえてこない。

しかしながら、子どもを発達途上の多くのリスクから守るために、学校と教育が最大の社会資源であることは疑いがない。どうすれば、学校から格差や差別、いじめなどによる子どもの排除がなくなるのか、逆に言えば、どうすれば、学校がすべての子どもたちにとって「居場所」となりうるのか。

・学校制度の機能不全

私は教師として長く学校にいたが、子どもたちが追い詰められている原因は、学校の競争化と権力性だと考えている。教師はつねに権力を背負って仕事をしている。そんな学校に親和性がある子どもとなじめない子どもが、明らかに二分化している。中学受験から有名大学をめざす子どもや家庭にとって、学校における競争は当然であって、それを受け入れるのにそれほどの努力は要らない。だが、その道を選ばない子どもや家族にとっては、学校の競争性やそれを支える権力性はけっしてなじめるものではない。

生徒に対する懲戒処分を学校教育法は認めているが、子どもたちを指導する主体はあくまでも、学校と法によって授権されている教師であり、子どもにとっては被支配であるというタテの関係性が、学校教育にはかならずついてまわっている。したがって、生徒間のいじめや教師のハラスメント（体罰―暴力）という問題は、支配―被支配という構造のなかで発生する。そんな関係に覆われた教室のなかでは子どもたちが疲れてしまい、子どもたちのあいだにもいびつな関係性（いじめの構造）が発生することは必然的ですらある。子どもたちの長期欠席（不登校）や中退など、学校と教育への忌避現象はこういう構造のなかから生まれていることも意識しておくことが必要である。

つぎに、学校教育の競争化が生みだすもうひとつの問題、長期欠席者（不登校）の増加にふれたい。

・長期欠席者（不登校）の激増と貧困

子どもの貧困解消に向けて、「生活困窮者自立支援法の学習支援（厚労省）」「地域未来塾（文科省）」「チーム学校（中教審）」「子供の未来応援基金（内閣府）」「ＳＳＷ・ＳＣの配置、教職員定数の改善（文科省）」などの施策がつくられた。これらの取り組みで子どもの貧困は解決に向かっているのか。結果はまだ見えてこない。

ただ、長期欠席者（不登校）の子ども、いじめ、虐待などの数字は増えつづけている。子どもが抱える困難はより深刻化し、学校という枠にはまらない、学校制度を忌避する子どもたちが増えつづけている。学校では対応できない困難（精神疾患、虐待などに起因する自尊感情の低さ、親の文化資本の脆弱さを背景にした体験の少なさ、社会性の乏しさ）を抱えた子どもを問題児扱いすることで、面倒がられ放置された子どもたちが、教師を含め大人への信頼感を低下させ、反抗心やストレスを抱えている。そこから長期欠席者や不登校、さらにいじめにかかわる児童・生徒の激増という現象が生まれているのである。さらに、学校教育の競争化（市場化）や貧困問題が大きく影響しているとすると、私たちは問題の本質にさえ近づけていないのである。

子ども・若者支援に参入する営利企業

私たちのＮＰＯは、過去3回、何年か継続してきた行政・自治体からの委託事業を入札で失ったことがある。２０１９年のＡ市の学習支援、２０２３年のＢ市の学習支援、２０２１年の就労支援である。私たちのようにボランティア活動から始まり、数年かかって行政機関、教育機関、住民や住民組織、企業など、地域社会を支える多くの市民や機関と連携をつくり、活動の輪を広げてきた団体が柱となる活動の場を失うことは、団体の基盤でもある資金や人材を失うが、利用者はもとより地域社会も基盤的な社会資源を失い、大きな打撃を受けることになる。

私たちの団体は２０１１年以来、Ａ市を中心に、貧困家庭の子どもたちの学習支援や居場所づくりなどを展開し、学校や福祉行政、民生委員、ボランティアに参加した埼玉県内・東京都内の大学などと、地域に根ざした支援ネットワークを築いてきた。２０１９年の入札でその事業がなくなったことで、スタッフや学生たち、ボランティアとの関係性を育んできた子どもたちは、自分たちを支えてくれた仲間と居場所を失った。私たちも長年かけて築いてきたネットワークを失った。地域社会もまた、地域の社会課題と向きあっている貴重な社会資源を失った。

私たちに替わったのは、東京に本社がある営利を目的とする塾産業であった。本社で全国すべての学習支援や就労支援などの入札用の提案を作成し、それを全国で使用するのである。もちろん、A市の事業にも押しつけてきた。全国共通の「金太郎あめ」のようなプログラムである。入札価格は下がったが、事業のスタッフは非常勤アルバイトとなった。子どもや親からの相談、学校との連携、困難な事例のケース会議などはなくなり、子どもたちとの信頼も築けず、参加者は大きく減少していった。

2023年の春、それまで私たちの団体が3年間受託したB市の学習支援事業も、同じ塾産業に委託が変わった。じつはその3年前までは、同じ塾産業がB市の委託を受けて学習支援をおこなっていたのだが、運営に多くの問題があって、私たちの団体と替わったといういきさつもある。不思議なことだが、もとに戻ったのである。2023年のプロポーザルのさい、B市からは「3年間、どんな活動をしたか、プロポーザルのさいにいっさい話してはいけない」と指示を受けた。どの事業者にせよ、それまでにどのような活動をおこなったか、どれだけの成果と課題が残ったか、さらに地域社会との協働がどう進んだかは、民間の団体に委託するうえではもっとも重要な評価上のポイントと思われるが、B市はその説明を禁じるという入札をした。そのときには、「なぜ?」と強い違和感をもった。

その結果、支援員と子どもの人数比率は、私たちはほぼ1対1で運営していたが、1対3〜5になっているようだ。当然、子どもたちに対するサービスは大きく低下する。企業は利益を上げることが目的で、私たちは子どもへの支援だけでなく、地域づくりも目的とする。その差が明確に表れている。

市場化がもたらすもの――公益性の毀損とケア労働の劣化

貧困層の子どもや不登校・ひきこもりを長く続けている子どもたちの困難は、まさしく多様である。ぎりぎりで生きている子どもたちも少なくない。地域の状況も、事業を受託する側も、また多様である。

効率化のなかで進む全国一律のプログラムなど不可能である。プログラムや支援方法は、子ども一人ひとりの状況、活動に参加する地域の人びとなどその個性や状況を考慮しながら、作成すべきものだ。とりわけ生活困窮者自立支援事業における学習支援は、子どもの学力や障害などの特性や環境を考えると、可能なかぎり、1対1（支援員1人：子ども1人）の支援が必要である。塾産業のなかにはアルバイトの支援員1人に複数の子ども、なかには5人程度でも可とし、さらに、学校のように教室で全国一律の授業をおこなうというプログラムをやっているところもある。教室長も指導員もすべて非常勤のアルバイトで運営する。公益性でなく利益優先にするなら、人件費をカットするのは当然ということになる。

このようにして貧困対策事業（福祉・教育事業など公益性の大きな政策すら）の営利事業化、さらに市場化が進んでいる。学習支援・就労支援にとどまらず、子ども食堂さえも営利企業が担っている地域もある。生活困窮者自立支援事業の学習支援も、全国でほとんどが1団体1か所の運営だが、1社で全国100か所の学習支援事業を受託し、さらに毎年増やしつづけている企業（塾産業）も存在する。

逆に、多くのNPOの活動は営利を目的とする活動ではなく、地域を豊かにすることを目的にする活動である。

私たちが実践している活動は、ほぼすべてがケア労働である。ここでいうケアとは人の命を守り、命をつ

全国の学習支援事業・委託件数の推移　【図1】

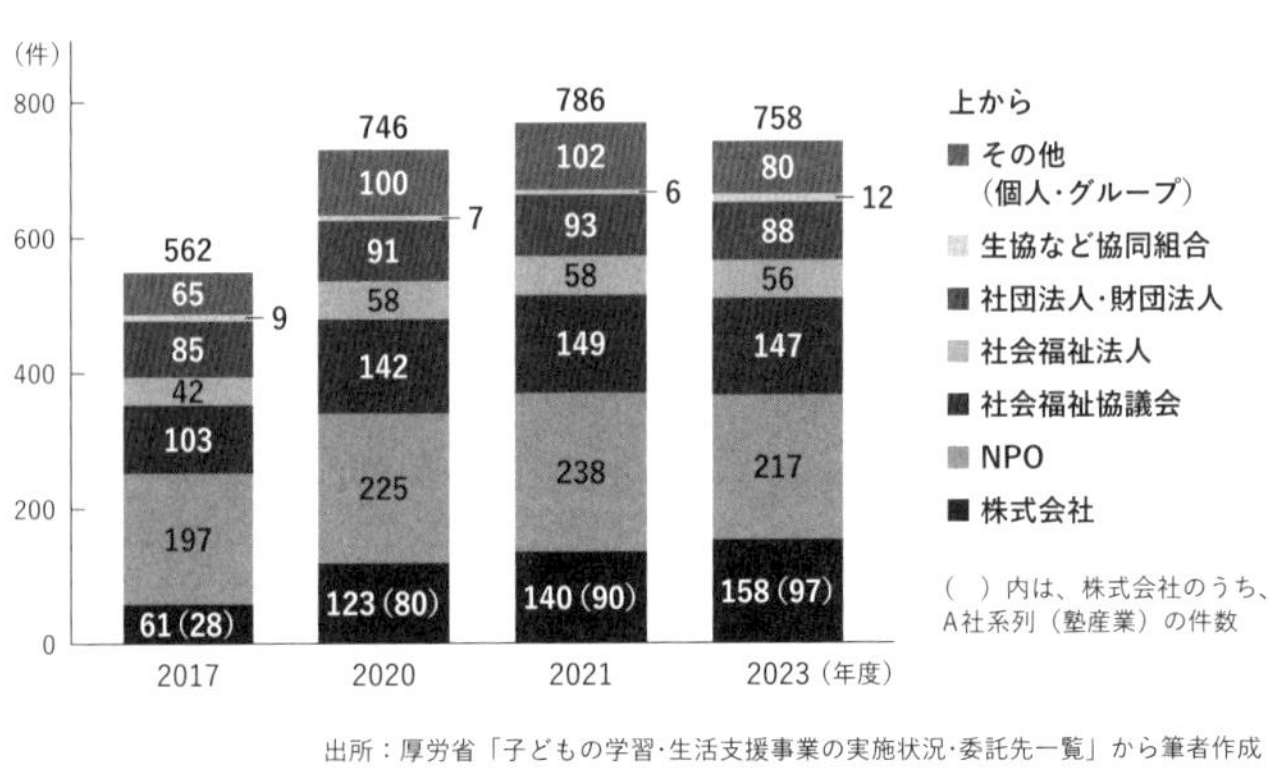

出所：厚労省「子どもの学習・生活支援事業の実施状況・委託先一覧」から筆者作成

なぐための仕事をいう。実際、学習支援や居場所などに参加する子どもには長欠・不登校の発生率も高く、命の危機を感じさせる子どもや若者たちも多く存在する。私たちの活動は、そんな子どもや若者たち、家族に対して、「配慮すること」（caring）、「関心をもつこと」（caring about）、「ケアを共にすること」（caring with）というケアを実践することである。いま進行する市場化は、そこで働くケアワーカーの低賃金化・非正規化をも進行させ、事業を劣化させている。

地域に根ざすNPOだからこそできること

以下は、私たちの団体が14年間で、NPOだからこそできたことを整理したものである（立教大学コミュニティ福祉学部の藤井敦史さんの知見も参考にした）。

① NPOは多様だが、地域で活動するNPOのほとんどは、目標を包摂的な地域コミュニティの形成としている（私たちは「ローカル・コモンズ」とする）。

② 多くのNPOの活動は、地方自治体からの委託業務だけではなく、既成の法制度の枠を超え、地域のニーズに即した新しいサービスや価値観、政策を生みだしている（イノベーション）。さらに、メディアなどを通じて社会に発信している。

③「ローカル・コモンズ」とは、地域の住民が主体となって、地域の社会課題の解決をめざすものだが、NPOの活動の多くもまた、マイノリティの人びとの代弁など社会課題を協働して解決できる（アドボカシー）。コミュニティ形成をめざす、民主主義的価値観をもったものが多い。

NPOが活動する意味を上記の①〜③にまとめたが、地域を拠点に活動するNPOの多くは、既成の制度の枠内に入りきれないような社会課題や人――たとえば、行政の縦割りでは支援できない人、支援が必要なのに行政が適切に把握できない人など、複雑で重なる困難を抱えて暮らしている人びとを地域の力で支える、包括性（地域づくり）と公益性の大きな活動を担っていることがほとんどである。

なおかつ、解決が必要な社会課題は厳しく、しかも行政の手が届かない「制度のはざま」の課題となると、学校の

「教育–福祉」「市場化–コモンズ」のあいだで揺れる制度【図2】

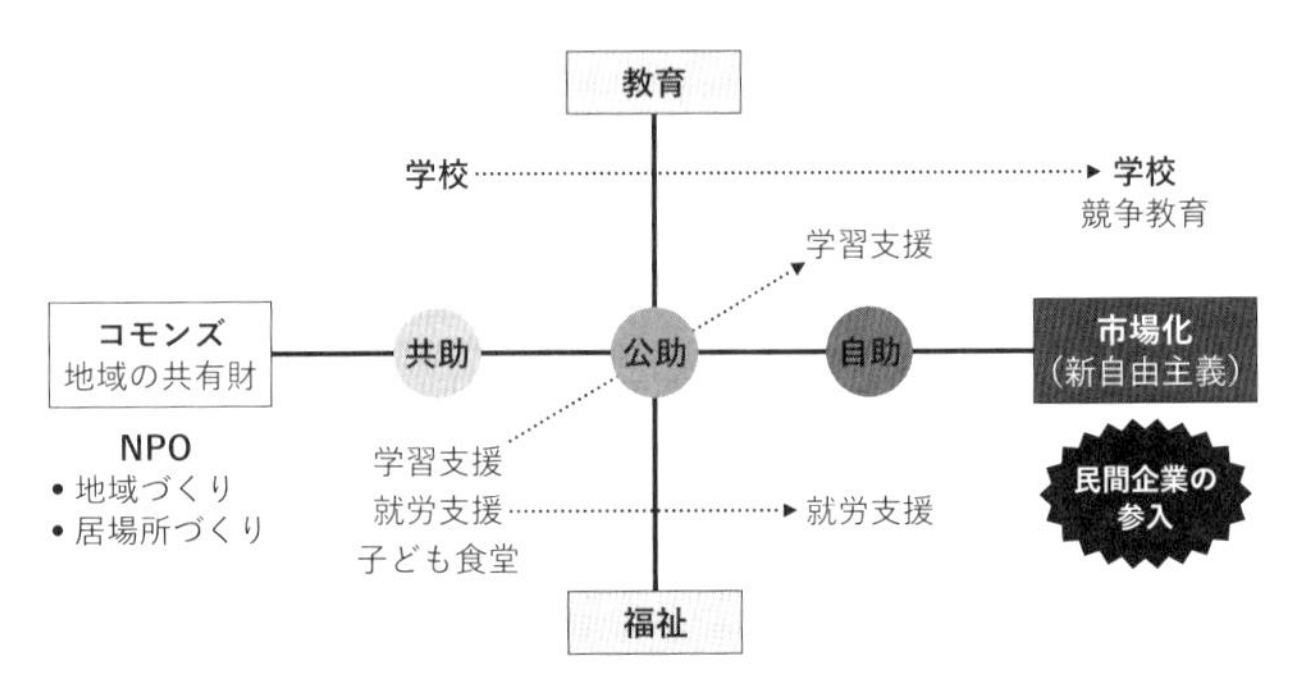

ように6年や3年で切れる関係ではなく、さらに長期間伴走する必要がある。まさしく地域で包括的で持続的な活動が可能な、プラットフォーム組織とネットワークが必要なのである。しかしながら、多くのNPOの財政、人材を維持する組織基盤は脆弱である。ただ、もしも地域にその団体がなくなったら、多くの利用者や支援を受けている人びとにとっては命をおびやかすような打撃になることは間違いない。事実、私たちの団体でも、活動を休止したら子どもの命にかかわるケースも少なくない。すなわち、交替がきかない活動が少なくないのである。

地域の協働、ローカル・コモンズをつくる

私は今回の連続講座で、「地域の共有財としての『ローカル・コモンズ』を形成していくことによって、地域みんなで子どもたちを育てていく、包括的で持続的に支えられる地域の仕組みをつくっていきたい」と話したが、コモンズ（地域の共有財産）は、たんなるモノや資源を意味するのではなく、コミュニティと社会的実践、価値（規範）を結合したものと考えている。

序論でも紹介した、戦後日本を代表する経済学者であり思想家、宇沢弘文はつぎのように「社会的共通資本」を定義した。

一つの国ないし特定の地域に住むすべての人々が、ゆたかな経済生活を営み、すぐれた文化を展開し、人間的に魅力ある社会を持続的、安定的に維持することを可能にするような社会的装置を意味する。（さらに）一人一人の人間的尊厳を守り、魂の自立を支え、市民の基本的権利を最大限に維持するために、不可欠な役割を果たすものである。（『社会的共通資本』岩波書店）

宇沢は、地域の持続的な発展を続けるために「ローカル・コモンズ」の必要性にも言及している。本来、海や湖、河川などは私有化となじまない、人間の生存にとって欠かせない大切なものだ。そこで山林に存在する、地域の人びとにとって私有地とはなじまない部分は「入会地」として、だれのものでもなく地域すべてのものという「あいまいな」性格を人間の知恵でつくってきた。教育や医療、水、エネルギー、そして食なども同様な性格をもつ。

本来、公共性が大きく、コモンズであったものを大資本が巨大な利潤を得るために私物化し、さらにそれを商品化（市場化）することに多くの人びとが抵抗することは、ある意味、当然なことだ。公共性の大きな教育や医療、水、エネルギー、そして食、情報、公共空間、固有の文化さえもが、資本によって包囲されているが、コモンズは地域で暮らす人びとが協働管理（自治）によってそれらをとり戻す、さらに人間の生存を維持するために必要な社会運動なのである。

公助が縮小する時代のローカル・コモンズ

２０２２年に杉並区長に当選した岸本聡子さんは、「いまの社会の課題は、世界中で新自由主義が覆いつくし、１％の人びとに政治も社会も独占されていることにあり、地方自治という足元から公共をとり戻すこと」だと言う。

事実、１９８０年代から、ヨーロッパでも電気・鉄道・郵便・水道など、ほぼすべての公共サービスが民営化されてきた。こういうすべての人びとが生きていくために欠かせないモノとサービスをコモンズ、地域の共有財と考えるが、これが国家に癒着した企業によって利益の対象とされてきた。そしてヨーロッパ各地で、連帯経済や自治運動組織のなかからコモンズを掲げる活動が生まれてきた。代表的なものはバルセロナの地域政党「バルセロナ・イン・コモン」だが、ほかにも、パリの水道事業を長期的な視点で、水源流域の土地や環境を守り、住民の健康を守るための水道事業に変えていった「再公営化」運動がある。まさしく、市民がみずからの力で「公共」をとり戻したのである。

私たちの団体も経験したことだが、子どもを貧困や孤立から守ろうという自治体の事業の受託には、多くが競争（入札）をともなう。一般に「入札は公平」と思われるが、そうとは限らない。最初はＮＰＯなどの市民団体が始めた活動でも、国や自治体によって制度化されると、企業が低価格で入札し、徐々に競争相手のNPOなど市民団体が体力を失い、活動ができなくなったら、企業が独占し、価格を上げていく。全世界で同様の現象が生まれているが、これが市場化、市場原理主義のゴールである。

地域の住民や子どもが生き、学び、コミュニティをつくって暮らしていくために欠かせない、公益性が大きな活動でも、いまでは自治体自身が市場化させているのである。このような事例は全国各地で起きている。

何年かかかって地域にネットワークをつくっても、一度、入札で委託を失うとそのまま消滅する市民の活動は多い。このような事態を「基盤がないからしかたない」と当然視するかどうかが問われているのである（本書第I部の木下武徳さんの報告を参照されたい）。

公益性が大きく、持続的で、行政の縦割りではできないような市民活動は数多い。困難があっても、地域のために守っていかねばならない。いま、世界中で、コモン（市民参加）とケア（人間から地球環境までへの配慮・関心）の再建を目的とするミュニシパリズム（地域主権主義）が広がっている。

前述の岸本さんは、そのような動きのなかから「地方自治にこそ希望がある」と言う。大阪の「こどもの里」（本書「対談」参照）と地域社会の協働はモデル化できるし、私たちさいたまユースサポートネットが取り組む、地域の人びととの連帯・協働、地域住民を主体にしたローカル・コモンズの取り組みも、地域づくりをさらに前進させ、全国のモデルをめざしたい。

市民の力、地域の力――子ども・若者に希望をとり戻す

私は１９９０年代、高校教師のころから高校中退問題を分析し、さらに何人かの研究者とともに、学校と地域行政、地域の企業、農業団体、運動団体との連携の歴史や協働の可能性の調査研究のために日本各地を歩いた。私を調査研究につき動かした背景には、日本社会の分断と孤立化に対する危機感があった。

２０１１年、私はさいたま市内で、高校中退や不登校などで学校を早期に中断し、就業などで社会にもつながらない若者たちのコミュニティづくりを始めた。そこは公立の通信制高校の生徒たちや日本で学び仕事をしたいと考えている外国人の若者たちの居場所となり、埼玉県内の大学生やボランティアの市民が参加する、大きな交流と学びのコミュニティに発展した。

それから14年、私たちの団体は、さいたま市見沼区を中心に「堀崎プロジェクト」と名づけた地域づくり活動を実践している。貧困などで孤立する子どもや家族を地域の連携の力で守ろうというまちづくりである。それはソーシャル・キャピタルを地域社会の市民や住民組織の参加と投資の組み合わせによって積み重ね、さらに住民や住民・行政組織などの協同と管理によって運営するローカル・コモンズの形成をめざすものでもある。

この間、日本社会では新自由主義による市場化が進み、子どもたちは学校生活のなかで「効率的

に」働く人間づくりをめざす社会に適応できる「能力」を育成されている。それを「インクルーシブな」教育と呼ぶことへの違和感。学校生活が終われば、勤務先、仕事の種類、収入、さらには子どもの学校などで人と社会は分断され、一人ひとりが可視化できる社会はどんどん狭くなっていく。人は「関心領域」のなかでしか生きられないようになっていく。とくにマイノリティとして生きざるをえない人びとは、関心をもたれなくなり、結果として多くの人びとが人間としての権利や自由を失い、分断と孤立が進む。

　このような社会状況で、閉塞感が若者たちから日本社会への期待や希望を奪っている。そんな分断社会化から抜けだすにはどうすればいいか。この本を社会に送ろうとした動機はここに

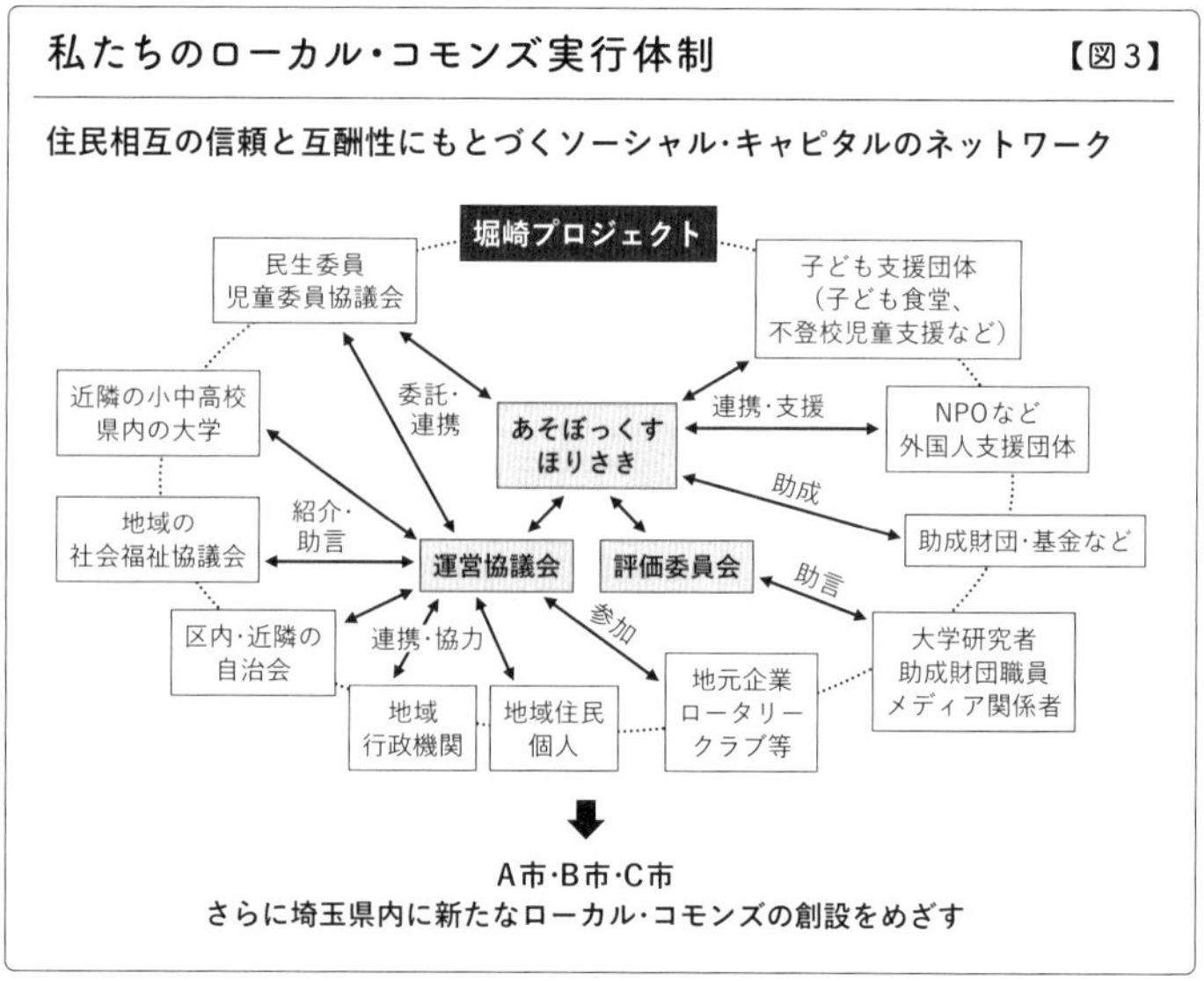

ある。若者たちを分断と孤立感に覆われた閉塞状況から解放するために、地域社会に自治と連帯を生みだす地域づくりの実践モデル、ローカル・コモンズの形成に希望を見出している。「公助」の縮小が懸念されるこれからの日本社会では、地域の支えあいをコーディネートするNPOや市民、行政、地域に根ざす企業などの協働による「共助」がなによりも必要だと考える。したがって、私たちの活動のミッションは持続的な地域のネットワークづくり、ソーシャル・キャピタルの蓄積となる。

当面の社会課題は生活困窮支援のかたちをとるが、将来は多様な地域の活動の活性化、そして参加する市民と協働の地域のプラットフォーム形成から、新しいかたちの地域形成をめざす。NPOなど市民の活動には環境や貧困などいくつもの社会課題に取り組む団体も多く、福祉・教育・環境・経済などをまたがる領域横断的な、たこつぼ的ではない社会活動である。

多くの市民活動は先駆性ももつが、それを本来支えなければならない自治体や国の行政は、既成の法制度による縦割りになっている。なかなかマッチングが難しい。したがって、多くのNPOで資金や人材の補給ができず、途中で挫折することも少なくない。長く続いた新自由主義的統治によって社会が縮小し、地域づくりを担う貴重な市民の活動が挫折することを座視するような余裕はこの国にはすでにないと思われるが、今後、社会はこのような市民活動をどのように支えていくことができるか。

ＮＰＯなど市民と自治体との協働は住民の社会参加をうながし、ひいては分断社会の拡大を防ぐ大きな役割を果たすことになろう。

参考文献（序、コラム、終章）

青砥恭『ドキュメント高校中退』筑摩書房、２００９年

青砥恭「『孤立』が子どもや若者を苦しめる。だから私たちは『居場所』をつくる（上）」『論座』２０２１年７月、朝日新聞社

宇沢弘文・茂木愛一郎編『社会的共通資本』東京大学出版会、１９９４年

宇沢弘文『人間の経済』新潮社、２０１７年

エリノア・オストロム『コモンズのガバナンス』晃洋書房、２０２２年

岸本聡子『私がつかんだコモンと民主主義』晶文社、２０２２年

斎藤幸平・松本卓也編『コモンの「自治」論』集英社、２０２３年

鈴木聡『世代サイクルと学校文化』日本エディタースクール出版部、２００２年

竹内敏晴『ことばが劈かれるとき』思想の科学社（のち、ちくま文庫）、１９７５年

竹内敏晴『「出会う」ということ』藤原書店、２００９年

東畑開人『居るのはつらいよ』医学書院、２０１９年

カール・ポランニー『大転換』東洋経済新報社、２００９年

若森みどり『カール・ポランニーの経済学入門』平凡社、２０１５年

さいたまユースサポートネットの活動のひとこま。上：学習支援教室のようす。中：地域のお祭りにブースを出して参加。下：施設内にあるコミュニティ・カフェ。地域の人びとの集いや市民講座なども催される。

編者紹介

青砥 恭（あおと・やすし）

認定NPO法人さいたまユースサポートネット代表理事。

1983年から埼玉県で県立高校教諭。その後、大学講師（教員養成、教育社会学）。2011年、さいたまユースサポートネットを設立。若者たちの居場所づくり、貧困層の学習支援、就労支援、地域のネットワークと拠点をつくる活動をおこなっている。2016年より「全国子どもの貧困・教育支援団体協議会」代表理事。

著書に『ドキュメント高校中退』（筑摩書房）、『若者の貧困・居場所・セカンドチャンス』（編著、太郎次郎社エディタス）、共著書に『子ども・若者の居場所と貧困支援』（学事出版）、『アンダークラス化する若者たち』『前川喜平　教育のなかのマイノリティを語る』（ともに明石書店）など多数。

貧困・孤立からコモンズへ
子どもの未来を考える

2024年11月10日　初版印刷
2024年12月10日　初版発行

編者　青砥 恭＋さいたまユースサポートネット

装幀　新藤岳史
発行所　株式会社太郎次郎社エディタス
東京都文京区本郷3-4-3-8階　〒113-0033
電話 03-3815-0605　FAX 03-3815-0698
http://www.tarojiro.co.jp

印刷・製本　精興社
編集担当　北山理子

定価はカバーに表示してあります
ISBN978-4-8118-0870-3　C0036